Das

Meer

dazwischen

MAIN Verlag

Printausgabe, erschienen 2019
1. Auflage

ISBN: 978-3-95949-270-6

www.main-verlag.de
www.facebook.com/MAIN.Verlag
order@main-verlag.de

Druck: AAVAA Verlag UG

Bibliografische Information der Deutschen Nationalbibliothek:
Die Deutsche Nationalbibliothek verzeichnet diese Publikation in der Deutschen Nationalbibliografie; detaillierte bibliografische Daten sind im Internet über http://dnb.d-nb.de abrufbar.

Gordon Ambos

Das *Meer* dazwischen

Queer

Für meine Mutter

Inhalt

Part III: Gezeiten

Part IV: Abyssal

Prolog

Wenn man siebzehn Jahre alt ist, steht einem das Meiste noch bevor. Nun ja, viele Teenager in meinem Alter können die wichtigen Punkte, wie den ersten Kuss, das erste Mal oder die erste Liebe, schon längst von ihren Listen streichen. Verliebt war ich auch schon. Jedenfalls denke ich, dass es das Gefühl des Verliebtseins war, das mir die sogenannten Schmetterlinge in den Bauch getrieben hatte. Allerdings finde ich den Schmetterlings-Vergleich schon immer unpassend. Irgendwie eklig.

Mein Name ist Martin Bledsoe und ich bin nichts Besonderes. Ich sehe nicht außergewöhnlich aus und habe auch keine wirklich ausgefallenen Hobbys. Das Einzige, was mich von den meisten Jungen in meinem Alter unterscheidet, ist die Tatsache, dass ich schwul bin.

Meine Eltern wussten es seit dem Moment, als ich im Kindergarten Marcus Hopkins geküsst und der mich daraufhin verprügelt hatte.

Als ich dreizehn war und meine beste Freundin Kallie ihr Shirt hochzog, um mir ihre sich gerade entwickelnden Brüste zu offenbaren, war ich mir sicher: Das ist nichts für mich. Ganz und gar nicht.

Musik ist meine große Leidenschaft und ich weiß, dass das fast jeder sagt, aber ich bilde mir ein, noch eine größere Verbindung zur Musik zu haben als viele andere Leute.

Irgendwann zwischen dem einseitigen Kuss mit Marcus und meinem ersten Schamhaar hatte ich mit den Klavierstunden begonnen. Es ist mir ein Rätsel, was mich so an dieser Art von Kunst fasziniert, ich weiß nur, dass es genau das Richtige für mich ist. Klavierspielen ist wie eine Therapie. Bin ich glücklich, spiele ich ein fröhliches Lied und werde noch glücklicher. Bin ich traurig, spiele ich etwas Deprimierendes und werde noch trauriger.

Ich bin gerne traurig. Also nicht wirklich, aber ich spiele einfach am besten, wenn es mir nicht gut geht. Es ist so, als würde mein Gehirn eine geheime Pforte öffnen, durch die mein Talent – sofern ich überhaupt welches besitze – noch flüssiger und schneller fließen kann. Oft spiele ich Stücke, die ich liebe, und solche, die ich hasse, und versuche meine eigene Version daraus zu machen. Manchmal, ganz selten, spiele ich Lieder, die ich selbst komponiert habe.

Mehr schlecht als recht, aber immerhin.

Meine Eltern sind stolz auf mich. Noch nie habe ich in meinem Leben zwei Menschen erlebt, die sich so bedingungslos lieben wie sie.

Jonathan Bledsoe lernte Hannah Smith auf der Highschool kennen und verliebte sich sofort in die zierliche, fast unscheinbare Musterschülerin. Das Bild vom Abschlussball meiner Eltern flackert vor meinem inneren Auge auf. Meine Mutter trug ihr pechschwarzes Haar gewellt, sodass es einen perfekten Rahmen für ihr schmales Gesicht und einen schönen Kontrast zu dem weißen Spitzenkleid bildete. Mein Vater stand neben ihr wie ihr Beschützer, ein Fels in der Brandung. Er war gut zwei Köpfe größer als meine Mutter und seine dunkelblonde Lockenmähne, die mittlerweile einer Glatze weichen musste, war elegant zurück gestylt.

Damals gab es sicher Dutzende Mädchen, die gerne an der Stelle meiner Mutter gewesen wären und sich an seine muskulösen Arme geschmiegt hätten. Mein Dad hatte ein stolzes Grinsen im Gesicht und es bestand kein Zweifel daran, dass er sich in diesem Moment wie der glücklichste Mann der Welt fühlte. Diesen Gesichtsausdruck bekommt er auch heute noch oft, immer wenn er Mom ansieht.

Seit meiner Geburt lebe ich in einer kleinen Stadt namens Wallis Grove, die direkt an der Westküste der USA liegt. Es ist ein Ort, den ich liebe und gleichzeitig hasse. Einerseits brauche ich die Weite des Meeres und den harschen Wind in meinem Gesicht, während ich mich anderseits von dem Kleinstadtdasein eingeengt fühle.

Doch es gibt fast nichts, das ich lieber tue, als mich wie jetzt einfach an das Wasser zu setzen, den Wind in meinem Gesicht zu spüren und die Welt an mir vorbeiziehen zu lassen.

Nur leider lässt sich die Welt nicht immer so leicht abschütteln, wie ich es gerne hätte.

Es gibt viele Lieder, die mich bis ins Mark treffen. Die meine Augen zum Tränen bringen und mein Innerstes auf eine Weise berühren, wie es nie etwas zuvor geschafft hat. Doch kein Lied kann nur annähernd das Gefühl auslösen, welches ich spüre, wenn ich in sein lächelndes Gesicht schaue. Die Wärme, die er ausstrahlt, nimmt mich ein und gibt mir das Gefühl, zu schweben, obwohl meine Füße in meinen Chucks ganz sicher auf der Erde stehen. Es tut weh, all diese Dinge zu fühlen und zu wissen, dass er immer unerreichbar sein wird. Ganz gleich, wie nah er mir ist.

Meine Füße sinken langsam in den kühlen Sand, mein Blick schweift über das Meer. Es ist mein altbekanntes Szenario. Was ist real und was nicht? Früher habe ich die Einsamkeit am Strand genossen und sie praktisch wie eine Droge in mich aufgesogen. Nun hat dieser graue Schleier, der über der Welt liegt, keinen Reiz mehr für mich. Er ist das, was er ist – ein grauer Schleier. Meine Farbe ist verschwunden und ich frage mich, ob sie wiederkehren wird. Die Wellen rauschen lauter und lauter in meinen Ohren und die Flut kommt immer näher. *Das Meer ruft mich*, denke ich und ich will nichts sehnlicher, als diesem Ruf zu folgen.

Plötzlich spüre ich, dass er hier ist. Langsam gehe ich auf das Wasser zu.

»Was hast du vor?«, fragt er, seine warme Stimme nicht mehr als ein Hauchen, das sich in meine Ohren schlängelt und mein Herz schneller schlagen lässt.

»Ins Wasser gehen«, antworte ich, als wäre es das Normalste auf der Welt.

Allmählich entledige ich mich meiner Schuhe und Socken und lasse meinen rechten Fuß in das kühle Nass sinken. Es ist eiskalt und es dauert nicht lange, bis meine Füße völlig taub sind und ich komme erst dann zum Stehen, als ich bis zur Hüfte im Wasser bin. Meine Hände lasse ich durch die klare Flüssigkeit gleiten, sie sehen irgendwie verschwommen und geisterhaft aus.

Völlig geräuschlos folgt er mir und obwohl ich ihn weder sehen noch hören kann, spüre ich seine Präsenz. Sein heißer Atem kitzelt in meinem Nacken und ich schließe die Augen.

»Das Wasser ist kalt«, flüstert er und umschlingt mich von hinten mit seinen Armen. Er verschränkt sie vor meiner Brust und legt dann seinen Kopf auf meine Schulter. Ich erschaudere.

»Du bist nicht echt«, bemerke ich betrübt.

Er bleibt still und schmiegt sich noch enger an mich. Nur will ich diesem Trugbild nicht weiter verfallen, doch von ihm lösen möchte ich mich noch weniger, denn ich habe Angst, sonst in tausend Teile zu zerbrechen.

»Ich träume, nicht wahr?«

»Was redest du denn da?« Er dreht mich, sodass wir uns gegenüberstehen und er mir in die Augen sehen kann.

»Im Traum hat man mehr als fünf Finger an einer Hand«, erkläre ich ihm und hebe meine rechte Hand. Die Finger verschwimmen vor meinen Augen, doch ich zählte sechs. Jedes Mal. Sechs Finger. »Ein Trick des Gehirns.«

»Vielleicht ist dir einfach nur ein zusätzlicher Finger gewachsen.« Er lacht, doch diesmal steckt er mich nicht damit an. Er nimmt meine Hand und mustert sie. »Nur weil es ein Traum ist, heißt es nicht, dass nichts von alldem hier real ist.«

Part I:
Wunden

1

Das vermeintliche Blutbad am Strand

Es war einer dieser Tage, an denen man sich immer wieder in Erinnerung rufen musste, dass man überhaupt noch existierte. Solche Tage hatte ich öfter und fragte mich ernsthaft, ob ich sie genoss oder mich vor ihnen fürchtete.

Graue Wolken hingen schwer und einschüchternd über dem Meer und die Küste war bis auf ein Pärchen, das dem Wetter trotzend spazieren ging, menschenleer. Es war ein surreales Gefühl, so mutterseelenallein zu sein, wo es hier doch sonst von Menschen wimmelte.

Wie in Zeitlupe ging ich in die Hocke und griff nach einem Stück Treibholz, das vor mir auf dem Boden lag. Noch bevor ich das Flüstern und die Schritte hinter mir wahrnahm, ließ ich einen Finger über den rostigen Nagel gleiten, der aus dem oberen Ende des Holzes ragte. Ehe ich mir Gedanken darüber machen konnte, ob das nicht gefährlich für Kinder war, spürte ich ihre Präsenz hinter mir.

Das kannst du nicht machen!

Die Stimme in meinem Kopf brüllte lauthals und ich presste einen Handrücken gegen die Stirn und versuchte das nervtötende Geräusch aus meinen Gedanken zu verbannen.

Als die Schritte näher kamen und ich das erste Kichern hörte, krallte ich mich noch mehr an das feuchte Holz – fast so, als wäre es der sprichwörtlich letzte Strohhalm.

Mein Herz drohte mir aus der Brust zu springen, als eine vertraute und verhasste Stimme hinter mir ertönte.

»Hey, Schwuchtel. Ganz allein hier?«, zischte Lenny Levinsky.

Dem schweren Atmen nach zu urteilen hatte er seine Gefolgschaft in Form der übergewichtigen Zwillinge Marcus und Melvin – Kallie nannte sie liebevoll Humpty und Dumpty – im Schlepptau.

Marcus war übrigens der Typ von damals aus dem Kindergarten.

Ich erhob mich aus meiner Position, atmete tief ein und ließ die letzten Jahre Revue passieren, spielte jeden Schlag, jedes Wort, jede Bloßstellung vor meinem inneren Auge ab. Die Gefühle, die ich all die Zeit über versucht hatte zu verdrängen, übermannten mich. Innerlich verwandelte ich mich in eine nach Rache dürstende Bestie, mutierte zu einem vernichtenden Monster, das schreiend und berstend vor Wut alles in Sichtweite dem Erdboden gleichmachte. Wie Godzilla wollte ich ihnen die Beine ausreißen, als wären sie Fliegen.

Nicht wirklich.

Eigentlich war ich immer noch die kleine, dürre Schwuchtel und auch das Treibholz in meiner Hand würde daran nichts ändern können.

»Ich hab nicht übel Lust, dir kleinem Arschloch den Hintern zu versohlen. Darauf stehst du doch, oder?«

Die Zwillinge stießen zeitgleich ein kehliges Lachen aus.

Schluckend drehte ich mich zu meinen Peinigern um. Als Lenny die Planke in meiner Hand sah, wich er ein Stück zurück, doch dann umspielte seine Lippen ein belustigtes Lächeln.

»Sei bloß vorsichtig, sonst stichst du dir damit noch ein Auge aus!«

Humpty und Dumpty kicherten dümmlich. Wut kochte in mir hoch und ich wollte ihnen die Haut abziehen und sie mit Säure übergießen.

»Lasst mich einfach in Ruhe, dann passiert auch nichts.«

Leider klang ich in etwa so bedrohlich wie Harry Potter im Zauberbattle gegen Draco Malfoy in *Die Kammer des Schreckens.* Um meinen Standpunkt zu untermauern, hielt ich das Holz noch ein Stück höher.

»Marcus, nimm ihm das blöde Ding ab!« Lenny nickte zu Humpty, der sich sofort in Bewegung setzte, um mich zu entwaffnen.

Mir war bewusst, dass ich völlig hilflos gegen diese drei Idioten sein würde, denn es war weiß Gott nicht die erste Situation dieser Art.

Um meine Kampfbereitschaft auszudrücken, stellte ich mich breitbeinig hin und hielt das Holz fordernd vor meinen Körper, dabei war ich so kampfbereit wie die Kaktoren in Final Fantasy. Also gar nicht.

Zu meiner Überraschung hielt Marcus inne und starrte auf den rostigen Nagel, der aus der Planke ragte. Man konnte seinem speckigen Gesicht ansehen, dass er sich fragte, ob ich zuschlagen würde oder nicht.

Heute würde ich.

»Alles muss man selber machen!« Resigniert warf Lenny den Kopf in den Nacken und stapfte zielstrebig auf mich zu.

Er wollte es nicht anders.

Mit festem Griff ließ ich das Holz mit dem Nagel voran auf Lennys rechten Fuß sausen. Ich spürte, wie er den Stoff seines Schuhs durchbohrte, sich einen Weg bahnte, um auf der Unterseite der Sohle wieder herauszukommen.

Die Zwillinge schnappten nach Luft und starrten ungläubig zu ihrem Freund, der vor Schmerzen brüllte. Sein Jaulen dröhnte nervenzermürbend in meinen Ohren. Bevor ich realisierte, was ich gerade getan hatte, zog ich das Nagelbrett wieder heraus. Ein noch lauterer Schrei ertönte. Dunkelrote Flüssigkeit sickerte in den hellen Sand vor meinen Füßen. Die sprudelnde Fontäne, die ich erwartet hatte, blieb allerdings aus.

Lenny stürzte zu Boden und umklammerte seinen Schuh, während sich der Boden um ihn herum einfärbte. Er weinte und schrie. Ein kribbelndes Gefühl breitete sich in meiner Magengegend aus. Mein Fokus lag auf seinen feuchten Wangen und geröteten Augen. Seine schmerzverzerrte Miene und das Blut, das langsam aus seinem Schuh sickerte, erfüllten mich mit einer derartigen Genugtuung, dass ich beinahe gelacht hätte. Es überraschte mich, wie wenig mich sein Leid berührte. Wie glücklich es mich sogar machte.

Marcus und Melvin knieten bereits neben ihrem heulenden Freund und blickten mich mit einer Mischung aus Schock und Furcht an. Sie hatten Angst vor mir!

»Du bist doch krank!«, kam es nun von Melvin.

War ich das?

Hier und jetzt könnte ich das alles beenden. Die jahrelangen Torturen wären vorbei. Keine Arschtritte, keine fehlenden Kleidungsstücke nach dem Sportunterricht mehr und auch keine Fotomontagen mit meinem Kopf auf den Körpern schwuler Pornodarsteller, die dann monatelang im Internet kursieren würden.

Doch wen wollte ich eigentlich verarschen? Sicher war ich nicht der Typ, der am Strand von Wallis Grove ein Blutbad anrichtete, nur weil er von seinen Mitschülern ein bisschen aufgezogen wurde.

Also ließ ich das Holz fallen und rannte. Rannte, bis ich nichts mehr spürte.

Eugene Panabaker, der Direktor der Wallis Grove High School, nahm einen großzügigen Schluck aus seiner Kaffeetasse mit der Aufschrift *Bester Vater der Welt.*

Seine Kinder mussten ihn wirklich lieben, dachte ich spöttisch. Er hob kurz seine buschigen Augenbrauen, leckte sich über die Lippen und faltete die Hände vor seinem runden Bauch.

»Nun, Martin«, begann er und ich schluckte.

Seit dem Vorfall am Strand war eine Woche vergangen. Ich bin sofort auf unbestimmte Zeit suspendiert worden, was bedeutete, dass ich heute zum ersten Mal wieder in der Schule war. Hinter jeder Ecke vermutete ich Lenny, obwohl ich wusste, dass er noch im Krankenhaus lag. Durch den rostigen Nagel hatte er eine Blutvergiftung bekommen.

»Dir ist bewusst, dass der Vorfall Konsequenzen nach sich ziehen muss?«

Nickend rutschte ich tiefer in den Sessel.

»Deine Eltern haben sich gerade lange mit mir beraten und wir denken, eine akzeptable Lösung gefunden zu haben.«

Mom und Dad standen in einer Ecke des Raumes und lächelten mir schwach zu. Das hatte nichts Gutes zu bedeuten.

»Mr. Levinsky hat beschlossen, keine Anzeige zu erstatten. Offiziell wurde der Vorfall am Strand als Unfall deklariert. Es war eine schwere Geburt, aber im Angesicht der vergangenen Ereignisse ließ er sich doch beschwichtigen.«

Mit *vergangenen Ereignissen* meinte er die unzähligen Beschwerden gegen Lenny, die niemals jemand ernst genommen hatte. Lennys Vater war ein Immobilienmogul und reicher als der Scheich von Schardscha, was bedeutete, dass sein Sohn alles und jeden tyrannisieren konnte, ohne nur einmal eine Stunde nachsitzen zu müssen.

»Das freut mich«, bemerkte ich kleinlaut, weil ich nicht wusste, was ich sonst dazu sagen sollte.

Natürlich war ich erleichtert, denn eine Vorstrafe hätte es mir im nächsten Jahr schwer gemacht, in einem halbwegs guten College aufgenommen zu werden.

»Trotzdem machen sich deine Eltern und ich Sorgen. Du hast Leonard schwer verletzt und er hat darüber hinaus noch eine Blutvergiftung bekommen. Du weißt, dass man daran sterben kann?«

Es verlangte mir einiges ab, nicht die Augen zu verdrehen. Natürlich hatte Mr. Panabaker recht, dennoch verspürte ich kein Mitleid. Nicht im Geringsten.

»Es tut mir ja auch leid«, beteuerte ich.

»Das weiß ich, Martin, und genau deshalb ist es mir ein großes Anliegen, dir zu helfen. Wir«, er deutete zu meinen Eltern, deren Gesichter immer mehr an Farbe verloren, »sind der Meinung, dass es das Beste für dich wäre, professionelle Hilfe einzuholen. Es liegt auf der Hand, dass du im Moment mit vielen Dingen zu kämpfen hast, die du auf Dauer nicht allein stemmen kannst.«

Als ich zwischen meinen Eltern und dem pausbäckigen Direktor hin- und hersah, wurde mir sofort klar, worauf er anspielte. Es waren einige Monate seit meinem Outing vergangen. Vorher war mir nicht klar gewesen, wie schnell sich eine solch pikante Neuigkeit herumsprechen konnte, dennoch wusste es in kürzester Zeit die gesamte Schule.

»Ähm … ja, das wird es wohl sein«, stammelte ich. Langsam bekam ich Angst davor, wo dieses Gespräch hinführen würde.

»Martin, ich komme jetzt einfach zum Punkt.«

Halleluja.

»In Portland gibt es eine Einrichtung, die sich mit Jugendlichen befasst, die sehr ähnliche Probleme haben. Westbrooke hat mehrere Auszeichnungen bekommen.«

Ich traute meinen Ohren nicht. »Eine Psychiatrie?«

»Man kann es wohl eher mit einer Kur vergleichen. Es ist die renommierteste Einrichtung dieser Art in ganz Oregon!«

»Und?«

Mom und Dad kamen näher und dann ergriff mein Vater das Wort.

»Marty, Mr. Panabaker und wir haben beschlossen, dass es das Beste wäre, wenn du dir eine kurze Auszeit nimmst. Dort, auf dieser Kur, gibt es ausgebildetes Personal, mit dem du dich über alles unterhalten kannst, was dich so beschäftigt. Du lernst viele andere Jugendliche in deinem Alter kennen und wärst dort nicht mehr so isoliert.«

»Isoliert? Das ist doch Blödsinn!«, rief ich aus.

Dennoch hatte mein Dad nicht ganz unrecht. Bis auf Kallie hatte ich keine Freunde und verließ das Haus nur, wenn es wirklich nötig war.

Nach einer kurzen Pause, in der sie mich mitleidig musterten, hakte ich nach. »Wie lange?«

»Drei Wochen, Schatz«, verkündete meine Mutter und strich mir eine Strähne aus der Stirn.

Drei Wochen! Der Gedanke, drei Wochen lang in einer Jugendanstalt zu sitzen, gefiel mir ganz und gar nicht. Auf der anderen Seite hätte es auch schlimmer kommen können. Lenny hätte sterben können.

Seufzend zuckte ich mit den Schultern. »Okay.«

Mr. Panabaker und meine Eltern nickten erleichtert, als hätten sie mit mehr Widerstand gerechnet. Diese ganze Sache sollte rasch hinter mir liegen und drei Wochen Portland bedeuteten drei Wochen keine Schule und somit auch keine Konfrontation mit Lenny.

Meine Eltern besprachen noch die letzten Einzelheiten mit dem Direktor, ehe wir den Heimweg antraten.

»Dieses kleine Arschloch!« Mein Vater schlug wutentbrannt mit der Faust auf das Lenkrad. Sein hochroter Kopf erinnerte mich an eine überreife Fleischtomate.

»Jonathan!«, tadelte meine Mutter.

»Ist doch wahr, Hannah! Jahrelang terrorisiert dieser Schnösel unseren Jungen und wenn der sich dann zur Wehr setzt, wird er in eine Psychiatrie abgeschoben!«

Psychiatrie, sag ich doch.

»Kur«, berichtigte meine Mutter kleinlaut, aber ich wusste, dass sie meinem Vater zustimmte.

Genervt steckte ich mir meine Kopfhörer in die Ohren, in der Hoffnung, dass das neue *Tegan & Sara* Album das Lamento meiner Eltern übertönte.

Als wir in die Einfahrt unseres kleinen Hauses bogen, war ich heilfroh, Kallie auf unserer Veranda sitzen zu sehen. Sie schlürfte eine Cola und tippte nebenbei eifrig eine Nachricht in ihr Handy. Eigentlich war ihr vollständiger Name Kalliope Anastasia Kazokis und es gab niemanden auf der Welt, der so viel über mich wusste wie sie. Im Gegenzug wusste ich auch von ihr über jedes kleinste Detail Bescheid.

Sollte unsere Freundschaft aus unerfindlichen Gründen eines Tages enden, müssten wir einen Vertrag aufsetzen, der uns an ewiges Stillschweigen binden würde.

Es tat gut, eine Person in seinem Leben zu wissen, der man bedingungslos vertrauen konnte, ohne damit rechnen zu müssen, irgendwann mit einem Messer im Rücken aufzuwachen.

In ihrem Gesicht zeichnete sich eine Mischung aus Anspannung und Hoffnung ab.

Noch bevor wir in die Einfahrt eingebogen waren, war sie aufgesprungen. Kurz hatte ich die Befürchtung, wir würden sie mit unserem quietschgelben Honda überfahren. Kallie hatte mehr Temperament als eine kolumbianische Frauenfußballmannschaft.

»Wie ist es gelaufen?«

»Erzähl ich dir oben.« Ich nahm sie am Arm und schob sie ins Haus.

»Okay, das hätte schlimmer kommen können«, bemerkte sie, nachdem ich ihr alles erläutert hatte. »Drei Wochen gehen schnell rum und ich komme an jedem Wochenende vorbei. Versprochen.«

»Was würde ich nur ohne meine Supergriechin tun?«

»Du kommst schon klar, Marty. Und um ehrlich zu sein, hättest du dieser Kanalratte den Nagel direkt zwischen die Augen jagen sollen.« Sie tippte mit einem Finger auf meine Stirn und umarmte mich daraufhin zum Abschied.

Später am Abend erfuhr ich, dass mein sogenannter Kuraufenthalt schon in der nächsten Woche beginnen sollte.

Lennys blutender Fuß und sein tränenüberströmtes Gesicht schlichen sich in meine Gedanken und ich stellte mir selbst die Frage, ob es das wohl wert gewesen war.

Es war Samstag. Stöhnend quälte ich mich aus dem Bett, obwohl ich hätte ausschlafen können. Ich hatte kein Auge zugemacht, da ich an nichts anderes denken konnte als an die WMHTFT, die *Westbrooke Mental Health Treatment Facility for Teenagers*. Die halbe Nacht hatte ich damit zugebracht, jede Einzelheit darüber in Erfahrung zu bringen. Zu meiner Überraschung schien es eine vorbildliche Einrichtung zu sein, was aber nichts daran änderte, dass es eine Anstalt war.

Da meine Eltern schon bei der Arbeit waren, saß ich heute allein am Frühstückstisch. Plötzlich fing es an, in meiner Hosentasche zu vibrieren. Flink fischte ich mein Handy heraus und das breite Grinsen auf dem Erkennungsbild meiner besten Freundin strahlte mir auf dem Display entgegen.

»Marty, du wirst nicht glauben, was gerade passiert ist!« Kallies schrille Stimme ließ mich zusammenzucken.

»Josh Hutcherson ist nackt durch dein Fenster gestiegen und hat die griechische Nationalhymne gesungen?«, fragte ich mit einem Lachen und schob mir einen Löffel aufgeweichte Cornflakes in den Mund.

»Nein, du Spinner. Außerdem hätte ich nur angerufen, wenn Ryan Gosling durch mein Fenster geklettert wäre. Wie dem auch sei«, begann sie erneut und holte tief Luft, um die Spannung über die großen Neuigkeiten weiter auszudehnen. Dafür hatte ich nur ein Augenrollen übrig.

»Jasper will heute Abend mit mir ausgehen! So richtig mit Kino und Essen und dem ganzen Schnickschnack. Heute wird er mich fragen, ob wir zusammen sein wollen, das spüre ich!« Ihre Stimme bebte vor Aufregung und ich konnte nicht anders, als mich für sie zu freuen.

Kallie und Jasper trafen sich seit zwei Monaten heimlich, doch bislang war es nichts Ernstes gewesen. Sie war in ihn verliebt, seitdem sie ihn vor sechs Jahren das erste Mal gesehen hatte.

Oft erinnerte ich mich an jenen Tag zurück.

Damals ging ich in die sechste Klasse und es war Kallies erster Tag an unserer Schule. Vorher hatte sie mit ihren Eltern im sonnigen Griechenland gelebt, doch ihr Vater hatte einen gut bezahlten Job in Portland angenommen und war mit seiner Familie nach Wallis Grove gezogen.

Zuerst sah ich sie in der großen Pause und ich kann mich noch genau an ihren Anblick erinnern. Ihre Haut war braun von der Sonne und ihr langes, rabenschwarzes Haar fiel ihr wie flüssige Seide über die Schultern. Sie trug ein orangefarbenes Kleid mit kleinen Schmetterlingen, die filigran auf den Stoff gestickt waren.

Meine Augen stets auf das fremde Mädchen gerichtet, schlenderte ich weiter über den Schulhof. Ich wusste sofort, dass sie etwas Besonderes war und verspürte den Drang, sie kennenzulernen und mich mit ihr anzufreunden.

Normalerweise war ich auf dem Schulhof in stetiger Alarmbereitschaft, falls es sich wieder irgendeiner meiner Peiniger zur Aufgabe machte, mich vor versammelter Mannschaft zu demütigen. Damals war ich selbst noch sehr unsicher, was meine Sexualität betraf. Eigentlich war es mir relativ egal. Mit zwölf hat man noch ganz andere Dinge im Kopf.

Alles andere als gleichgültig war dies aber meinen Mitschülern, die keine Gelegenheit ausließen, mich als Schwuchtel, Brillenschlange und Heulsuse zu bezeichnen. Den letzteren Titel hatte ich mir wohl verdient, da ich ausnahmslos anfing zu weinen, nachdem man mich mal wieder in den Dreck gestoßen oder mir mit Inbrunst in die Eier getreten hatte.

Das Mädchen mit den Seidenhaaren schien neu an unserer Schule zu sein und ich hegte die stille Hoffnung, dass sie eines der wenigen Kinder werden könnte, die mich nicht hassten oder mieden.

Plötzlich spürte ich einen heftigen Tritt gegen meinen Hintern und ich fiel wie ein nasser Sack mit dem Gesicht voran in den Schmutz. Beim Aufprall merkte ich sofort, dass die Brille, die ich damals noch tragen musste, zerbrochen war.

Meine Augen füllten sich mit Tränen und ich schluchzte los. Natürlich machte ich meinem Ruf alle Ehre und heulte wie ein Schlosshund. Meine Eltern hatten damals noch nicht gut verdient und hatten eine Ewigkeit auf diese Brille sparen müssen.

Schallendes Gelächter erfüllte den Pausenhof und obwohl ich durch die Tränen und den Sand in meinen Augen nichts sehen konnte, erkannte ich ihn sofort.

»Der Arschtritt hat gesessen, was?«, grunzte Lenny Levinsky. Er war schon damals einer dieser Jungen, die sich durch den Reichtum und den Einfluss ihrer Eltern alles erlauben konnten. Seit meiner Einschulung hatte Lenny es auf mich abgesehen und niemand schien etwas dagegen unternehmen zu wollen.

Schnell blinzelte ich die Tränen weg, als ich sah, dass das neue Mädchen uns beobachtete. In ihrem Blick lag etwas, das ich nicht deuten konnte.

Lenny lachte immer noch lauthals, während seine schiefen Zähne in der Mittagssonne schimmerten wie weiße, ungeschliffene Diamanten. Verzweifelt begann ich den Boden nach meiner Brille abzutasten. Ich würde aufstehen, mir den Schmutz von der Kleidung klopfen und das Weite suchen. Aus dem Augenwinkel konnte ich Lenny erkennen, der sich von seinem Lachkrampf erholt hatte und entschlossen auf mich zu gestampft kam.

Hatte er denn nicht langsam genug?

Im gleichen Augenblick hörte ich einen markerschütternden Schrei. Das Mädchen hechtete auf uns zu. Ihre Augen waren wild vor Zorn und ihr Haar wehte mit dem Wind. Es war ein Bild für Götter!

Meine Retterin machte einen Satz, hob ihr rechtes Bein, während es mit dem linken direkt vor Lenny auf dem Boden landete. Dieser war wie versteinert, als Kallie ihr rechtes Bein nach vorne stieß.

Direkt in seine Kronjuwelen.

»Ntropí sou!«, brüllte sie in einer fremden Sprache. Später verriet sie mir, dass der Ausruf griechisch war und »Schäm dich!« bedeutete. Nach dem Tritt hatte sie mit dem Zeigefinger auf Lenny gezeigt, der fluchend und vor Schmerz jaulend auf dem Boden lag. Die Traube aus Schülern, die sich in der Zwischenzeit gebildet hatte, löste sich langsam wieder auf, als klar wurde, dass der Spaß vorbei war.

Meine Brille war natürlich ruiniert, was mir im Endeffekt jedoch völlig gleichgültig war, denn von diesem Tag an hatte ich eine beste Freundin.

Kallie fragte mich, ob sie noch vorbeikommen könne.

»Klar, ich sterbe hier sowieso schon vor Langeweile«, antwortete ich und merkte mal wieder, wie still es hier eigentlich war, wenn meine Eltern außer Haus waren. Sie würde es nie zugeben, aber sie war lieber bei uns als zu Hause. Sie hatte keine Geschwister, was eigentlich untypisch für eine griechische Familie war, weshalb ihre Eltern immer sehr vorsichtig waren, wenn es um ihr kleines Vögelchen ging.

»Das sind richtige Helikopter-Eltern. Wo gehst du hin, wie lange bleibst du, bla bla, bla«, motzte Kallie, als ich sie ins Haus ließ.

Sie trug ihre Haare diesmal offen und die schwungvollen Locken reichten ihr bis zum Po. Ihre rote Bluse ließ freien Blick auf ihren flachen Bauch zu und die Shorts, die sie trug, waren, nun ja, short.

»Dein Vater hat dich *so* aus dem Haus gelassen?« Mit einem Fingerzeig deutete ich auf die nackte Haut.

»Na hör mal, es ist zwar Oktober, aber trotzdem megaheiß draußen. Soll ich mich verschleiern? So weit kommt es noch. Außerdem weiß er, dass ich zu dir gegangen bin und du der letzte Mensch auf Erden bist, der mir an die Wäsche wollen würde.« Wir prusteten los.

»Weiß er mittlerweile von Jasper?«, fragte ich, während ich ihr ein Glas Orangensaft einschenkte.

»Marty, ich bin siebzehn. Irgendwann muss mein Vater einsehen, dass ich nicht immer sein kleines Mädchen sein kann. Aber nein, er weiß nicht, dass ich mit Jas ausgehen werde. Und deshalb brauche ich meinen schwulen besten Freund als Deckung.« Kallie presste ihre Lippen zusammen und machte große Augen, so wie sie es immer tat, wenn sie mich um etwas bat.

Ich zog eine Augenbraue hoch, »Dann hoffe ich mal, dass sich dein schwuler bester Freund zu so einem Mist bereit erklärt.«

Kallie stöhnte. »Marty, bitte.«

»Kal, du weißt, was ich von Jasper halte. Ihr habt seit zwei Monaten was miteinander und erst jetzt fällt ihm ein, dass er es öffentlich machen möchte?« Mit diesen Worten drückte ich ihr das Glas in die Hand.

Jasper Morelli und ich hatten nie ein Wort miteinander gewechselt, wir bewegten uns einfach in verschiedenen Kreisen. Er war ein hochgewachsener, breitschultriger Junge, der Star des Basketballteams. Reihenweise Mädchen waren in ihn verliebt und hätten alles dafür gegeben, dass Jasper nach einem gewonnenen Spiel mit einem breiten Grinsen im Gesicht auf sie zukäme und sie in die Arme schloss, während sein rostbraunes Haar schweißgetränkt an seiner Stirn klebte. Zugegebenermaßen fand ich diese Vorstellung auch sehr verlockend. Was ich natürlich nie offen zugeben würde.

Jasper hatte mir nie etwas getan, obwohl er mit seiner Stellung an unserer Schule die Möglichkeit gehabt hätte, meine Schulzeit noch schlimmer zu machen, als sie ohnehin schon war. Er hätte aber genauso leicht alles besser machen können.

Eines Tages hatte Lenny oder ein Typ aus seiner Gefolgschaft die glorreiche Idee, mir mitten im Sportunterricht die Hose runterzuziehen, um 25 Teenagern meine Genitalien zu offenbaren. Jasper war auch da. Er lachte nicht wie die anderen, aber er unternahm auch nichts.

Heute, knapp zwei Jahre später, träumte ich nachts immer noch von diesem Vorfall und fantasierte davon, wie es verlaufen wäre, wenn Jasper etwas unternommen hätte.

So schnell wie möglich zog ich die Hose wieder hoch und spannte jeden Muskel in meinem Gesicht an, um mir nicht anmerken zu lassen, dass ich mal wieder kurz davor war, loszuheulen.

»Okay, Leute. Uncool. Lasst Martin doch in Ruhe, er hat euch nichts getan«, sprach Jasper, während er mir zulächelte.

Einige Schüler kamen auf mich zu, um mir auf die Schulter zu klopfen und ermutigende Parolen wie »Lass dich nicht unterkriegen!« zuzurufen. Sogar Lenny entschuldigte sich kleinlaut und verschwand daraufhin mit seinen Freunden. Nach dem Sportunterricht kam Jasper zu mir in die Umkleidekabine, sein berühmtes Superstarlächeln auf den Lippen. Er fragte mich, ob alles in Ordnung sei, und ich nickte.

»Dank dir ist alles gut.«

»Dir wird nie wieder jemand wehtun. Das verspreche ich.«

Jasper kam so nah auf mich zu, dass nur wenige Zentimeter zwischen unseren Nasenspitzen lagen. Langsam beugte er sich zu mir herunter und ich fragte mich, wie lange er schon darauf gewartet hatte, mich zu küssen.

Plötzlich verschwamm das Bild vor meinen Augen und verschwand.

Das war immer der Moment, in dem ich aufwachte. Ich war so was von reif für die Klapse.

»Erde an Marty. Was ist jetzt?« Kallie stand vor mir, ihren Saft hatte sie schon ausgetrunken.

»Gut, ich geb dir nachher Deckung.« Kallie quietschte aufgeregt.

Wir gingen hinauf in mein Zimmer, wo sie sich auf mein Bett fallen ließ, während ich mich auf den Hocker meines Klaviers setzte.

Klavierspielen war meine Leidenschaft. Es war etwas, worin ich gut war und Leute erreichen konnte, ohne ein Wort sprechen zu müssen. Wenn ich meine Finger über die Tasten gleiten ließ, verstummten alle Menschen im Raum. Jedenfalls war es in meiner Vorstellung so, denn vor richtigem Publikum hatte ich noch nie gespielt.

»Spiel mir was vor, Marty. Bitte.« Kallie machte eine bettelnde Geste und mein erster Impuls, nein zu sagen, verdampfte.

Also drehte ich mich um und öffnete die Klappe. Die Tasten glänzten in der Sonne, die durch mein Fenster schien. Meine Finger entspannten sich, ich atmete tief ein und fing an zu spielen. Ich spielte *You Know Where To Find Me* von *Imogen Heap*. Es war mein Lieblingslied und ich hatte es so lange gelernt, bis ich es perfekt konnte. Nach den letzten Akkorden fühlte ich mich, als hätte ich die Last der letzten Wochen in dieses Lied gelegt. Für einen Augenblick war ich wieder frei und lebendig.

Tränen schimmerten in Kallies Augen, aber ihre Lippen waren zu einem Lächeln geformt. »Das war wunderschön.«

»Danke.« Mir war es immer unangenehm, wenn mir jemand Komplimente machte, auch wenn dieser Jemand meine beste Freundin war.

»An wen hast du gedacht?«, fragte sie und rückte an den Rand des Bettes, um mir direkt in die Augen sehen zu können.

»Wie?«

»Na ja, du musst doch an irgendjemanden gedacht haben, während du gespielt hast. Jedenfalls habe ich an Jasper gedacht.«

»Und ich hab an dich gedacht, Kal. Schließlich hab ich es ja auch für dich gespielt«, lachte ich und Kallie drückte mir einen Kuss auf die Wange.

»Das ist nicht dasselbe.« Sie legte sich auf den Rücken. Mit einem Klopfen auf das Bett bedeutete sie mir, mich neben sie zu legen. Einige Momente lang starrten wir an die Decke, bevor sie weitersprach. »Kennst du das, wenn du ein Lied hörst und du findest es ganz gut, aber nicht perfekt, und dann, urplötzlich, kommt eine Strophe oder ein Instrument, eine Hook oder wie man das nennt, irgendwas, ganz egal, und du beginnst das Lied zu lieben? Und jedes Mal wenn du das Lied hörst, wartest du wie gespannt auf diese eine Stelle, diesen einen Höhepunkt?«

Kurz dachte ich über diese Frage nach und so wie ich Kallie kannte, steckte mehr dahinter als einfach nur Musik. Letztendlich nickte ich.

»Dieses Gefühl habe ich bei Jasper. Dass er die Hook ist in meinem Leben. Das, was mich antreibt. Meine bessere Hälfte.«

Fast hätte ich über diese hoffnungslos-romantische Aussage gelacht, doch ich wusste, was sie meinte. Nur würde ich niemals so blauäugig wie sie durch das Leben gehen.

»Kallie, du kennst ihn doch nicht mal richtig. Nur weil er vielleicht gut im Bett ist und –« Ich wollte weiterreden, doch Kallie legte mir einen Finger auf die Lippen.

»Es geht hier nicht um seine Performance im Bett, Marty. Wir sind seelenverwandt. Das spüre ich einfach.«

Mit einem Lächeln ließ sie sich in die Kissen fallen und lehnte ihren Kopf an meine Schulter. »Du wirst schon sehen«, flüsterte sie.

Wir beschlossen, bei meiner Mutter zu frühstücken, so wie wir es früher an jedem Wochenende getan hatten. Sie führte in Wallis Grove schon seit über zehn Jahren ein kleines Café namens Crumbles und es war eines der wenigen Orte, denen man nachsagen konnte, dass sie eine Seele hatten.

Viele Leute waren der Meinung, dass Renovierungsbedarf bestand, dass die Möbel veraltet waren und die Wandfarbe nicht angesagt war. Doch Trends vergingen, das Café blieb. Ein Rückzugsort.

Der Job meiner Mutter spülte zwar kein Vermögen in unsere Kasse, das war ihr jedoch gar nicht wichtig, sie liebte ihren Beruf. Dad verdiente genug für beide zusammen, denn er war Besitzer einer Kette von Scherzartikelgeschäften, deren Filialen über den ganzen Bundesstaat verteilt waren.

Das Crumbles war Moms Herzstück, eine urige Oase vollgestopft mit Erinnerungen. Es gab einige Stammgäste, die meisten davon Seeleute und Fischer, gerade heimgekehrt von einer langen Fahrt, um sich mit einem Kaffee aufzuwärmen.

An den Wänden hingen Bilder von mehr oder weniger berühmten Persönlichkeiten, die einmal dieses kleine Café besucht hatten und gnädig genug waren, ein Foto von sich schießen zu lassen. Überall standen Regale mit alten, beinahe antiken Büchern, die niemand mehr las.

»Oh Gott, ich bin so aufgeregt!«, quiekte Kallie. Einige Gäste drehten sich um und schüttelten daraufhin verständnislos den Kopf. Sie saß mir gegenüber und rührte in dem Kaffee, den meine Mom ihr gerade gebracht hatte. »Was zieh ich bloß an?«

»Kal, du siehst immer hervorragend aus.« Sie könnte einen Kartoffelsack tragen und wäre trotzdem der Hingucker des Abends.

»Wir müssen auf jeden Fall noch irgendwas unternehmen, bevor du fährst! Auf keinen Fall werde ich es drei Wochen ohne dich aushalten.«

Mein Blick wanderte aus dem Fenster. An diesem Herbstmorgen war es neblig über dem Meer und die Wellen schlugen unbarmherzig an der Küste auf. Stundenlang konnte ich dieses Schauspiel beobachten, ohne mich auch nur eine Minute lang zu langweilen.

»Horrorfilmnacht?«, schlug ich vor. »Bald ist sowieso Halloween.«

Wir machten uns auf den Weg zurück nach Hause. Ich genoss die leeren Straßen und die frische Luft, während Kallie neben mir irgendein Lied summte.

»Wir könnten dir auch ein Date beschaffen«, sagte sie aus dem Nichts heraus.

»Was?«

»Sag mir, auf welchen Typen du gerade stehst und ich mach ihn für dich klar. Vielleicht verlierst du dann noch vor der Abreise deine Jungfräulichkeit!«

»Kalliope!«, rief ich mit gespielter Empörung.

»Sag schon!«

Sie wusste natürlich, dass es jemanden gab, in den ich verliebt war. Manche Sachen lassen sich vor der besten Freundin einfach nicht verheimlichen. Aber dass es sich hierbei um ihren Jasper handelte, ahnte sie natürlich nicht.

»Joseph Gordon-Levitt.«

»Okay, das könnte schwierig werden«, lachte Kallie und ließ vom Thema ab. Gott sei Dank. Würde sie weiter nachhaken, wäre es nur noch eine Frage der Zeit, bis ich einknickte.

Während Kallie sich aufmachte, um Knabbereien für den Filmabend zu besorgen, suchte ich im Internet ein paar trashige Horrorfilme raus. Mehr oder weniger zufällig stolperte ich dabei über Jaspers Facebookseite. Sein breites Grinsen strahlte mich von seinem Profilbild aus an und mir wurde plötzlich übel. Ich war eifersüchtig.

2

Willkommen in Westbrooke

Der Montag kam schneller als erwartet und als ich meinen Koffer zum Auto trug, konnte ich meine Tränen nicht zurückhalten. Ich war so eine unverbesserliche Heulsuse.

Von Kallie hatte ich mich am Telefon verabschiedet, da sie genau in diesen Minuten einen wichtigen Test schreiben musste. Ihr erstes offizielles Date mit Jasper zwei Abende zuvor war wohl ein voller Erfolg gewesen und dank ihrer ausführlichen Berichterstattung wusste ich jetzt auch haargenau, was für ein großartiger Küsser er war. Zwar nicht aus erster Hand, aber immerhin. Zuvor hatte sie nie viel über ihre heimlichen Treffen mit dem Rotschopf preisgegeben, was mir ehrlich gesagt ganz recht gewesen war.

»Wir telefonieren jeden Abend, ja? Und in den nächsten Tagen komme ich vorbei.« Meine Mutter drückte mich fest an sich, bevor ich zu meinem Vater ins Auto stieg.

Sie musste wie jeden Morgen ins Café, also hatten mein Dad und ich einen tollen dreistündigen Vater-Sohn-Roadtrip vor uns, der mich direkt in die Anstalt führen würde.

Wenigstens durfte ich die Musik aussuchen.

Die Mittagssonne strahlte auf uns herab, als wir die letzten Stufen hinauf zum Eingang des Westbrooke Institutes erklommen, meinem Zuhause für die nächsten 504 Stunden. Die gläserne Eingangstür ließ tief in das Innere des Gebäudes blicken und ich war positiv überrascht. In meiner Vorstellung sah die Jugendpsychiatrie anders aus. Irgendwie wie ein Krankenhaus. Das hier erinnerte mehr an eines der modernen Herrenhäuser am Genfer See, die ich aus den alten Filmen kannte, welche meine Mutter so liebte.

Auf unser Klingeln hin kam eine rundliche Frau zur Tür gehuscht. Sie hatte ein Lächeln auf den Lippen und sah Rosie O'Donnell verblüffend ähnlich.

»Herzlich willkommen in Westbrooke! Schwester Rosie, schön, dich kennenzulernen!«

»Sie verarschen mich«, platzte ich heraus. Sie hieß wirklich Rosie! Wäre Kallie jetzt hier, hätten wir den Lachanfall unseres Lebens.

»Pardon?«

»Oh, tut mir leid. Mein Name ist Martin Bledsoe und das ist mein Dad.«

Zum Glück hatte mein Vater wegen seiner Verblüffung über das Gebäude nicht zugehört. »Das ist sehr schön hier!«, verkündete er schließlich und klopfte mir ermutigend auf die Schulter.

Als die Glastüren für mich schwungvoll zur Seite glitten, umhüllte mich gelbliches, warmes Sonnenlicht und ich entspannte mich immer mehr. Vielleicht würde mir eine Auszeit doch ganz guttun. Der große Aufenthaltsraum war hell und gemütlich. Einige Jugendliche saßen an einem Tisch und spielten Schach. In der Mitte des Raumes stand ein imposantes Klavier und mir blieb beinahe das Herz stehen. Es war wunderschön. Ob man darauf spielen durfte?

»Freut mich sehr, dass es Ihnen hier gefällt«, sagte Rosie, nachdem mein Dad und ich unsere Begeisterung kundgetan hatten.

Natürlich wäre ich lieber zu Hause geblieben, doch ich wusste, was für ein unverschämtes Glück ich hatte. Für das, was ich getan hatte, hätte man mir eine viel schlimme Strafe aufbrummen können und Westbrooke war wahrlich eine angenehmere Option.

»Dr. Prescott wartet bereits auf sie.«

Sie war die Leiterin von Westbrooke, so viel hatte meine Internetrecherche hergegeben.

Rosie führte uns zum vierten Stock des Hauses, in dem die Büros und Schlafräume der Angestellten waren. Am Ende des Ganges lag das Chefbüro.

»MOIRA PRESCOTT, M.D. & D.O.« stand in schwarzen Lettern auf der Tür. Nach einem zaghaften Klopfen meinerseits traten mein Dad und ich ein.

»Oh, guten Tag! Herzlich willkommen!« Sie war jünger, als ich sie mir vorgestellt hatte, höchstens Mitte dreißig, schlank und ihr dunkelbraunes Haar war zu einem strengen Zopf gebunden.

Mein erster Eindruck wurde im Verlauf des Gespräches bestätigt. Dr. Prescott war unglaublich nett. Sie erklärte mir, dass ich in den nächsten drei Wochen alle zwei Tage eine Therapiestunde bei ihr haben würde. Keine Ahnung, was ich davon halten sollte, aber ich nickte. Des Weiteren war eine der Auflagen, mich an allen sozialen Aktivitäten zu beteiligen. Sie zählte auf: Wandern gehen, gemeinsames Musizieren und, da es mittlerweile Oktober war, sollte auch das ganze Haus herbstlich dekoriert werden. Meine Lust auf Sozialisierung hielt sich in Grenzen und ich kam mir vor, als wäre ich zwölf und auf Klassenfahrt.

Ein erneutes Nicken meinerseits. »Kein Problem.«

»Dann hätten wir auch schon alles geklärt. Du wirst ein Zimmer im zweiten Stock bekommen, dort sind alle Jungen untergebracht. Es gibt hier nur Doppelzimmer und jedes Zimmer hat sein eigenes Bad.«

Fantastisch! »Klingt gut.«

Mein Vater nickte mir energisch zu. Ihm schien ein Stein vom Herzen zu fallen, vermutlich hatte er ein ähnliches Bild von einer Psychiatrie gehabt wie ich. Ich sträubte mich immer noch gegen den Gedanken, hierhin zu gehören, selbst wenn es nur für drei Wochen und ohne Medikation war.

»Die drei Wochen werden sicher ein Kinderspiel. Und es hilft bestimmt auch, wenn du mit Dr. Prescott über die Dinge sprichst, mit denen du vielleicht nicht mit uns reden kannst«, sagte mein Vater, nachdem wir das Gepäck in mein neues Zimmer gebracht hatten.

Dafür, dass er so viel Verständnis zeigte, liebte ich meinen Dad. Meine Sexualität zu akzeptieren war ihm leichtgefallen. Viel schwerer war es für ihn, zu sehen, dass ich nie dem Bild eines typischen Sohnes entsprechen würde. Ich teilte weder seine Begeisterung für Sport noch die für Autos. Diese charakteristischen Dinge, die ein Vater mit seinem Sohn unternahm, wie angeln zu gehen oder in der Garageneinfahrt ein Paar Körbe zu werfen, hatten mich nie interessiert. Trotzdem wusste ich, dass er stolz auf mich war und immer hinter mir stehen würde.

Bei dem Gedanken, nun auf mich allein gestellt zu sein, bildete sich ein Kloß in meinem Hals. Schnell brachen meine Dämme und ich fiel meinem Dad weinend in die Arme. Es war nicht gerade meine Glanzstunde. Er drückte mich fest an sich und ich hätte schwören können, ein Schluchzen aus seiner Kehle gehört zu haben, doch als er mich anschaute, war sein Ausdruck gefasst. »Du schaffst das hier schon. Lass dich nicht unterkriegen, Sohnemann.« Er wuschelte mir durchs Haar und drückte mir einen Kuss auf die Stirn.

Dann war er weg und ich war allein.

Nachdem mein Dad gegangen war, machte sich Ratlosigkeit breit. Was nun? Zwar war ich müde, doch es war zu früh, um jetzt schon schlafen zu gehen, und es gab sicherlich noch Abendessen. Zu Hause hatte es nie feste Zeiten für Mahlzeiten gegeben, die Arbeit meiner Eltern ließ so etwas einfach nicht zu und meistens aß ich sowieso im Café.

In meinem Zimmer standen zwei Betten. Eines war ordentlich gemacht, auf dem anderen lagen diverse Kleidungstücke verstreut. Generell sah es auf der Seite des Raumes aus, als hätte eine Bombe eingeschlagen. Ich freute mich schon wie verrückt auf meinen Bettnachbarn.

Nicht wirklich.

Die Vorstellung, mich den anderen Jugendlichen hier zu stellen, bereitete mir Unbehagen. Schon immer hatte ich Probleme damit, soziale Kontakte zu knüpfen, und schon der Gedanke an die Blicke der anderen, wenn ich den Gemeinschaftssaal betrat, brachte mich ins Schwitzen.

Das war alles Lennys Schuld. Dank ihm war ich wahrscheinlich mein Leben lang gezeichnet und würde nie in der Lage sein, ohne Panikattacke auf meine Mitmenschen zuzugehen. Die Blutvergiftung geschah ihm gerade recht.

Obwohl es ziemlich unwahrscheinlich war, stellte ich mir gerne vor, wie sie seinen vermaledeiten Käsefuß amputieren mussten. Arschtritte zu verpassen wäre so gar nicht mehr so einfach. Bei der Vorstellung lachte ich und stellte kurz darauf nüchtern fest, dass ich hier wahrscheinlich doch richtig war. Kein normaler Mensch konnte so gehässig sein.

Plötzlich hörte ich ein Husten und Würgen. Erschrocken drehte ich mich in die Richtung des Geräusches und sah eine schmale Tür, hinter der das Badezimmer sein musste. Anscheinend war mein Bettnachbar schon die ganze Zeit hier gewesen. Den Lauten nach zu urteilen kotzte er sich gerade die Seele aus dem Leib.

Zaghaft klopfe ich an die Tür. »Hallo?«

Die Tür ging einen Spalt auf. Ein Junge, ungefähr in meinem Alter, kniete vor der Kloschüssel. Sein blondes, wirres Haar hing schweißgetränkt in seiner Stirn.

»Kann ich dir helfen?«, hakte ich verunsichert nach.

Irritiert schaute er auf und wischte sich mit dem Handrücken über den Mund. »Beim Kotzen?« Er zog eine Augenbraue hoch. Seine Stimme war warm, trotzdem konnte ich Ablehnung aus ihr hören.

»Na-natürlich nicht … Vergiss es«, stammelte ich und bereute es, überhaupt gefragt zu haben. Die Tatsache, dass ich im Umgang mit Gleichaltrigen so geübt war wie ein Fisch im Seilspringen, hasste ich. *Socially awkward* nannte es Kallie.

Peinlich berührt flüchtete ich aus dem Zimmer.

Der Gemeinschaftssaal war voller als vorhin, was mein Vorhaben, mit erhobenem Haupt hineinzugehen, nicht gerade leichter machte. Rosie redete gerade auf ein Mädchen ein, das nicht älter als dreizehn sein konnte, als sie mich hinter der Glastür erspähte. Ihr Gesicht hellte sich auf und sie winkte mich herein. Das Mädchen schien erleichtert, als sie von ihr abließ.

Los geht's, Martin.

Sich selbst Mut zuzusprechen war ungefähr so effektiv, wie der Versuch, sich selbst den Rücken zu kratzen. Man ist hinterher noch frustrierter.

Als ich den Saal betrat, wanderten circa dreißig Augenpaare zu mir. Mein Herz pochte und ich fühlte mich wie ein Massenmörder in einem Film, der am Ende aus dem Haus tritt, wohl wissend, dass eine Horde Polizisten schon auf ihn wartete. Die roten Visierpunkte der Waffen waren in meinem Fall die Blicke, die erwartungsvoll und neugierig auf mir ruhten.

»Ihr Lieben, alle mal kurz zuhören!« Rosie klatschte in die Hände. »Wir haben seit heute jemand Neuen in unserer Gruppe. Das ist Martin Bledsoe und er wird die nächsten drei Wochen mit uns verbringen. Ist das nicht toll?« Sie legte mir einen Arm um die Schultern.

Supertoll.

Alles war still. Sollte ich etwas sagen? Scheiße, ich war einfach nicht gut in so was.

»Hi«, presste ich hervor und hob kurz eine Hand.

Einige nickten mir zu, manche lächelten und wiederum andere konnten sich nicht schnell genug wieder ihren Aktivitäten widmen.

Nun stand ich hier wie bestellt und nicht abgeholt. Mein Blick wanderte umher und ich beschloss, mein Glück bei den Schachspielern zu versuchen. Meine Mom hatte mir vor Ewigkeiten das Spielen beigebracht und obwohl sich damals meine Begeisterung für diesen sogenannten Sport in Grenzen gehalten hatte, war ich jetzt froh, noch zu wissen, wie es geht.

»Ist hier noch frei?« Ich deutete auf den einzigen freien Platz.

An dem Tisch saßen ein blondes Mädchen, das ich auf sechzehn schätzte, und zwei rothaarige Jungen, die sich unglaublich ähnlich sahen. Zwillinge, dachte ich bitter und schluckte den ekelhaften Gedanken an Marcus und Melvin herunter.

»Klaro«, zirpte das Mädchen mit hoher Stimme und auch die Jungen schienen nichts dagegen zu haben. »Mein Name ist Ashlee, du kannst mich aber ruhig Ash nennen. Und das sind Fred und George.« Sie nickte zu den Brüdern, deren grimmiger Gesichtsausdruck Bände sprach.

»Ihr heißt echt Fred und George?«, fragte ich die beiden und beschloss, dass es an der Zeit war, die *Harry Potter* Reihe noch mal zu lesen.

»Natürlich nicht, sorry«, prustete Ash, deren Kopf vor Lachen rot anlief. »Das sind Andy und Alex. Sie sprechen nie«, erklärte sie mir.

Kallie und ich hatten zu viele *Stephen King* Verfilmungen gesehen, um behaupten zu können, dass merkwürdige Kinder mir kein Unbehagen bereiteten. Die Tatsache, dass sie identisch aussahen und dazu noch rothaarig waren, setzte dem Ganzen noch die Krone auf.

Ich musste alles zurücknehmen. Die drei waren wirklich cool und selten hatte ich in meinem Leben solchen Spaß gehabt. Und das beim Schach. Wir spielten stets zwei gegen zwei und gewöhnlich war ich mit Ash in einem Team. An diesem Nachmittag verloren wir jedes Mal, aber das war Nebensache.

Das Abendessen fand in einem separaten Speisesaal statt. Hungrig setzte ich mich zu Ash, mein Bedarf, neue Bekanntschaften zu machen, war für heute gedeckt.

Außerdem mochte ich sie. Sie erklärte mir, was mich die nächsten drei Wochen hier erwartete, doch darunter war für mich nichts Neues. Bei Brot und Linsensuppe erzählte sie mir, dass sie bereits fast ein Jahr hier war. Irgendwie wagte ich es nicht, sie nach dem Grund zu fragen. Es ging mich schließlich nichts an. Ein Jahr, verdammt.

Nach dem Essen hatten wir noch zwei Stunden Freizeit, bis die Nachtruhe eingeläutet werden würde, doch ich war hundemüde und wollte einfach nur ins Bett. Mir war sogar die Anwesenheit meines Zimmernachbarn egal, der sich übrigens nicht beim Abendessen hatte blicken lassen. Wahrscheinlich war er krank. Kurz überlegte ich Rosie zu fragen, ob er nicht auf eine Krankenstation verlegt werden sollte, doch ich beschloss, mich nicht in die Angelegenheiten anderer einzumischen. Es blieb die Hoffnung, dass es nichts Ansteckendes war.

In meinem Zimmer war es stockfinster. Bei dem Versuch, den Lichtschalter zu finden, stolperte ich beinahe über einen Turnschuh. Als der Raum endlich erhellt wurde, wollte ich das Licht sofort wieder löschen. Das Zimmer sah noch schlimmer aus als zuvor! Auf dem Boden lagen Klamotten verteilt und etliche Magazine lagen aufgeschlagen herum. Zum Glück war ich kein Ordnungsfanatiker, sonst wäre ich wahrscheinlich durchgedreht. Meine Mutter wäre beim Anblick dieses Chaos tot umgefallen. Nach einer kurzen inneren Debatte kam ich zu dem Schluss, ihr besser kein Bild von der Unordnung zu schicken.

Der blonde Junge lag in seinem Bett und schlief, die Decke hatte er sich bis unter die Nasenspitze gezogen. Vorsichtig schlich ich zu meinem, knipste die Nachttischlampe an, schaltete das Deckenlicht aus und tapste ins Bad. Das Duschen könnte ich morgen früh erledigen, jetzt war ich zu fertig und würde bestimmt währenddessen einschlafen. Erschöpft schälte ich mich aus meinen Klamotten und legte sie ordentlich über einen Stuhl, bevor ich mir die Zähne putzte und mich anschließend in mein Bett fallen ließ. Obwohl mich das ungewohnte Gefühl und der fremde Geruch der Laken normalerweise gestört hätten, driftete ich im Schutz der Dunkelheit immer tiefer in den Schlaf.

Tag 1 wäre geschafft.

»Wie geht es dir, Martin?« Dr. Moira Prescott saß mir, mit Block und Stift bewaffnet, gegenüber. Heute war meine erste von acht Therapiestunden. Vier Tage waren mittlerweile vergangen. Das Wochenende war zum Greifen nah, was bedeutete, dass ich endlich Besuch von meinen Eltern und Kallie bekommen würde.

»Gut«, antwortete ich wahrheitsgemäß.

»Konntest du dich gut einleben?«

Darüber musste ich kurz nachdenken. Gleich am ersten Abend hatte ich Freundschaft mit Ashlee geschlossen. Mit den Zwillingen Andy und Alex verstand ich mich auch gut. In den letzten Tagen hatte ich noch einige andere Leute kennengelernt, mit denen ich oberflächliche Gespräche führte, doch es war nichts von größerer Bedeutung dabei. Dann war da natürlich noch der blonde Junge. Mein Zimmernachbar, der es in fünf Tagen geschafft hatte, ganze zwei Worte mit mir zu reden. *Beim Kotzen?* Japp, das war's. Die meiste Zeit verbrachte er im Bett, hörte Musik über Kopfhörer und las. Zu den Mahlzeiten erschien er nur unregelmäßig und wenn er sich dann mal dazu herabließ, in den Speisesaal zu kommen, setzte er sich allein an den hintersten Tisch.

Um ehrlich zu sein, kochte ich innerlich. Es ging mir gegen den Strich, mein Zimmer mit so einem Härtefall teilen zu müssen. Die Stimmung war zum Bersten gespannt. Und es sah immer noch aus wie auf einer verdammten Müllhalde.

Trotzdem nickte ich.

»Das freut mich sehr.« Mir fiel sofort auf, dass Dr. Prescott aufrichtig war. Irgendetwas an ihr strahlte eine solche Vertrauenswürdigkeit aus, dass ich mich beherrschen musste, nicht alles heraussprudeln zu lassen, was mir auf dem Herzen lag.

»Lass uns von dem Tag reden, an dem du deinen Mitschüler verletzt hast«, schlug Dr. Prescott vor.

»Ähm … okay.«

»Wie ist es zu dem Vorfall gekommen?«

Ich holte aus. Begann bei der ersten Begegnung mit Lenny, schilderte mein jahrelanges Martyrium. Dann beschrieb ich das unvergleichliche Gefühl, ihm den rostigen Nagel in den Fuß gejagt zu haben. Schonungslos ehrlich erläuterte ich ihr den Vorfall, obwohl ich mir sicher war, danach dauerhaft eingewiesen zu werden.

»Eine nachvollziehbare Handlung.« Dr. Pescott nickte.

Was? »Was?«, sagte ich nun laut.

»Über Jahre hinweg hast du viel durchmachen müssen. Du hast Aggressionen aufgestaut, die sich an diesem Tag entladen haben. Das ist völlig verständlich«, erklärte sie. »Natürlich ist es nicht in Ordnung und so etwas sollte nie wieder passieren. Deshalb würde ich vorschlagen, wir arbeiten daran, deine negativen Emotionen anderweitig zu verarbeiten. Fast jeder hat Leute in seinem Leben, die es ihm schwer machen wollen. Man muss nur lernen, mit ihnen fertig zu werden.«

Dr. Prescott lächelte zuversichtlich und mir kamen fast die Tränen. *Nicht jetzt, du Jammerliese.*

»Wie stehen deine Eltern zu deiner Sexualität?«

Wow, diesen Themenwechsel hatte ich nicht vorhergesehen.

»Sie unterstützen mich.« Das war die volle Wahrheit.

»Das ist schön zu hören. Wie stehst du selbst dazu?«

Ich verstand die Frage nicht. »Na ja. Es ist nun mal so, wie es ist.«

»Hast du einen Freund?«

Keinen realen, dachte ich schmunzelnd. »Nein.«

»Hast du Freunde, mit denen du über deine Homosexualität sprichst?«

»Meine beste Freundin, Kallie. Also, sie ist nicht lesbisch oder so … obwohl, bei ihr weiß man nie.« Ich räusperte mich. Was redete ich da nur? »Nur sie«, verkürzte ich meine Antwort.

»Es ist wichtig, dass du jemanden in deinem Umfeld hast, mit dem du darüber offen sprechen kannst. Viele sexuell verwirrte Teenager haben niemanden zum Reden und verlieren so immer mehr den Weg. Sie geraten auf die schiefe Bahn. Es wäre auch nicht schlecht, dich vielleicht mal mit anderen Homosexuellen zu unterhalten.«

»Der Bruder meiner besten Freundin ist schwul«, log ich, »mit dem könnte ich mich unterhalten.«

Keine Ahnung, warum ich diesen schwulen Bruder aus dem Hut zauberte, aber ich hatte keine Lust, dass mich Dr. Prescott mit irgendeinem Fremden zusammensetzte, damit ich ihn über seine Erfahrungen ausquetschen konnte.

»Das ist eine hervorragende Idee!«

Sie stellte noch weitere Fragen über das Verhältnis zu meiner Familie und Kallie. Wahrscheinlich waren es Standardfragen, die dazu dienen sollten, mich besser einzuschätzen.

Als ich an diesem Abend mucksmäuschenstill ins Bett huschte, freute ich mich fast auf die nächste Sitzung.

Es war Samstag. Endlich! Gähnend rieb ich mir den Schlaf aus den Augen. Ein Blick auf die Uhr verriet mir, dass es noch relativ früh war. Der blonde Junge, dessen Name übrigens Joki war – nicht, dass er sich vorgestellt hätte, der Name stand lediglich auf seinem Zahnputzbecher –, schnarchte friedlich vor sich hin. Genervt seufzend ging ich ins Bad, darauf bedacht, nicht über ein Kleidungsstück zu stolpern. Glücklicherweise benutzte Joki stets erst dann die Dusche, wenn ich unten beim Frühstück war. Das wusste ich, weil ich später jedes Mal offene Duschgel-Flaschen und Wasserpfützen auf dem Boden vorfand. Es war nur noch eine Frage der Zeit, bis mir die Hutschnur platzen würde.

Ich ließ das heiße Wasser über meinen Körper laufen und der Gedanke daran, dass heute meine Eltern und Kallie kommen würden, ließ meine Laune in die Höhe schnellen.

»Scheiße!«, kam es aus dem Nebenzimmer. Irritiert stellte ich das Wasser aus. Joki platzte polternd und fluchend ins Bad und verschloss die Tür hinter sich.

»Entschuldige mal!« Erschrocken riss ich den viel zu locker befestigten Duschvorhang herunter und hüllte meinen nackten Körper darin ein.

»Da ist nichts, was ich nicht schon mal irgendwo gesehen hätte.«

Arschloch!, dachte ich und biss mir auf die Zunge.

»Was soll der Scheiß?«

»Sei ruhig. Bitte!« Er starrte mich an und hielt sich einen Finger vor den Mund.

»Joki!«, hallte eine schrille Stimme hinter der Badezimmertür.

»Was zum …?«, begann ich, als ich das Klacken von High Heels von der anderen Seite der Tür hörte.

»Joki?« Wieder diese Stimme, gefolgt von einem energischen Klopfen. Bei dem Krächzen der Frau stellten sich mir die Nackenhaare auf. Fragend blickte ich zu meinem Zimmernachbarn, der die Lippen aufeinanderpresste.

»Ich bin nicht da«, wisperte er mir zu. Wollte ich überhaupt wissen, was hier vor sich ging?

Ich räusperte mich. »Tut mir leid … der ist gerade nicht hier.«

»Könntest du vielleicht mal kurz rauskommen?« Die Frau ließ nicht locker und das heftige Kopfschütteln meines Mitbewohners half mir auch nicht weiter.

»Nein, das geht nicht, ich … tierischer Durchfall, verstehen Sie? Ach du liebe Güte!« Um dem ganzen Theater noch die Krönung zu verleihen, fügte ich ein gequältes Raunen hinzu.

Die Frau auf der anderen Seite der Tür machte ein angewidertes Geräusch und tackerte davon.

»Nicht schlecht«, meinte Joki und ließ sich an der Wand nach unten gleiten, bis er auf dem Boden saß. Ich stieg aus der Dusche und tat es ihm gleich. Zum Glück war ich noch in den Vorhang gewickelt, denn mit dem nackten Hintern auf den Fliesen zu sitzen wäre sicher unangenehm gewesen.

Meine Versuche, die Beine anzuwinkeln, scheiterten kläglich, da sie auf dem glatten Boden immer wieder wegrutschten. Scheiß drauf.

»Wer war das?«, fragte ich nach einigen Sekunden.

»Meine hohle Stiefmutter. Mich wundert es, dass sie überhaupt den Weg hierher gefunden hat.«

Nach einem kurzen Nicken meinerseits trat wieder Stille ein.

Small Talk war wirklich nicht mein Ding.

»Mein Dad ist vor Kurzem gestorben.«

»Tut mir leid.«

Plötzlich vergrub Joki sein Gesicht in den Händen und begann zu schluchzen.

Als ich den blonden Jungen neben mir sitzen und weinen sah, war ich mir bewusst, dass es einiges bedurfte, um vor einem Fremden zu weinen.

Es erinnerte mich an die vielen Tränen, die ich in meinem Leben vergossen hatte, aber nichts glich dem, was sich gerade neben mir abspielte. Nichts von alldem war so ehrlich wie Joki, der um seinen toten Vater trauerte.

Von diesem Augenblick an beschloss ich, nie mehr zu weinen. Auf jeden Fall nicht mehr so oft. Kleine Schritte.

Darauf bedacht, noch alles Wichtige verhüllt zu lassen, beugte ich mich nach vorn, um nach der Rolle Toilettenpapier zu greifen, die in einer Halterung neben der Toilettenschüssel befestigt war. Behutsam riss ich ein paar Blätter ab und reichte sie dem weinenden Jungen.

»Danke«, sagte er und schnäuzte sich. »Das ist echt peinlich.«

»Keine Sorge, ich heule jeden Tag wegen irgendwas«, scherzte ich.

Einige Minuten vergingen, bis Joki die Stille durchbrach. »Wie heißt du eigentlich?«

»Martin«, antwortete ich knapp.

»Joki«, stellte sich der Junge vor und streckte mir seine Hand entgegen. Sie war heiß und feucht.

»Ungewöhnlicher Name«, stellte ich fest.

»Finnisch. Ich bin in Finnland geboren und meine Mutter lebt dort. Aber mein Vater war der Meinung, mich mit nach Amerika schleppen zu müssen. Land der unbegrenzten Möglichkeiten und so. Aber in Wirklichkeit wollte er sich mit Vanessa – meiner Stiefmutter – ein neues Leben aufbauen.«

Es kam mir vor, als würde es Joki ablenken, von seiner Familie zu sprechen, also machte ich mit einem Nicken deutlich, dass er ruhig weiterreden konnte.

So verging eine Stunde, in der er mir von Finnland und seinen Freunden dort, die alle helles blondes Haar wie er hatten, erzählte. Er berichtete mir von Wäldern und Dünen und dem skandinavischen Meer. Als er sechs Jahre alt war, trennte sich Jokis Vater, ein erfolgreicher Geschäftsmann, von Jokis Mutter. Diese war lediglich eine Hausfrau und konnte ihrem Sohn somit nichts bieten.

Jokis Dad bekam das Sorgerecht für ihn und zog mit ihm nach Oregon. Joki erzählte, wie schwierig es für ihn war, sich in dem fremden Land zu integrieren. Seine Stiefmutter, selbst gerade zwanzig geworden, brachte ein Baby mit in die Familie und somit war er bei seinem Dad abgeschrieben. Vor nicht mal einem Monat hatte sein Vater einen Herzinfarkt erlitten und war gestorben.

»Sie hat ihn nach Strich und Faden betrogen. Ständig waren irgendwelche Kerle in unserem Haus. Letztes Jahr hat sie angefangen die Freunde anzumachen, die ich mitgebracht habe. Einmal ist sie sogar nackt durch das Haus getänzelt, als ich mit ihr allein war. Ekelhaft.«

»Vielleicht solltest du einfach mit ihr reden. Auf jeden Fall können wir uns nicht ewig hier verstecken«, bemerkte ich und versuchte vorsichtig wieder auf die Beine zu kommen. Dummerweise waren sie eingeschlafen, mein Po war platt gesessen und zu allem Überfluss fror ich am ganzen Leib.

»Das predigt Dr. Prescott auch ständig. Vermutlich hast du recht«, meinte Joki und klopfte sich nicht vorhandenen Staub von der Hose.

Die Luft war rein, als wir in unser Zimmer traten. Joki blieb unschlüssig im Raum stehen, nachdem ich mir ein Shirt und Jogginghose übergezogen hatte.

»Alles in Ordnung?«, hakte ich nach.

»Kein Plan, wo ich hinsoll, nachdem ich entlassen werde. Ich kann unmöglich mit Vanessa und Jessica unter einem Dach wohnen.«

Aus seinen Erzählungen wusste ich, dass Jessica die Tochter seiner Stiefmutter und anscheinend der Inbegriff eines pubertierenden Mädchens war.

»Wir wollten weg«, sagte er leise. »Mein Vater wollte sich endlich von ihr trennen, nachdem er sie in flagranti mit unserem Gärtner erwischt hatte.« Joki lachte abfällig.

»Scheiße«, war das Einzige, was mir dazu einfiel.

»Ihretwegen hat er diesen Herzinfarkt bekommen. Ihretwegen ist er tot.« Seine Stimme war kühl und hasserfüllt.

Nach einem kurzen Klopfen an der Tür steckte Schwester Rosie ihr rosafarbenes Gesicht in das Zimmer.

»Joki, Ihre Stiefmutter ist hier, um zu sehen, wie es Ihnen geht«, verkündete sie und bevor Joki protestieren konnte, stolzierte eine hochgewachsene Frau in den Raum und umarmte ihren Stiefsohn stürmisch.

»Fuck!«, stöhnte Joki, als er sie von sich stieß.

Rosie war wieder verschwunden und ich beäugte die gertenschlanke Frau, von der ich keine hohe Meinung hatte, genauer. Sie sah älter aus als 31, was ihrer Schönheit aber keinen Abbruch tat. Sie hatte etwas Einschüchterndes und erinnerte mich immer mehr an Anjelica Houston in *Hexen hexen.*

Ihr rabenschwarzes Haar war zu einem strengen Zopf geflochten. Ihr langer Körper war ganz in Schwarz gehüllt und ihr Make-up war dezent, aber definitiv aufwendig. Sie sah aus wie eine trauernde Ehefrau und ich fragte mich, ob sie wirklich das untreue Miststück war, welches Joki mir beschrieben hatte.

»Joki, meinst du nicht, wir sollten uns mal unterhalten? Unter vier Augen?« Vanessa funkelte mit ihren Eisaugen kurz zu mir.

»Es gibt nichts mehr zu besprechen! Dad ist tot! Und das ist allein deine Schuld, du Hure!«

Überrascht trat ich ein paar Schritte zurück.

Vanessa atmete scharf ein und ballte die Hände zu Fäusten. Offensichtlich verlangte es ihr viel Willenskraft ab, nicht die Fassung zu verlieren.

»Nach allem, was dein Vater und ich für dich getan hab–«, begann sie mit bebender Stimme, wurde dann aber jäh von ihrem Stiefsohn unterbrochen.

»Du? Das Einzige, was du kannst, ist mit irgendwelchen Typen rumzuvögeln!«

Das Wortgefecht nahm seinen Lauf, bis Vanessa irgendwann resigniert das Handtuch warf und fluchend aus dem Zimmer stürmte. Joki schwieg und auch ich wusste nicht so recht, was ich zu alldem sagen sollte.

Die Stunden bis zum Nachmittag und meinem ersehnten Besuch blieben weitestgehend ereignislos und ich beschloss, heute im Zimmer zu bleiben, um Joki nicht allein zu lassen. Zwar kannte ich ihn erst seit ein paar Tagen, aber er hatte sich mir geöffnet und ich wusste nur zu gut, wie schwierig das war.

Mein Vorhaben, ein Buch zu lesen, scheiterte, denn die Sätze zogen sich wie Kaugummi, sodass ich nach fünf Seiten aufgab. Ich schielte kurz zu Joki herüber. Er war eingeschlafen.

Gut, dachte ich, *er braucht jetzt jede ruhige Minute, die er bekommen konnte.* Als ich versuchte mich auf die Seite zu drehen, biss ich die Zähne zusammen, um kein Geräusch zu machen, das ihn hätte aufwecken können.

Einige Minuten lang schaute ich ihn an, beobachtete, wie sich seine Nasenlöcher bei jedem Atemzug etwas weiteten. Dann zählte ich die Blondtöne in seinem Haar und kam auf drei, bis die Mittagssonne in das Zimmer strahlte und alles in ein völlig anderes Farbschema tauchte.

»Was hältst du von Birnen?«, kam es unvermittelt von Joki, der immer noch aussah, als würde er schlafen. War er etwa die ganze Zeit wach gewesen? Ertappt kniff ich die Augen zusammen.

»Martin?«, hakte er erneut nach, nachdem ich nicht geantwortet hatte. Erst jetzt wurde mir bewusst, wie zusammenhangslos seine Frage gewesen war und ich wusste nicht, was ich sagen sollte. Noch nie hatte ich mir Gedanken über Birnen gemacht. Plötzlich fing Joki an zu lachen, als hätte er den lustigsten Witz der Welt gerissen.

Ratlos starrte ich im Zimmer umher. »Keine Ahnung, sie sind ganz okay, schätze ich.«

»Birnen sind großartig. Das Problem ist, dass ich allergisch gegen die Dinger bin. Wenn ich eine esse, schwellen meine Augen an und ich kann nichts mehr sehen.«

Diese Vorstellung fand ich urkomisch. Natürlich lachte ich nicht und nickte nur. »Das ist echt blöd. Tut mir leid.«

»Würde es dir was ausmachen, mir einfach etwas zu erzählen? Egal was. Ein wenig Ablenkung wäre gerade echt nicht schlecht.«

Sein Gesichtsausdruck war fast flehend und ich konnte mir nur zu gut vorstellen, wie zerstört sein Inneres gerade sein musste.

»Irgendwie bin ich ziemlich uninteressant«, sagte ich und es stimmte sogar. Ich führte das langweiligste Leben, das man sich vorstellen konnte.

»Egal.«

Also begann ich zu reden. Es war merkwürdig, so viel Persönliches vor einem Fremden offenzulegen. Ich erzählte ihm von meinen Eltern, dem Café und Kallie. Sogar von meiner Homosexualität sprach ich in einem Nebensatz und hielt daraufhin kurz die Luft an. Joki verzog keine Miene, also schien er kein Problem damit zu haben. Dann redete ich von Jasper und seinen Herbstlaubhaaren, von Lenny und seinen Versuchen, mir das Leben schwer zu machen, und am meisten sprach ich vermutlich über das Klavierspielen. Über das Gefühl, wenn meine Finger wie automatisch über die Tasten flogen, getrieben vom Rausch der Musik. Von dem Willen, perfekt zu sein, ohne Makel. Der Sensation, die sich in meinem Körper breitmachte, sobald ich ein Stück fehlerfrei gespielt hatte, widmete ich auch einige Sätze. Plötzlich fand ich mein Leben gar nicht mehr so eintönig.

Joki setzte sich auf und schaute im Raum umher. »Vermutlich sollte ich aufräumen. Ich hab gehört, du bekommst Besuch.«

3

Von Stiefmüttern und ihren Gärtnern

Joki

Als ich sechs Jahre alt war, beschloss mein Dad, mich aus meiner gewohnten Umgebung zu reißen und meine Mutter allein in einem winzigen Haus in der finnischen Einöde zurückzulassen. Alles, was mich noch an mein Heimatland erinnerte, war mein blondes Haar.

Es verging kein Tag, an dem ich nicht an sie dachte. Ich sehnte mich nach ihren weichen Händen auf meiner Wange und ihrer zarten Stimme, mit der sie mich in den Schlaf sang. Seit über zehn Jahren hatte ich nichts mehr von ihr gehört. Meinen Vater verabscheute ich dafür, dass er jeglichen Kontakt unterbinden ließ, nur weil er jetzt eine neue Frau hatte, die meine Mutter spielen sollte. Doch sie konnte sie nie ersetzen. Sie war so aufbrausend und laut und hatte sogar für unseren Goldfisch mehr Zuneigung übrig als für mich.

Mindestens einmal in der Woche gab ich den Namen meiner Mutter, Vella Heikkinen, in die Suchmaschine im Internet ein, nur um jedes Mal aufs Neue auf null Treffer zu kommen. Fast so, als hätte es sie nie gegeben.

Eines Tages, kurz nach meinem siebzehnten Geburtstag, kam ich früher von der Schule nach Hause. Es war nicht das erste Mal, dass ich blaumachte, und es würde auch nicht das letzte Mal sein. Es war Teil meiner rebellischen Auflehnung gegen mein Stiefmonster, wie ich sie gerne nannte. Mein Dad und sie hatten es zwar irgendwie geschafft, meine Mutter daran zu hindern, je Kontakt mit mir aufzunehmen, aber wenn sie dachten, dass ich bei ihrem fröhlichen Wir-sind-eine-glückliche-Familie-Spiel mitmachte, hatten sie sich gewaltig geschnitten.

»Pedro! Zeig mir, was dein Spaten noch so alles draufhat!«

Pedro war unser Gärtner, doch allem Anschein nach grub er gerade etwas anderes um.

Auf dem Treppenabsatz machte ich kehrt und schlich in die Küche. Wenn mein Plan aufging, war ich meine Stiefmutter bald los. Bei der Vorstellung, ihr und ihrer Rotzgöre von Tochter beim Kofferpacken zuzusehen, musste ich grinsen. Dann wären es nur noch mein Vater und ich. Und vielleicht irgendwann wieder meine Mom.

Voller Vorfreude fischte ich mein Handy aus dem Rucksack und wählte die Nummer von Dads Firma.

»Jay, ich bin in einem Meeting.« Er nannte mich bewusst nicht bei meinem finnischen Namen und es machte mich rasend.

»Dad, du musst dringend nach Hause kommen! Irgendetwas stimmt mit Vanessa nicht. Sie schreit im Schlafzimmer und die Tür ist verschlossen.«

»Ruf die Polizei. Bin in fünf Minuten da!«

Mein Vater, der arme Irre, machte sich tatsächlich Sorgen um seine Frau. Mir war schon seit Ewigkeiten klar, dass sie mehr Affären als halb Hollywood hatte und nun konnte ich es endlich beweisen.

Natürlich rief ich nicht die Polizei. Als mein Vater mit quietschenden Reifen in die Einfahrt raste und mit panischem Gesichtsausdruck ins Haus platzte, setzte ich meine ängstlichste Miene auf.

»Vanessa!« Er stolperte die Stufen hinauf und trat die Tür ein.

»George, oh Gott! Was machst du denn schon hier? Es ist nicht so, wie es aussieht!«

Als Dad unseren lüsternen Gärtner mit einem Arschtritt aus dem Haus beförderte, lachte ich in mich hinein.

»Jay, komm.« Er zog mich hinter sich her und setzte mich ins Auto. In seinen Augen schimmerten Tränen und ich fragte mich, ob ich nicht zu weit gegangen war. Aber irgendwann musste er die Wahrheit doch erfahren, oder?

Wir fuhren los. Er sagte kein Wort.

»Wo fahren wir hin?«, fragte ich. Der kleine Junge in mir hoffte, dass er zum Flughafen fuhr, um den nächsten Flug nach Helsinki zu buchen, doch ich wusste, dass dies nie passieren würde.

»Weg«, antwortete er knapp.

Er war verletzt, doch das würde vergehen und dann würde er wieder der Vater sein, der er früher gewesen war. Vor Vanessa.

»Diese miese …«, fing er an, doch weiter kam er nicht. Blitzartig griff er sich an seine Krawatte und versuchte sie zu lockern. Sein Gesicht war feuerrot und seine Augen standen hervor. Er wollte etwas sagen, doch es kam nur ein gequältes Gurgeln.

»Scheiße, Dad! Was ist denn? Halt an!«

Doch er konnte nicht anhalten. Er konnte nichts mehr, denn er war schon tot. Als ich die Betonmauer immer näher auf mich zurasen sah, tauchte meine Mutter vor mir auf. Sie legte ihre Hand auf meine Wange und ich schloss die Augen.

»Äiti[1]…«, flüsterte ich. Dann war alles schwarz.

Martin

Sie sind da! Es verlangte mir einiges ab, nicht auf und ab zu hüpfen wie ein Kleinkind.

»K-Woww!«, rief ich, als ich Kallies haselnussbraune Mähne hinter meinen Eltern erspähte. Seit wir an einem Wochenende sechs Staffeln *Jersey Shore* geschaut hatten, war es eine Tradition, sie K-Woww zu nennen.

»Marty Farty!« Kallie drängte sich an meinen Eltern vorbei und fiel mir in die Arme. Meine Eltern drückten mich danach auch an sich.

Joki schaute schmunzelnd zu uns herüber. Zu meiner Überraschung stellte er sich höflich als mein Mitbewohner vor, meinte dann, er wolle nicht weiter stören und verließ das Zimmer. Kallie zog belustigt die Augenbrauen hoch und ich wusste sofort, was sie dachte. Ich verdrehte die Augen.

In den nächsten Minuten klärten mich meine Eltern über all die belanglosen Dinge auf, die während meiner Abwesenheit passiert waren.

Gerade als Kallie darüber philosophierte, warum sie, trotz ihrer griechischen Herkunft, Zaziki hasste wie die Pest, klopfte es an der Tür. Dr. Prescott trat ein und stellte sich meiner Mutter und Kallie vor. Meinen Dad kannte sie ja bereits. Sie verlor ein paar Worte darüber, dass die erste Therapiestunde prima gelaufen war und ich mit meiner gesunden Einstellung und etwas Hilfe keinerlei Probleme haben würde, in Zukunft meine Hürden zu überwinden.

Mit *Hilfe* meinte sie Therapie und mit *Hürde* Lenny und alle anderen Idioten auf meiner Schule.

---

1 Mutter

Mom nickte angetan und strahlte mich an. Dad erzählte einen Witz. Dr. Prescott war davon sichtlich belustigt, obwohl ich wusste, dass die Pointe so lustig war wie der Moment, wenn man sich morgens saure Milch in den Kaffee gießt und es erst zu spät merkt.

Nachdem Dr. Prescott gegangen war, wurde es auch für meine Eltern und Kallie Zeit, sich langsam auf den Weg machen. Die vier Stunden waren viel zu schnell vergangen.

Kallie hatte mir aufgeregt erzählt, wie ihr Treffen mit Jasper verlaufen war. Die beiden waren nun offiziell ein Paar und er trug sie auf Händen. Sie schmiedeten sogar schon Pläne, die Weihnachtsferien in Miami zu verbringen. Vor meinem inneren Auge sah ich Kallie am Stand, ihr braun gebrannter Körper in einem farbenfrohen Bikini, auf ihrer Nase eine gigantische Sonnenbrille. An einer Hand Jasper, der seinen muskulösen Körper zur Schau stellte, in der anderen ihr Handy, um der ganzen Welt zu twittern, wie glücklich sie war.

Sie verdiente es, einen Freund zu haben, der so charmant und liebenswert war wie Jasper, und ich freute mich für sie. Ich war auch nicht eifersüchtig.

Na ja, vielleicht ein bisschen.

Als ich am Abend im Bett lag und Joki am anderen Ende des Zimmers atmen hörte, vibrierte mein Handy auf dem Nachttisch.

Nachricht von Kallie.

Dein Roommate ist HOT! Belustigt schüttelte ich den Kopf.

Du bist männerhungriger als ein Sukkubus, rügte ich meine beste Freundin.

Du nennst es männerhungrig, ich nenne es kontaktfreudig. Beim Rausgehen habe ich ihm meine Nummer zugesteckt.

Darauf folgten zwei lachende und ein zwinkernder Smiley.

Und was ist mit Jasper??, wollte ich wissen.

Das ist ein Grund, aber kein Hindernis. IF YOU KNOW WHAT I MEAN.

Zwei lachende Smileys und einer, der sich die Augen zuhält. Ich hasste sie.

Flittchen!

Diesmal schickte ich ein paar Lachsmileys mit.

Du weißt, ich mach nur Spaß! I miss uuuu x

Miss u 2 xxxx, antwortete ich mit einem Schmunzeln.

Müde legte ich das Handy beiseite und schlief bald darauf ein, wachte aber zwei Stunden später wieder auf. Joki weinte und ich wusste absolut nicht, was ich tun sollte.

Joki war vor mir aufgewacht und machte schon sein Bett. Ein ziemlich ungewöhnlicher Anblick am frühen Morgen. Als er sah, dass ich ebenfalls munter war, lächelte er kurz zu mir herüber. »Morgen.«

»Morgen«, gab ich verschlafen zurück. An Kallies Nachrichten erinnert, fiel es mir auch auf: Joki war wirklich ziemlich attraktiv. Auf eine ganz andere Art als Jasper, aber trotzdem. Sein Haar stand ungebändigt von seinem Kopf ab. Heute hatte es die Farbe von Kornfeldern und an den Seiten kräuselte es sich leicht. Er war ein paar Zentimeter kleiner als ich, dafür war ich bei Weitem nicht so sportlich wie er und neben seinen breiten Schultern wirkte ich wahrscheinlich hager und schlaksig wie der Slenderman.

Das Vorhaben, Joki auf die vergangene Nacht anzusprechen, verwarf ich schnell wieder. Er schien relativ gut gelaunt zu sein und das Letzte, was ich wollte, war dies zunichtezumachen. Als es Zeit fürs Frühstück war, überraschte er mich, indem er tatsächlich mit in den Speisesaal kam und sich sogar an meinen Tisch setzte. Er nickte kurz zu Andy und Alex und zwinkerte Ash zu, die mir gegenübersaß und in ihrem Müsli herumstocherte. Sie wurde rot und lächelte verlegen.

Nach einigen Minuten waren Ash und Joki in ein Gespräch über Musik vertieft, und obwohl ich dazu auch viel hätte sagen können, blieb ich still. Es war mir immer noch fremd, mich in Unterhaltungen einzubringen. Ein halbes Käsebrötchen später war ich jedoch aufgetaut und schwafelte über die Seelenlosigkeit der heutigen Musikindustrie und hatte seit Langem wieder einmal das Gefühl, dazuzugehören.

Die Woche blieb weitestgehend ereignislos. Die Therapiestunden bei Dr. Prescott schienen mir tatsächlich zu helfen. Bei dem Gedanken, bald wieder zu Hause zu sein, fühlte ich mich nicht mehr so hilflos und selbst vor der Begegnung mit Lenny fürchtete ich mich nicht mehr. Die Gruppenaktivitäten, die ich anfangs noch als lästig empfunden hatte, lernte ich schnell zu lieben. Ein Teil einer Gemeinschaft zu sein war ein gutes Gefühl.

Joki und ich verstanden uns blendend, was ich nach meiner anfänglichen Aversion gegen ihn und sein Chaos nicht geglaubt hätte. Wir redeten manchmal nächtelang miteinander. Er erzählte mir, wie er hier gelandet war. Nach dem Tod seines Vaters hatte er einen Nervenzusammenbruch erlitten und das Haus verwüstet. Seine Stiefmutter hatte daraufhin die Polizei angerufen und so kam eins zum anderen.

»Sie hat gelächelt, als die Polizei mich weggebracht hat. Dann wurde ich einem Psychiater vorgestellt und kam schließlich hierher.«

Ich dachte an meine Eltern und an das Glück, das ich mit ihnen hatte. Dann kamen mir die Tränen, weil ich sie vermisste.

Eines Nachts rüttelte jemand an meiner Schulter.

»Martin, wach auf.« Joki blickte mich aus seinen smaragdgrünen Augen an. Ein komisches Gefühl machte sich in mir breit, als ich merkte, wie nah er mir war. Zwischen unseren Gesichtern lagen nur ein paar Zentimeter, sein Atem roch nach Zahnpasta.

»Was ist denn los?« Verdutzt rieb ich mir die Augen.

»Kann nicht schlafen. Würde es dir was ausmachen, mir etwas vorzuspielen? Unten am Klavier.«

Um Gottes willen. Dafür, jemals erwähnt zu haben, dass ich Klavierspielen konnte, verfluchte ich mich. Vor Publikum zu spielen, selbst wenn dieses nur aus einer Person bestand, war die Hölle für mich. »Es ist mitten in der Nacht«, bemerkte ich.

»Und?«

»Du unterschätzt die Lautstärke eines Klaviers. Das ganze Haus würde aufwachen.«

»Quatsch, zwischen dem Gemeinschaftsraum und den ersten Schafräumen liegen zwei Stockwerke. Bitte!« Er faltete die Hände vor seinem Gesicht und schob die Unterlippe vor.

»Na schön! Du gibst sowieso keine Ruhe.«

Joki grinste. In diesem kurzen Moment sah er wie ein kleiner Junge aus. Seine runden Augen wurden zu kleinen Schlitzen, wenn er lächelte.

So schlichen wir also auf Zehenspitzen runter in den Gemeinschaftsraum. Joki und ich steckten in unseren Schlafklamotten, allerdings machte er eine bessere Figur. Den uralten Pyjama mit den Schildkröten darauf hätte ich wohl noch gegen einen neuen ersetzen sollen. Die viel zu kurze Schlafhose rutschte an meinen Beinen immer wieder nach oben und ich kam mir total bescheuert vor.

Mein Herz fing wie wild an zu klopfen, als ich das Piano sah, wie es prunkvoll das Herzstück des Raumes bildete. Durch die großen Fenster schien der Mond in den Raum und brachte die weißen Tasten zum Leuchten. Joki schloss die Tür hinter uns und setzte sich mit erwartungsvollem Blick in die Nähe des Klaviers. Meine Hände begannen zu schwitzen und ich trat von einem Fuß auf den anderen.

»Alles in Ordnung?«, fragte Joki.

»Ich spiele nicht so oft vor Zuschauern«, gab ich zu.

»Keine Angst, leg einfach los.«

Einfach loslegen! Joki hatte wirklich keine Ahnung.

Als ich endlich auf dem Hocker Platz genommen hatte, wusste ich nicht weiter. Bei dem Gedanken, eines meiner selbst komponierten Stücke zu spielen, zog sich mein Innerstes zusammen, doch dann nahm ich all meinen Mut zusammen. Wenn es Joki nicht gefiel, würde ich einfach sagen, es wäre ein Stück von Thalberg oder so.

Der erste Ton erklang und ich ließ mich fallen. *I Am An Ocean* hieß das Stück. Während meine Finger über die Tasten flogen, fühlte ich mich wieder in einen Traum zurückversetzt, den ich mal gehabt hatte. Einen Traum, vor dem ich mich heute noch fürchte.

Er schwimmt davon. Er darf nicht davon schwimmen! Wie wild rudere und paddele ich, doch mein schlaffer Körper bewegt sich nicht vom Fleck. Ein düsterer Nebelschleier liegt tief über dem Wasser und ich kann nur wenige Meter weit sehen. Seine Umrisse verschwimmen immer mehr. STOPP will ich rufen, doch aus meinem Mund kommt kein Ton. Je weiter er sich entfernt, desto mehr Leben weicht aus meinem treibenden Leib. Dann falle ich auseinander. Furchtbare Angst durchströmt mich. Etwas streift mein Bein und es fällt ab. Einfach so! Meine Versuche, danach zu greifen, danach zu tauchen, sind vergebens.

Graues, eiskaltes Wasser betäubt meinen Körper. Ich weine und weine und der Wasserpegel steigt. Schwimme ich etwa in meinen eigenen Tränen? Bei einem erneuten Versuch zu schreien sehe ich ihn wieder. Er ist zurückgekommen! Er will mich retten!

Wieder weine ich, diesmal vor Freude. Einige Meter vor mir hält er an. Sehnsüchtig strecke ich meine Arme nach ihm aus, doch sie fallen ebenfalls ab. Er taucht unter. Hektisch blicke ich in das Wasser. Ich muss ihn finden! Plötzlich erspähe ich ihn unter mir. Er ist so schön!

Er packt mein verbliebenes Bein und zieht mich herab. Meine Nase füllt sich mit Wasser und der Druck auf meinen Ohren ist unerträglich. Das gräuliche Meer wird immer schwärzer. Immer tiefer zieht er mich hinab. Es ist endlos. Ich lache ausgelassen, dabei strömt noch mehr in meinen Mund. Endlich, denke ich. Endlich.

Die Erinnerung an den furchteinflößenden Traum ließ mich erschaudern. Es waren seitdem schon viele Wochen vergangen und noch immer konnte ich mir keinen Reim darauf machen. Höchstwahrscheinlich bedeutete er sowieso nichts.

»Das war unglaublich!« Joki klatschte in die Hände und riss mich aus meinen Gedanken.

»Du musst das nicht sagen, ich weiß, dass es nicht perfekt war.«

»Unsinn! Wenn es schlecht gewesen wäre, hätte ich es auch gesagt. Niemandem nützt es, Honig ums Maul geschmiert zu bekommen.«

Mit dieser Antwort gab ich mich zufrieden. Wo er recht hatte, hatte er recht.

»Von wem ist das Lied eigentlich?«

»Von mir.«

Seine Augen weiteten sich und in mir breitete sich eine Welle von Stolz aus.

»Wow«, meinte er verblüfft. »Du solltest in großen Hallen auftreten! Wetten, dass du super erfolgreich wärst?«

Hatte ich schon mal erwähnt, dass ich nicht mit Komplimenten umgehen konnte? Hoffentlich konnte er nicht sehen, wie rot ich wurde.

Als wir uns zurück in unsere Zimmer schlichen, stellte ich erleichtert fest, dass ich tatsächlich niemanden aufgeweckt hatte. Jedenfalls war es im ganzen Haus mucksmäuschenstill.

Das letzte Wochenende war angebrochen und mittlerweile wollte ich gar nicht mehr weg von hier. Andy und Alex sahen mich schon fast als großen Bruder und es verging kein Tag, an dem mich Ash nicht mit irgendeinem blöden Scherz zum Lachen brachte. Doch am meisten würde ich wahrscheinlich Joki vermissen. Die nächtlichen Unterhaltungen über Gott und die Welt waren teilweise nützlicher für mich als die Therapiesitzungen bei Dr. Prescott, die nicht mehr viel Brauchbares hervorbrachten. Meine Gedanken wanderten immer wieder zu ihm und dem, was ihn nach seiner Entlassung erwarten würde. Vanessa Sobieski, seine Stiefmutter, war seit dem Vorfall in meiner ersten Woche nicht mehr zu Besuch gekommen und ich konnte nur erahnen, wie schwer es sein musste, mit ihr zusammenleben zu müssen. Ironischerweise sollte er sogar am selben Tag wie ich entlassen werden. In mir machte sich eine Idee breit, die unmöglich umgesetzt werden könnte. Aber einen Versuch wäre es wert.

Um die baldige Entlassung zu feiern, beschloss ich, mit Joki und Ash einen Film anzuschauen. Zwar lag das Westbrooke ziemlich abgelegen, doch ich hatte von Rosie erfahren, dass sich ganz in der Nähe ein Kino befand. Zwar wurden nur zwei Streifen am Tag gespielt, doch davon wollte ich mich nicht stören lassen.

»Hat dir schon einmal jemand gesagt, dass du ein Zwinkerer bist?«, fragte ich Joki. Wir machten uns gerade für den Abend fertig.

»Wie bitte?« Joki schaute amüsiert zu mir herüber.

»Du zwinkerst ständig. Manchmal denke ich, du erleidest gerade einen Schlaganfall.«

Joki johlte los und ich stimmte mit ein. »Wenn ich ein Zwinkerer bin, weißt du, was du dann bist?«

Meine Antwort war ein Schulterzucken.

»Ein Augenverdreher!« Joki grinste mich an, voller Stolz, so gut gekontert zu haben.

»Quatsch!«

»Oh doch. Als würdest du jemanden hypnotisieren wollen.«

Lachend fiel ich auf mein Bett. Joki warf eines seiner Kissen nach mir, mitten in mein Gesicht.

»Ha!«, rief er triumphierend.

Das konnte ich unmöglich auf mir sitzen lassen. Mit voller Wucht schleuderte ich das Kissen zurück und traf … die Wand. Jokis Gelächter erfüllte den Raum. Bravo, Martin.

Mit dem Vorsatz, nicht mehr so oft die Augen zu verdrehen, machte ich mich später auf die Suche nach Ash. Im Gemeinschaftsraum war keine Spur von ihr und wir waren ohnehin schon zu spät dran.

»Sie ist noch im Zimmer«, kam es von Bonnie, Ashs Bettnachbarin.

»Okay, ich geh sie holen«, sagte ich zu Joki, der schon am Ausgang wartete. Das dritte Stockwerk, auf dem sich die Schlafräume der Mädchen befanden, unterschied sich nicht viel von unserem. Lediglich die Wände waren in einer anderen Pastellfarbe angestrichen. Die dritte Tür zu meiner Linken stand einen Spalt offen.

»Ash?«, rief ich.

»Ahh, verdammt …« Sie stöhnte laut auf.

»Alles okay bei dir?« Vorsichtig trat ich in den Raum. Alles was ich sah, war Blut.

4

Neuzugang im Hause Bledsoe

»Oh Gott, Ash! Was ist passiert?«

Sie saß vor ihrem Bett, überall war Blut. Mit meinem Blick verfolgte ich die Spur bis zu ihren Handgelenken. Sie hatte sich die Pulsadern aufgeschnitten.

Der Boden begann unter meinen Füßen zu wanken. Noch nie in meinem Leben hatte ich etwas Derartiges gesehen. Panisch versuchte ich mein Handy zu zücken, um den Notruf zu wählen, doch meine Hände zitterten so sehr, dass ich es zuerst fallen ließ. Endlich gelang es mir, die Nummer einzugeben. Die Sekunden, bis jemand abnahm, kamen mir wie Stunden vor und als sich dann endlich eine Frauenstimme am anderen Ende der Leitung meldete, schilderte ich in wenigen Worten, was passiert war.

»Westbrooke! Keine Ahnung, welche Adresse! Hier stirbt jemand!«, brüllte ich letztendlich in den Hörer.

Nachdem mir versichert wurde, dass ein Krankenwagen unterwegs war, stolperte ich auf den Gang und japste nach Luft. Ich schrie nach Rosie, denn ich konnte Ashs Anblick nicht ertragen. Sie war so still und ich wollte nicht derjenige sein, der feststellte, dass sie tot war.

Auf einmal stand Joki vor mir. Keuchend deutete in Ashs Richtung. Er stürmte in das Zimmer und ich hörte bruchstückhaft, wie er einfühlsam auf sie einredete. Als ich einen Blick in das Zimmer warf, hatte er gerade Handtücher um ihre Handgelenke gewickelt und streichelte ihr behutsam durchs Haar.

»Der Krankenwagen ist unterwegs«, stammelte ich.

Ash hatte den Blick auf ihre Hände gerichtet und versuchte die Augen offen zu behalten. Bei genauerem Hinsehen bemerkte ich, dass sie ein Foto in der Hand hielt. Ich setzte mich neben sie und schaute auf das Bild herab. Ein Junge mit rabenschwarzem Haar stand grinsend vor einem Weihnachtsbaum. Ein blondes, zierliches Mädchen drückte ihm gerade einen Kuss auf die Wange. Ash drehte mit zitternden Fingern das Bild um. Auf der Rückseite stand etwas geschrieben.

Ashlee & Dylan, Weihnachten 2016

»Er ist vor genau einem Jahr gestorben.« Ash schloss die Augen und schluckte. »Wenn es nie wieder so sein wird wie früher, will ich nicht mehr leben.«

In diesem Moment zerbrach mein Herz in tausend Stücke. Joki nahm Ashs Hand. Seine eigenen waren schon ganz blutverschmiert, aber das kümmerte ihn nicht. Rosie platzte ins Zimmer, kurz darauf trafen die Rettungssanitäter ein. Joki und ich traten in den Gang und schauten zu, wie das Mädchen auf einer Trage hinausgebracht wurde. Mit Blaulicht und ohne Lebenswillen war sie auf dem Weg ins Krankenhaus.

Bitte halte durch, wollte ich ihr sagen. *Es wird besser.*

Aber wurde es das? Keine Ahnung.

Mit einem Finger zog ich die geometrischen Muster auf meiner Bettdecke nach. Sobald ich die Augen schloss, sah ich rot. Ein metallischer Geschmack lag auf meiner Zunge und auch das dritte Mal Zähneputzen konnte ihn nicht beseitigen. Joki hatte so besonnen reagiert. Das mit den Handtüchern hätte ich tun müssen, stattdessen war ich wie ein Kleinkind herumgetaumelt.

Er saß mir gegenüber, auf seinem eigenen Bett, und starrte auf seine Hände. Er hatte sie bereits sieben Mal gewaschen, doch schien er immer noch getrocknetes Blut unter seinen Nägeln zu sehen. Vielleicht waren wir doch nicht so verschieden.

Er stand auf und ich griff nach seinen Händen, als er gerade dabei war, ein achtes Mal ins Bad zu gehen. Fragend schaute er mich an. Ich drehte sie und beäugte sie mit prüfendem Blick aus jedem Winkel. Ein merkwürdiges Gefühl durchströmte meinen ganzen Körper.

»Sauber. Kein Blut«, stellte ich fest.

»Schon klar, ich wollte auch nur auf die Toilette.«

Eine Runde Applaus für Martin Bledsoe, den peinlichsten Idioten, den die Welt je gesehen hat.

»Oh.«

Hitze stieg in meinen Wangen auf, als ich seine Hände fallen ließ und auf einen Kometen hoffte, um mich auf der Stelle zu erschlagen.

Nach wenigen Augenblicken kam er zurück und ließ sich neben mir auf dem Bett nieder.

»Sie wird bestimmt wieder.«

Obwohl ich so meine Zweifel hatte, nickte ich. Schwarzmalerei würde ihr auch nicht helfen. Stattdessen hielt ich mich an dem Gedanken fest, nur noch zwei Nächte hier sein zu müssen, bis ich in mein altes Leben zurückkehren würde. Mir fehlten Mom und Dad, Kallie und das Café. Die surrealen Nebeltage allein am Strand.

»Übermorgen, was?« Joki fummelte am Bettlaken herum.

»Ja.« Seufzend dachte ich an die Idee, die sich in meinem Kopf breitgemacht hatte. »Meinst du wirklich nicht, dass es klappen könnte? Mit deiner Stiefmutter, meine ich.«

Joki lachte auf. »Es wird die Hölle, aber mir bleibt wohl nichts anderes übrig.«

»Also ich könnte mit meinen Eltern reden und … keine Ahnung, vielleicht erlauben sie, dass du eine Weile bei uns wohnst.«

Damit lehnte ich mich meilenweit aus dem Fenster. Meine Eltern waren zwar nicht streng, aber auch keine Hippies, die am laufenden Band Leute bei sich aufnahmen. Der einzige Trumpf, den ich im Ärmel hatte, war, dass Joki sich an den Besuchstagen ausgezeichnet mit Mom und Dad verstanden hatte.

»Du veräppelst mich.«

Joki grinste mich an und ich musste den Blick abwenden. Verdammt, dieses Grinsen.

»Natürlich kann ich nichts versprechen und wahrscheinlich klappt es auch gar nicht. Außerdem sagt niemand mehr *veräppeln*.«

Joki und ich blieben lange wach und tüftelten aus, wie die beste Herangehensweise an den Plan war. Es gab mehr Pros als Kontras. Unser Haus war groß genug, Joki würde im Haushalt helfen und das letzte Schuljahr könnte er auch auf der Wallis Grove Highschool beenden, bis er im Sommer, genau wie ich, auf ein College wechseln würde. Was sind schon neun Monate?

»Und was ist mit deinen Freunden?«, hakte ich irgendwann nach. Bei Joki konnte ich mir vorstellen, dass er eine ganze Horde an Freunden hatte, die er zurücklassen würde. In meinem Leben gab es nur Kallie und das machte mich nicht mal sonderlich traurig.

»Freunde, die sich nicht einmal gemeldet haben, nachdem mein Dad gestorben ist? Die nicht ein einziges Mal angerufen haben? Nein danke.«

»Verstehe. Sollte alles klappen, findest du auf der Wallis Grove sicher einen Haufen neuer Freunde.«

»Du bist ja da.« Er lachte.

»Wenn du dich an mich hältst, wirst du nicht weit kommen. Frag mal Kallie. Es hat sechs Jahre gedauert, bis sich der Typ, in den sie verliebt ist, mit ihr verabredet hat.«

Jasper spukte immer noch in meinem Kopf herum, auch wenn ich den Umkleidekabinentraum nicht mehr hatte, seitdem ich hier war. Ich konnte nur erahnen, wie merkwürdig es in Zukunft sein würde, ständig Kallie und Jasper als perfektes Paar vor der Nase zu haben.

»Ich hasse Teenager«, bemerkte Joki trocken.

»Geht mir auch so. Nur leider Gottes sind wir welche.«

Es war alles minutiös durchgeplant. Für jedes Argument meiner Eltern hatte ich mir ein Gegenargument zurechtgelegt. Aus früheren Diskussionen wusste ich, was ich von einem Wortgefecht mit Mom und Dad zu erwarten hatte. Zum Glück hatte ich das Überraschungsmoment auf meiner Seite.

»Danke, dass du das machst.« Joki bedankte sich zum tausendsten Mal und mein schlechtes Gewissen wurde immer größer. Inzwischen war ich mir fast sicher, dass meine Eltern es niemals erlauben würden, dass er bei uns einzieht.

Der Montag war gekommen und unser Zimmer war mittlerweile wie leer gefegt. Unsere Koffer standen im Gang und ich wurde immer nervöser. Meine Eltern würden gleich da sein, um mich abzuholen. Nur mich. Ein kurzer Blick in den Raum, welcher in den letzten 21 Tagen mein Zuhause gewesen war, stimmte mich wehmütig. Er würde mir fehlen, sogar sein Chaos.

Ashlee lag noch im Krankenhaus, aber Rosie hatte mir mitgeteilt, dass sie über den Berg war. Hoffentlich schaffte sie es, irgendwann wieder glücklich zu werden.

Dr. Prescott wünschte mir viel Glück für meinen weiteren Weg. Vermissen würde ich auch sie, selbst wenn die Sitzungen mir nicht so viel gebracht hatten, wie meine Eltern sich vielleicht erhofft hatten.

Alles in allem hatte mir die Zeit in Westbrooke gutgetan und in Joki und Ash hatte ich gute Freunde gefunden. Ich nahm mir fest vor, Ash regelmäßig zu besuchen, wenn sie aus dem Krankenhaus entlassen wurde.

»Denk dran, ich kann dir nichts versprechen«, flüsterte ich Joki zu, als ich meine Eltern durch den Eingang kommen sah.

»Endlich!« Mom drückte mich an sich, während Dad mir auf den Rücken klopfte.

»Hey, Mr. und Mrs. B.«, begrüßte Joki meine Eltern, die sich auch sichtlich freuten ihn zu sehen.

»Joki, alles frisch?«

»Dad, das fragt seit 20 Jahren niemand mehr.« Okay, los geht's.

»Mom, Dad, ich muss kurz mit euch sprechen, bevor wir gehen. Allein.«

»Das letzte Mal, als er das gesagt hat, hat er uns erzählt, dass er auf Jungs steht«, witzelte mein Dad. Ein Augenrollen verkniff ich mir.

Nervös lotste ich meine Eltern in mein ehemaliges Zimmer, um sie ungestört von meinem Vorhaben überzeugen zu können. Mir war klar, dass ich eine Mammutaufgabe vor mir hatte.

Wie ein Wasserfall begann ich zu reden, erklärte ihnen Jokis Situation, beschrieb Vanessa Sobieski als kaltherziges Miststück und versuchte ihnen mit allen Mitteln Joki als neuen Mitbewohner im Hause Bledsoe schmackhaft zu machen.

Nach einigen Minuten war ich fertig und kam mir vor, als hätte ich eine wichtige Rede bei der Präsidentenwahl gehalten. Der Beifall blieb leider aus.

»Nein«, sagten meine Eltern einstimmig.

Das war so klar.

»Aber …«, fing ich an, doch mein Vater hob mahnend eine Hand.

»Martin, wie stellst du dir das vor? Joki ist noch keine achtzehn. Seine Stiefmutter hat das Sorgerecht für ihn. Außerdem ist es nicht so einfach, wie du denkst, mitten im Schuljahr die Schule zu wechseln.«

Sie hatten natürlich recht, doch ich empfand diese Probleme nicht als unlösbar. Außerdem war ich mir sicher, dass Vanessa Sobieski froh sein würde, ihren Stiefsohn loszuwerden. Wenn meine Mutter Direktor Panabaker schöne Augen machte, wäre der Transfer zur Wallis Grove High School schneller vollzogen, als sie dachte.

»Martin, es tut mir leid, aber ich will keine weitere Diskussion.«

Es frustrierte mich dermaßen, dass ich hätte losheulen können. Nie hatte ich meinen Eltern Ärger gemacht, wenn man von dem Vorfall mit Lenny absah. Stets war ich gehorsam und umgänglich, brachte gute Noten mit nach Hause und half an den Wochenenden im Café aus. Jetzt hatte ich einmal eine verdammte Bitte, die mir natürlich sofort verwehrt wurde.

Mein Dad schnappte sich mein Gepäck und wir gingen zurück nach unten. Wie sollte ich das Joki erklären? Mein einziger Wunsch war, dass die neun Monate bis zum College-Beginn nicht allzu schlimm für ihn werden würden.

Auf einmal hörte ich Vanessa Sobieskis schrille Stimme, die ich noch von ihrer Stippvisite zwei Wochen zuvor in Erinnerung hatte. Ungeduldig zerrte sie an Joki herum und ich verspürte den Impuls, auf sie loszugehen.

»Komm jetzt, ich habe nicht ewig Zeit!«, keifte sie.

Als Joki mich und meine Eltern sah, blitzte Hoffnung in seinen Augen auf. Ich schüttele mit dem Kopf. Am liebsten hätte ich Mom und Dad den Hals umgedreht.

Joki zuckte mit den Schultern und zwang sich zu einem Lächeln.

»Hallo, Sie müssen Jokis Stiefmutter sein.«

Meine Mutter streckte der Eiskönigin eine Hand entgegen. Diese musterte Mom von oben bis unten und schnalzte daraufhin mit der Zunge.

»Und Sie sind …?«

Selten hatte ich einen solch abfälligen Tonfall gehört.

Meine Mutter blieb gefasst, doch ich spürte, wie es in meinem Dad brodelte. »Mein Name ist Hannah Bledsoe, ich bin Martins Mutter«, erklärte Mom, als sie ihre Hand zurückzog.

»Herzlichen Glückwunsch«, sagte das Biest mit gespielter Freundlichkeit.

»Kann ich mich mit Ihnen unter vier Augen unterhalten?«

Verblüfft starrte ich meine Mutter an.

»Jonathan, du kannst ja mit den Jungs kurz vor die Tür gehen, es wird nicht lange dauern.«

Gesagt, getan. Mein Vater führte Joki und mich aus dem Gebäude. Was hatte meine Mutter jetzt vor? Joki schaute mich fragend an, doch ich konnte mir selbst keinen Reim darauf machen.

Mein Vater erzählte irgendeinen Witz, den ich nicht lustig fand. Dann sah ich Vanessa Sobieski aus dem Ausgang huschen, ihre High Heels machten ein klackerndes Geräusch auf dem Bordstein. Sie lief einfach vorbei, ohne uns eines Blickes zu würdigen. Joki schaute ihr verwirrt hinterher. Nun kam Mom auf uns zu. Sie sah aus, als hätte sie gerade eine Schlacht für sich entschieden.

»Jungs, ab ins Auto, es geht nach Hause.«

Joki und ich starrten sie mit offenen Mündern an.

»Schatz, erkläre uns doch bitte mal, was da gerade passiert ist.«

»So ein unfreundliches Miststück!« Meine Mutter ließ sich entrüstet auf den Beifahrersitz plumpsen. Mom fluchte eigentlich nie. »Tut mir leid, das hätte ich nicht sagen sollen«, meinte sie an Joki gerichtet, der sich sichtlich das Grinsen verkneifen musste.

»Keine Sorge, ich habe sie schon schlimmer beschimpft.«

Das konnte ich bestätigen.

Mein Vater warf Mom einen eindringlichen Blick zu. Sie hatte seine Frage noch nicht beantwortet und mich interessierte es auch brennend, was den plötzlichen Sinneswandel bewirkt hatte.

»Nun, ich habe sie gefragt, ob sie etwas dagegen hätte, wenn Joki ein paar Tage mit zu uns kommt. Daraufhin hat sie mir ohne mit der Wimper zu zucken erklärt, dass es ihr lieber wäre, wenn er gar nicht mehr zurückkommt.« Meine Mutter schüttelte wütend den Kopf.

Es machte nicht den Anschein, als würde es Joki irgendwie bedrücken, zu wissen, dass Vanessa ihn nicht bei sich haben wollte, denn in seinem Gesicht war weder Schmerz noch Überraschung zu erkennen.

»Dann habe ich über deine Argumente nachgedacht, Martin«, fuhr Mom fort, »und beschlossen, dass Joki bei uns besser aufgehoben ist, bis er die Schule beendet hat.«

»Vielen Dank, Mrs. B. Ich weiß gar nicht, was ich sagen soll.« Überglücklich grinste er mich an und ich konnte nicht anders, als mich mitzufreuen.

So fuhren wir also nach Hause. Auch wenn mein Leben in Wallis Grove nicht immer aufregend und spannend war, vermisste ich es trotzdem. Die Tage, an denen ich am Klavier übte oder mit Kallie irgendeinen Serienmarathon machte, hatten mir sehr gefehlt. Was sich nach Jokis Einzug in unser Haus verändern würde, wusste ich nicht und ich konnte mir auch nicht ausmalen, wie es sein würde, mit einem anderen Teenager unter einem Dach zu wohnen.

Die Fahrt blieb ruhig und bis auf die Scherze, die Dad in die belanglosen Gespräche über das Wetter und die Umgebung einzustreuen versuchte, wurde nicht viel geredet. Das Ortsschild, das uns im ruhigen und küstennahen Wallis Grove willkommen hieß, löste gemischte Gefühle in mir aus. Einerseits war ich glücklich wieder hier zu sein, auf der anderen Seite fürchtete ich mich davor, zurück in den normalen Alltag geworfen zu werden. Es war an der Zeit, sich Lenny zu stellen und mich mit dem Gedanken anzufreunden, dass Kallie und mein heimlicher Schwarm Jasper nun ein glückliches Paar waren.

Mein Gedanke an Jasper war gerade verraucht, als ich sein unverschämt perfektes Gesicht sah. Es verschmolz mit dem meiner besten Freundin. Sie saßen auf unserer Veranda und knutschten herum. Was für eine Begrüßung!

»Ist das …?«, flüsterte Joki.

»Mhm-mh.« Seufzend kniff ich die Augen zu. Als ich sie wieder öffnete, hatte Kallie uns entdeckt und löste sich schnell von ihrem Freund. Warum zur Hölle hatte sie ihn mit hierhergeschleppt?

»Das ist Kallies Freund, bitte seid nicht peinlich und Dad, keine Witze. *Bitte*«, zischte ich rasch meinen Eltern zu, als ich aus dem Auto stieg. Zu meiner Erleichterung verschwanden sie sofort im Haus.

»Marty!« Kallie stieß mich fast um. Jasper stand hinter ihr und streckte mir seine Hand entgegen, nachdem wir uns aus der Umarmung gelöst hatten.

»Hey, ich bin …«

Er reichte mir seine Hand. Sie war so weich, dass ich sterben wollte. Ob er wohl Handlotion benutzte? Und warum sahen seine Nägel so perfekt aus?

»Jasper, ja. Das weiß ich. Wir haben Sport zusammen. Also, äh …« Was passiert hier gerade?! »Ich habe schon viel von dir gehört.« Ich deutete zu Kallie.

»Nur Gutes, hoffe ich!« Jasper lachte und drückte seiner Freundin einen Kuss auf die Wange.

»Natürlich.« Mein Lachen war etwas zu schrill.

»Oh, ist das nicht Joki?«, rief Kallie und winkte ihn herbei.

Jetzt brauchte ich eine zündende Idee, und das schnell. Sie hatte mir vor Tagen schon erzählt, dass es sich herumgesprochen hatte, wo ich die letzten Wochen verbracht hatte, also war es sinnlos, mir irgendeine wilde Geschichte aus den Fingern zu saugen. Außerdem konnte ich Jaspers fragendem Blick entnehmen, dass Kallie ihm nicht von Joki erzählt hatte.

»Oh ja. Das ist Joki, der Sohn eines Geschäftspartners meines Dads«, verkündete ich.

Kallie machte große Augen und ich warf ihr den schärfsten Blick zu, den ich zustande brachte. Es würde für mich schon ätzend genug werden, wieder in die Schule zu gehen, wo alle wussten, dass ich in der Psychiatrie gewesen war, da musste Joki nicht auch noch mit hineingezogen werden.

»Hey, alles frisch?«, sagte Joki freundlich und gab Kallie und daraufhin Jasper die Hand. Die drei Stunden mit Dad im Auto hatten wohl seine Spuren hinterlassen.

»Joki ist ein ziemlich außergewöhnlicher Name«, stellte Jasper fest.

Ach wirklich?

»Finnisch«, warf ich ein.

»Du kommst aus Finnland?«

Jahrelang hatte Jasper nicht ein einziges Wort mit mir gesprochen und jetzt stand er hier und stellte Joki angeregt irgendwelche Fragen. Einfach nur im Haus verschwinden und niemanden mehr sehen, das war mein Plan.

»Ja, aber ich bin als Kind mit meinem Dad, dem Kollegen von Martins Vater, nach Portland gezogen.«

Wenigstens spielte Joki bei der Geschichte mit.

»Und jetzt bist du hier zu Besuch, oder wie?«, fragte Kallie und ließ mich dabei nicht aus den Augen.

»Nein, ich bleibe wohl bis zum Ende des Schuljahres hier. Aus familiären Gründen.«

Sie schaute, als hätte man ihr gerade verklickert, dass Aliens die Welt übernommen hätten. »Das heißt, du kommst auf die Wallis Grove? Wie genial ist das denn?«

»Cool! Du siehst sportlich aus, wir könnten noch einen Point Guard im Basketballteam gebrauchen!«, kam es von Jasper.

»Klingt super!«

Es war schon Nachmittag, als sich Kallie und Jasper aus dem Staub machten. Es machte mich wütend, dass sie nicht allein gekommen war, dabei hatte ich so viel mit ihr besprechen wollen.

»Sohn des Geschäftspartners, was?«, unterbrach Joki die Stille, während ich ihn durch unser Haus führte.

»Es muss niemand wissen, dass du auch in Westbrooke warst. Du wirst es als Neuling schwer genug haben.« Ermutigend klopfte ich ihm auf die Schulter und wusste, dass es keine einzige Sekunde so sein würde. Joki war redselig und charismatisch. Er schaffte es, dass die Leute an seinen Lippen hingen, sobald er anfing zu erzählen. Heute war es nicht anders. Er plauderte stundenlang mit Kallie und Jasper über die verschiedensten Dinge, während ich nur danebensaß und Däumchen drehte. Zweifelsohne war er an seiner alten Schule beliebt gewesen, doch ich traute mich nicht, ihn zu fragen, es ging mich auch gar nichts an.

»Danke, ich weiß wirklich zu schätzen, was du für mich getan hast. Und euer Haus ist toll!«

»Kein Problem. Du bekommst das Gästezimmer, das ist oben, direkt neben meinem Zimmer.«

Dort stand nichts weiter als ein Bett, zwei Regale und ein Kleiderschrank. Joki stellte seinen Koffer ab und blickte sich um.

»Perfekt.«

Es erleichterte mich, dass er wirklich zufrieden zu sein schien.

»Es gibt gleich Essen, Jungs.« Mom stand im Türrahmen. »Es ist nicht unbedingt ein Hotel, aber ich hoffe, es wird für die nächsten Monate reichen.«

»Absolut. Danke noch mal für alles.«

Meine Mutter erklärte Joki den Haushaltsplan und ich verkniff mir, sie zu fragen, ob das nicht Zeit bis morgen gehabt hätte.

»Außerdem habe ich gerade mit Mr. Panabaker telefoniert«, verkündete Mom nach ihrer minutenlangen Litanei über die Hausregeln. Sie hatte meinem Direktor die Situation geschildert und dieser hatte sich tatsächlich dazu bereit erklärt, den Transfer zur Wallis Grove High School mit Jokis alter Schule abzuwickeln, sofern Joki eine Probewoche bestünde. Ab morgen.

Er schien damit mehr als einverstanden zu sein.

Ich hingegen hatte nicht im Geringsten Lust, am nächsten Tag wieder die Schulbank zu drücken, aber ich hatte ohnehin schon zu viel Stoff verpasst.

Die letzte Anlaufstelle der Hausbesichtigung war mein Zimmer. Er beäugte neugierig mein Bücherregal und zog ab und an ein Buch heraus, das er auch gelesen hatte.

»Oh, das darf natürlich nicht fehlen!« Joki ging zu meinem Klavier und setzte sich auf den Hocker. »Darf ich?«

»Klar.«

Er öffnete die Klappe und klimperte ein paar unbeholfene Töne. Ein Lachen konnte ich mir nicht verkneifen.

»Wenn du willst, bring ich dir irgendwann mal ein Lied bei.«

»Ja, das wäre genial. Mein Dad wollte mal, dass ich Klarinette lerne, das schlimmste Instrument der Welt.« Er verzog das Gesicht zu einer Grimasse.

»Klarinette ist fies«, stimmte ich zu und setzte mich neben ihn. »Mein Klavier hat mir echt gefehlt«, hauchte ich beinahe tonlos. Joki nickte und starrte aus dem Fenster. Sein Gesicht war gedankenverloren und ich konnte mir nur zu gut vorstellen, woran er gerade dachte. An seine verschollene Mutter und seinen toten Vater.

Beim Abendessen gab Dad Geschichten zum Besten, die er auf der Arbeit erlebt hatte. Sein eingestaubter Humor war wahrscheinlich normal für einen Scherzartikelladenbesitzer. Als ich noch jünger war, verging kein Tag, an dem er nicht versuchte, mir mit einem Handschlag einen Stromschlag zu verpassen und mit phosphoreszierender Farbe irgendwelche Monster an meine Wand zu malen, sodass ich im Dunkeln jedes Mal den Schreck meines Lebens bekam.

Die Anekdote über seinen Arbeitskollegen Jim und das Furzkissen kannte ich schon auswendig, aber Joki folgte der Geschichte interessiert. Mom schmunzelte an manchen Stellen, doch im Groben und Ganzen fragte sie sich vermutlich, was sie nur für einen Kindskopf geheiratet hatte. Doch genau das liebte sie wohl auch an ihm. Einerseits war er der sportliche, hochgewachsene Kerl, der auf der Highschool unzählige Herzen hätte brechen können, andererseits wurde er nie wirklich erwachsen.

Als ich später am Abend ins Bett ging, machte sich Angst vor dem morgigen Tag in mir breit. Doch ich wusste, dass Joki da war. Nicht nur im Nebenraum, sondern auch morgen würde er in der Nähe sein und vielleicht war ich gar nicht so allein, wie ich mich fühlte.

Als Joki und ich in den überfüllten Schulbus stiegen, war ich erleichtert, dass ich Lenny nirgends sehen konnte. Kallie und Jasper saßen nebeneinander im vorderen Teil und blätterten in einer Zeitschrift.

»Hey, verliebte Pärchen sitzen doch normalerweise immer hinten«, scherzte ich.

»Hinten sieht uns aber keiner und wir wollen doch für Gesprächsstoff sorgen.« Kallie drückte mir zur Begrüßung einen Kuss auf die Wange. Joki und ich setzten uns direkt hinter sie.

Jasper drehte sich um und nickte uns kurz zu. Bei meinem Versuch, einigermaßen cool zurückzunicken, knackte irgendetwas in meinem Nacken. Wer hätte gedacht, dass man beim Nicken etwas falsch machen kann?

»Brich dir bloß nicht das Genick«, flüsterte Joki grinsend.

»Gleich breche ich dir das Genick.« Ein Lächeln konnte ich mir nicht verkneifen.

»Der erste Schultag ist ziemlich aufregend, was?«, wollte Kallie wissen.

»Ja, schon.« Joki nickte.

Jasper klopfte ihm auf die Schulter. »Halt dich einfach an uns.«

In diesem Moment hätte ich ihn umbringen können. Seit wann gab es ein *Uns*? Es waren immer nur Kallie und ich gewesen und jetzt tat er so, als wären wir eine Clique.

»Wird gemacht!«

Der Bus hielt an der nächsten Haltestelle und als ich sah, wer nun einstieg, blieb mir kurz das Herz stehen. Zitternd sandte ich ein Stoßgebet gen Himmel. *Bitte nicht, bitte nicht, bitte nicht!* Normalerweise fuhr er doch immer mit seinem sündhaft teuren Sportwagen zur Schule!

Lennys grimmige Fratze wanderte sofort in meine Richtung und mir wurde ganz flau im Magen, als sein Blick sich verfinsterte.

»Dieses Arschgesicht«, murmelte Kallie.

»Leute, seht mal, wer zurück ist!« Lenny brüllte durch den ganzen Bus, sodass es niemand überhören konnte. Selbstverständlich waren

Marcus und Melvin mit von der Partie. »Na, Schwuchtel, wie war's in der Klapse?«

Ich ignorierte ihn einfach. Eine Mischung aus Hass, Scham und Angst machte sich in mir breit, doch ich musste jetzt einfach ruhig bleiben und es an mir abprallen lassen.

»Levinsky, halt die Backen und geh weiter«, forderte Jasper ihn auf.

Wenn Lenny Respekt vor irgendjemandem hatte, dann vor dem muskelbepackten Jasper. Er warf mir noch einen vernichtenden Blick zu und ging schnaufend weiter. Plötzlich hörte ich ein dumpfes Geräusch und als ich mich danach umdrehte, lag er in dem schmalen Gang zwischen den Sitzen.

Was zur Hölle? Kallies Gelächter steckte sämtliche Schüler an.

Er rappelte sich auf. »Spinnst du?«, krakeelte er Joki entgegen, der schulterzuckend und mit einer gewissen Belustigung zu Lenny herabschaute.

»Du blöder Wichser hast mir ein Bein gestellt!« Er stürzte sich auf Joki und riss an seinem Shirt. »Dich mach ich fertig!«

»Verpiss dich, du Krebsgeschwür!«, mischte sich Kallie ein und verpasste ihm eine Ohrfeige. Ein Staffelfinale von *Jersey Shore* war nichts dagegen.

»Du Schlampe!« Er streckte seinen Arm nach ihr aus, doch da er noch mit Joki rangelte, war dies kein einfaches Unterfangen. Ungläubig starrte ich zwischen den dreien hin und her. Jasper hatte sich bereits schützend vor seine Freundin gestellt und schob Lenny in den hinteren Bereich des Busses. Dieser kam letztendlich quietschend zum Stehen.

»Hey! Ihr da!« Der Busfahrer, dessen Gesicht vor Wut rot angelaufen war, war aufgestanden und zeigte der Reihe nach auf Lenny, Kallie, mich, Joki und Jasper. »Raus! Sofort! Ihr könnt zur Schule laufen!« Dann öffnete sich die Tür.

»Dich mach ich fertig, Bledsoe! Und dich auch, wer auch immer du bist.« Wütend funkelte Lenny Joki an und zog fluchend von dannen.

»Der ist ja noch gestörter, als ich dachte«, bemerkte Joki.

»Unglaublich, dass er auf mich losgegangen ist«, schnaubte Kallie atemlos und hakte sich bei ihrem Beschützer unter. Ich war diesen ganzen Mist so leid.

»Du hast ihm eine Ohrfeige gegeben! Was erwartest du? Und du hast ihm ein Bein gestellt!« Aufgebracht zeigte ich mit dem Finger auf Joki. »Hättet ihr ihn nicht einfach ignorieren können? Die Scheiße muss ich jetzt wieder ausbaden!«

Voller Wut und Enttäuschung lief ich einfach los. Sollten Kallie und Jasper Joki den Weg zur Schule zeigen, ich hatte die Schnauze voll. Die drei Wochen in Westbrooke hatten überhaupt nichts verändert. Leider hatte ich die naive Vorstellung gehabt, als neuer Mensch wiederzukehren und nichts an mich heranzulassen, doch es war noch viel schlimmer als zuvor.

»Marty, warte!« Zögernd verlangsamte ich meine Schritte, als ich merkte, dass Joki mir nachlief. Es war das erste Mal, dass er mich Marty nannte, und irgendwie besänftigte mich das.

»Hättest du mir meinen melodramatischen Abgang nicht lassen können?«

»Niemals.« Joki grinste und ich musste auch schmunzeln, obwohl mir eigentlich zum Heulen zumute war. »Tut mir leid, wenn ich dir jetzt irgendwas eingebrockt habe.«

»Quatsch, er wird mir so oder so wieder das Leben schwer machen«, seufzte ich.

»Nicht, wenn es nach mir geht. Ab sofort bin ich dein persönlicher Bodyguard.« Joki streckte die Brust raus und machte eine salutierende Handbewegung, woraufhin ich eine Augenbraue hochzog.

»Glaub mir, solange ich da bin, wird sich dieses Wichsgesicht gar nicht in deine Nähe trauen.«

»Okay. Dann bin ich ab jetzt Whitney und du Kevin Costner.« Joki schaute mich verwirrt an.

»Du kennst *Bodyguard* nicht?!«

»Klar kenne ich *Bodyguard*, ich habe mir dich nur gerade mit Dauerwelle im Abendkleid vorgestellt.«

»Ich hasse dich.«

5

Roadtrip mit Pocahontas

Die Zeit der Unsichtbarkeit war vorbei. Vor Wochen noch konnte ich unentdeckt und ungestört durch die Flure meiner Highschool gehen und bis auf Lenny und seine Handlanger hatte ich keine Feinde. Dies schien sich geändert zu haben.

»Schwuchtel«, zischte jemand hinter mir und ich fragte mich allmählich, ob es keine anderen Schimpfwörter mehr gab.

»Vorsicht, sonst sticht er dich noch ab, Rob. Solche potenziellen Amokläufer sollte man für immer wegsperren«, kam es von einem Mädchen. Keine Ahnung, wer Rob und die Ziege waren, aber anscheinend kannten sie mich gut genug, um solche Behauptungen aufstellen zu können. Aber so sind Teenager nun mal: Sie glauben, alles zu wissen und jeden zu kennen, doch eigentlich haben sie keinen Plan von nichts.

Auf dem Weg in meine Algebra-Klasse rempelte mich jemand an und ich ließ meine Bücher fallen.

»Marty, was ist passiert?« Kallie lief auf mich zu und hatte, zu meiner Überraschung, keinen rothaarigen Basketballspieler an der Hand.

»Die Schwerkraft«, antwortete ich genervt und begann meine Bücher aufzuheben.

»Es tut mir leid wegen vorhin. Es macht mich einfach rasend, wenn jemand so fies zu dir ist. Am liebsten würde ich dieser Ratte die Eier …« Ich unterbrach meine beste Freundin. »Schon gut, ich hab überreagiert.«

»Was hältst du davon, wenn wir in der Mittagspause zusammen essen?«

»Kommt Jasper auch?«

»Wahrscheinlich. Stört dich das?«

Ja. »Nein. Natürlich nicht.«

»Okay, wir sehen uns dann.«

Weg war sie.

Mich verließ der Mut, meine Klasse zu betreten.

Es fühlte sich an, als würde ich immer mehr den Boden unter den Füßen verlieren. Mir war klar, dass ich albern und viel zu sensibel auf alles reagierte, aber so war ich nun mal. Mein Ebenbild im verschmierten Spiegel auf der Jungentoilette starrte mich an. Meine blasse Haut ließ meine Augenringe noch mehr herausstechen. Meine grauen Augen waren gerötet und mein schwarzes Haar stand ungekämmt vom Kopf ab. Es war kein cooler Out-of-Bed-Look wie bei Joki, sondern ein hässlicher Mich-hassen-alle-Look.

Für die nächsten eineinhalb Stunden versteckte ich mich in einer winzigen Toilettenkabine. Gerade als ich wieder verschwinden wollte, öffnete sich die Tür und jemand betrat den Waschraum. Dieser Jemand blieb vor meiner Kabine stehen und klopfte gegen die Tür.

»Ein Vögelchen hat mir gezwitschert, dass du Algebra geschwänzt hast.« Beschämt stieß ich die Tür auf, hinter der mich Jokis prüfender Blick erwartete.

»Kaum zwei Stunden an der neuen Schule und schon hast du Vögelchen, die dir etwas zwitschern?«

»Na ja, eigentlich war ich versehentlich eine Stunde in der Algebraklasse, bis ich gemerkt habe, dass Biologie auf meinem Plan steht.«

Ein Lachen entfuhr mir.

»Na los, komm. Laut Plan haben wir gleich zusammen Englisch.« Ob er wusste, dass ich es fürchtete, mich meinen Klassenkameraden zu stellen?

Meine Englischklasse bestand aus über zwanzig Schülern. Darunter waren Kallie und Jasper, aber auch Lenny war in der hinteren Ecke des Raumes. Joki und ich setzten uns nach vorne, was mir recht war. Je weiter weg von Lenny, desto besser. Ein honigblondes Mädchen blickte schüchtern zu uns herüber und lächelte flüchtig. In meinem Kopf kramte ich nach ihrem Namen. Es war irgendwas mit O… Olivia, genau. Seit zwei Jahren waren wir zusammen in einem Kurs und ich hatte noch nie ein Sterbenswörtchen mir ihr geredet.

Mrs. Jeffreys, unsere Englischlehrerin, betrat schwerfällig den Raum. Sie war gefühlte 120 Jahre alt. Zu behaupten, dass ich sie mochte, wäre wohl übertrieben gewesen, aber ihre robuste Art trieb mich meist zu Höchstleistungen an, also wollte ich mich nicht beklagen.

»Darf ich wohl um Ruhe bitten!«, rief sie in den totenstillen Raum. Ich verdrehte die Augen. »Wie ich sehe, hat sich Mr. Bledsoe wieder in unsere Reihen gesellt. Hoffentlich haben Sie während Ihrer Abwesenheit einen Grammatikkurs belegt, denn die letzte Prüfung war unterstes Mittelmaß!«

Peinlich berührt rutschte ich tiefer in meinen Sitz. Ein paar Schüler lachten und irgendjemand stieß hinter mir ein falsches Niesen hervor. »Schwul!«

Herrgott, wie einfallsreich. Der Stimme nach zu urteilen war es Treston, ein Junge, mit dem ich mich eigentlich immer ganz gut verstanden hatte. Einmal hatte ich ihn sogar meine Hausaufgaben abschreiben lassen. Das Lachen wurde lauter, doch die schwerhörige Mrs. Jeffreys schien davon nichts mitzubekommen.

»Ab heute haben wir die Ehre, einen neuen Mitschüler in unserer Klasse begrüßen dürfen. Als wäre es noch nicht überfüllt genug. Stell dich der Klasse doch mal vor.«

»Reizend«, wisperte Joki mir zu und stellte sich nach vorne. »Also, ich bin Joki Sobieski und mir ist durchaus bewusst, dass mein Name für einige merkwürdig klingt. Gewöhnt euch dran. Außerdem bin ich allergisch gegen Kernobstgewächse und liebe Dokumentationen über Delfine, welche im Übrigen keine Fische sind, aber das muss ich euch bestimmt nicht erklären. Mein Sternzeichen ist Krebs und …«

»Gut, ich denke, das genügt, Mr. Sobieski«, unterbrach Mrs. Jeffreys Jokis Vorstellung.

»Okay, eins möchte ich aber noch loswerden. Du …«, Joki zeigte auf Treston, »hast einen riesigen Popel in der Nase. Moment.«

Oh Gott. Schockiert biss ich mir auf die Unterlippe.

Joki wühlte in seinem Rucksack und fischte ein Papiertaschentuch heraus.

»Bitteschön«, sagte er, als er es auf Trestons Tisch legte. Dessen zinnoberrotes Gesicht verschwand hinter dem Taschentuch, als er versuchte, so unauffällig wie möglich hinein zu schnäuzen, doch alle Blicke waren auf ihn gerichtet. Die meisten Schüler konnten sich vor Lachen nicht halten. Einzig allein Lennys Gesicht strahlte nichts anderes als Abscheu aus.

»Habt ihr sein Gesicht gesehen? Köstlich!«

In der Mittagspause fanden sich Kallie, Jasper, Joki und ich zusammen. Es war offensichtlich, dass die Aktion in der Englischstunde pure Berechnung gewesen war. Joki hatte Treston zum Gespött gemacht, weil dieser mich kurz zuvor bloßgestellt hatte. Natürlich hätte ich ellenlange Reden darüber schwingen können, dass man Gleiches nicht mit Gleichem vergelten und sich nie auf dasselbe Niveau dieser Idioten herablassen sollte. Aber komischerweise ging es mir ziemlich gut damit. Das erste Mal seit Langem hatte ich das Gefühl, noch jemand anderen hinter mir zu haben als Kallie.

Jemanden, der sich für mich einsetzte. Mir war natürlich klar, dass Joki es als seine Pflicht ansah, mir zu helfen, immerhin hatten meine Eltern ihn bei uns aufgenommen.

»Das war echt großartig«, schmatzte Jasper mit vollem Mund.

»Du isst wie ein Kleinkind!«, lachte Kallie und wischte ihrem Freund mit einer Serviette fürsorglich den Mund ab.

Ihm ständig so nah zu sein, machte mir immer noch zu schaffen. Dass ich in ihn verliebt war, oder gewesen bin – ich war mir selbst nicht mehr sicher –, wusste Kallie nicht. Es war vermutlich das einzige Geheimnis, das ich vor ihr hatte. Aber ich würde mich an den Anblick gewöhnen. Jeder Blinde konnte sehen, wie glücklich sie mit ihm war, und wenn ich dafür meine Gefühle etwas zurückhalten musste, würde ich das gerne tun.

Als Kallie sich kurz entschuldigte und im Waschraum verschwand, wandte sich Jasper zu mir.

»Ist sie nicht der Hammer?«, schwärmte er.

»Das ist sie. Wenn ich auf Frauen stehen würde, müsstest du dich in Acht nehmen.«

Jasper und Joki lachten. Unfassbar, ich hatte einen Witz gemacht. Jasper stand nun auch auf, um sich noch mehr zu essen zu holen. Wie konnte er so sportlich gebaut sein, obwohl er aß wie ein Scheunendrescher?

»Jetzt mal echt, hast du sein Gesicht gesehen?« Joki lenkte das Thema wieder auf Treston. »Ich musste mich so zusammenreißen, nicht vor Lachen zu platzen.«

Mit meiner Gabel stocherte ich in etwas herum, was in einem früheren Leben wohl mal Erbsen gewesen waren.

»Zugegeben, es war ziemlich genial. Aber vergiss nicht, dass du auf Probe hier bist.« Meinetwegen war Joki heute schon in zwei Konflikte geraten und das musste aufhören.

»Notiert«, sagte er mit einem Grinsen.

»Es ist mein Ernst«, meinte ich mit etwas Nachdruck.

»Meiner auch, Marty Farty.« Als Antwort verdrehte ich lediglich die Augen.

Mit meiner neuen Clique im Schlepptau machte ich mich auf in den Geschichtsunterricht. Es würden die langweiligsten Stunden meines Tages werden. Unser Geschichtslehrer, Mr. Brosniak, hatte bereits eine Karte von Oregon ausgerollt. Heute sollte es nämlich um die Geschichte der Leuchttürme in unserem schönen Bundesstaat gehen.

»Bildet nun bitte Zweiergruppen und sucht euch jeweils einen Leuchtturm aus. Nächste Woche werdet ihr gemeinsam ein Referat darüber halten.«

Blitzartig drehte ich mich zu Joki, der wohl dieselbe Idee hatte. Kallie würde sich sowieso an Jasper hängen, also war es nur sinnvoll, dass wir uns zusammentaten.

Lenny blickte unschlüssig im Raum umher. Marcus und Melvin hatten sich schon einen Leuchtturm ausgesucht und so stand der Rudelführer diesmal allein da. Wäre ich ein besserer Mensch, hätte er mir leidgetan. Zielstrebig stand er auf und ging auf das Mädchen zu, welches mich vorhin angelächelt hatte. Olivia verzog bei seinem Anblick das Gesicht und sprang hastig auf. Sie schaute sich kurz um und ging auf meinen Tisch zu.

»Wollen wir vielleicht zusammen das Referat vorbereiten?«, fragte sie an Joki gerichtet. Nun wurde mir einiges klar. Sie hatte nicht mich angelächelt, sondern ihn! Sie hatte offensichtlich ein Auge auf ihn geworfen.

»Tut mir leid, Martin und ich …«

»Ach, kein Problem! Macht ihr ruhig zusammen, ich finde jemand anderen«, unterbrach ich Joki, der daraufhin zögerlich mit Olivia davonzog, um einen Leuchtturm auszusuchen.

Zwar hatte ich sie vor Lenny gerettet, aber was war, wenn er und ich als Einzige übrig bleiben würden? Niemand könnte von mir verlangen, mit ihm zusammen zu arbeiten.

»Hey, Pupsbacke.« Kallie ließ sich auf den leeren Stuhl neben mir plumpsen.

»Wo ist Jasper?«

»Der arbeitet mit irgendeinem seiner Basketballtypen zusammen. Schon eine Idee, welchen wir nehmen? Viele sind nicht mehr übrig.«

Sie war die Beste.

Kallie und ich entschieden uns für den Tillamook Rock Light. Den fand ich schon immer faszinierend. Anders als die meisten Leuchttürme befand dieser sich nicht an der Küste, sondern stand auf einer winzigen Insel im Meer. Oft fuhren meine Eltern und ich an den Küstenstreifen, von dem man ihn am besten bestaunen konnte, und ich stellte mir nicht selten vor, hoch oben im Turm zu stehen und die Wellen zu beobachten.

Joki und Olivia schienen mit ihrem Projekt ganz gut voranzukommen. Gerade als ich einen flüchtigen Blick zu ihnen warf, hatte er ihr etwas ins Ohr geflüstert, woraufhin sie übermäßig laut zu lachen anfing. Sie erinnerte mich an mich selbst und daran, wie merkwürdig ich mich immer in Jaspers Nähe verhielt.

Der Rest des Schultages zog sich unglaublich in die Länge und ich war erleichtert, als ich endlich zu Hause war. Joki war noch mit Olivia verabredet, um an ihrem Referat zu arbeiten und ich war irgendwie froh, das Haus für mich allein zu haben, nachdem ich die letzten Wochen kaum eine ruhige Minute für mich gehabt hatte. Als ich beschloss, etwas im Internet zu surfen, blieb ich wieder an Jaspers Facebook-Seite hängen. Seinen Status hatte er in *In einer Beziehung* geändert. Verblüfft stellte ich fest, dass der Anblick seines Fotos mir keinen Stich mehr versetzte. Auch der Gedanke an den Umkleidekabinentraum löste keine sehnsüchtigen Gefühle mehr in mir aus. Vielleicht, und ich hoffte es sehr, war ich endlich drüber hinweg.

Die letzte Oktoberwoche flog dahin. Die Bäume wurden kahler und der Wind kälter.

In der Schule fand ich mich langsam wieder besser zurecht. Zwar hörten die Schikanen nicht ganz auf, aber sie wurden weniger und ich lernte immer mehr, mit ihnen umzugehen. Irgendwann würde Gras über die ganze Sache wachsen, dessen war ich mir sicher. Die meiste Zeit verbrachte ich mit Kallie und Joki. Zum Glück stand meine beste Freundin nicht jeden Tag mit Jasper vor meiner Tür. Es war mir schlichtweg unangenehm, wenn er bei mir zu Hause war oder schlimmer noch, in meinem Zimmer.

Freitags beschlossen wir, am Wochenende einen kleinen Ausflug zu unternehmen. Joki hatte noch viele Sachen im Haus seines Vaters, welches nun nur noch von Vanessa und ihrer Tochter Jessica bewohnt wurde. Und vielleicht auch von Pedro, dem Gärtner.

»Wir nehmen einfach das Auto meines Dads!«, rief Kallie euphorisch.

»Er wird dich umbringen«, erinnerte ich sie.

»Quatsch! Seit ich meinen Führerschein habe, ist er zahm wie ein Lämmchen. Diese Fahrprüfung war ihm nämlich megawichtig. So viel wie in letzter Zeit hat Dad mir noch nie durchgehen lassen, Jasper durfte sogar neulich bei mir übernachten. Und das an einem Wochentag.« Kallie machte ein vielsagendes Gesicht und ich wusste, dass sie und ihr Adonis wahrscheinlich nicht viel geschlafen hatten.

»Alles klar, Vanessa ist samstags immer beim Pilates und Jessica hat Reitunterricht. Das verschafft uns ungefähr zwei Stunden«, erklärte Joki.

Also war es beschlossene Sache. Mom und Dad waren sogar damit einverstanden, dass wir über Nacht in Portland blieben. Wahrscheinlich waren sie froh, dass ihr Sohn mal für mehr als zwei Stunden das Haus verließ.

Joki hatte das Gästezimmer offensichtlich zu seinem eigenen gemacht, denn die Unordnung, die er schon in unserem Zimmer in Westbrooke verbreitet hatte, erkannte ich hier wieder und ich fühlte mich schlagartig dorthin zurückversetzt.

»Nervös?«, fragte ich Joki, der dabei war, sich die Schuhe zu binden. Kallie würde gleich da sein, um uns abzuholen.

»Sollte ich?«

»Na ja, du bist dann das erste Mal seit dem Unfall wieder zu Hause.«

»Das hier«, Joki zeigte um sich herum, »ist jetzt mein Zuhause.«

Irgendwie wurde mir dabei ganz warm ums Herz.

Kallie wartete in der Einfahrt auf uns und eine Welle der Vorfreude breitete sich in mir aus. Schon ewig hatte ich kein ausgelassenes Wochenende mehr gehabt. Es gab keinen Jasper, der mich in Verlegenheit bringen konnte, und auch keinen Lenny. Es konnte nur perfekt werden.

»Roadtrip!«, rief Kallie und hielt ihr Gesicht aus dem Autofenster. Sie trug eine große Sonnenbrille in Retrooptik, ihre Haare waren geglättet und sie hatte sorgfältig Federn hineingeflochten. Sie sah aus wie eine Hippie-Indianerin aus den späten Sechzigerjahren.

Mein Blick fiel auf Kallies überaus freizügiges Outfit. »Wer hätte gedacht, dass uns Slutty Pocahontas fahren würde?«

»Von wegen Slutty Pocahontas! Pocahontas an sich ist schon slutty. Außerdem ist das Motto meines Outfits *Indian Summer*.« Sie machte eine ausschweifende Handbewegung.

»So, so«, bemerkte ich.

»Verdammt, ich bin hundemüde! Einer von euch muss fahren.« Kallie gähnte ausgiebig.

»Bist du verrückt? Wir haben beide keinen Führerschein.«

»Also, ich könnte fahren«, warf Joki ein. »Mein Dad hat es mir beigebracht.«

»Ihr seid völlig durchgeknallt«, protestierte ich, doch er machte wider Erwarten eine gute Figur am Lenkrad. Hoffentlich hielt uns niemand an.

»Wovon bist du überhaupt so müde?«, fragte ich Kallie, die es sich auf der Rückbank gemütlich gemacht hatte.

»Jas und ich haben die ganze Nacht telefoniert. Immerhin sehen wir uns bis morgen Abend nicht.«

Stöhnend verdrehte ich die Augen. Joki warf mir ein flüchtiges Lächeln zu. Einen kurzen Augenblick verlor ich mich im Anblick der Haare auf seinem Arm, die fast unsichtbar waren und immer nur kurz glitzerten, wenn die Sonne darauf schien.

Während Kallie auf der Rückbank döste, genoss ich die Stille und schaute einige Male flüchtig in Richtung Fahrersitz. Man konnte nicht nur gut mit ihm reden, sondern auch hervorragend mit ihm schweigen. Es war keine merkwürdige Stille, sondern die, in die man abdriftete, ohne es zu merken.

»Du hattest recht. Etwas Schiss habe ich schon«, sagte er plötzlich.

»Keine Sorge. Heute bin ich dein Bodyguard, Whitney.«

Wir mussten lachen.

»Nein, im Ernst! Wenn Vanessa da ist, trete ich ihr einfach zwischen die Beine.«

»Aber Vorsicht, nicht dass dich ihre männerfressende Vagina verschlingt!«

Keine Ahnung, wann ich je in meinem Leben so gelacht hatte. Wir mussten sogar rechts ranfahren, um keinen Unfall zu bauen.

Mit Tränen in den Augen rang ich nach Luft. »Oh Gott, stell dir vor, ihre Vagina entwickelt ein Eigenleben und spaltet sich von ihrem Körper ab, um die Welt zu zerstören!«

»Hör auf, ich kann nicht mehr!« Wir ließen uns johlend in die Sitze zurückfallen.

»Sind wir schon da?« Kallie blinzelte uns aus verschlafenen Augen an.

»Nein, Dornröschen. Eine Weile fahren wir noch.« Joki blinzelte ihr durch den Rückspiegel zu, woraufhin sie ihren Kopf wieder nach unten sinken ließ. Nach wenigen Sekunden verriet uns ihr Schnarchen, dass sie wieder eingeschlafen war.

Wir näherten uns unserem Ziel. Gelegentlich holte mich der Lachanfall noch einmal ein und Joki stimmte jedes Mal mit ein. Nach zwei Stunden Fahrt kamen wir am späten Mittag endlich in Portland an. Mir gefiel die Großstadt und ich stellte fest, dass ich viel zu selten hier war.

Nachdem wir zehn Minuten durch die Innenstadt gefahren waren, hielt Joki in einer Seitenstraße an und zeigte auf ein riesiges Haus.

»Hier ist es.«

Oh. Dagegen war unser Haus eine Streichholzschachtel.

»Holy shit! Nice!«, rief Kallie, als Joki aus dem Auto stieg.

Aus seinen Erzählungen wusste ich, dass ihm sein eigener Schlüssel nach seinem Ausraster damals weggenommen wurde.

»Der Ersatzschlüssel ist unter irgendeinem Stein«, meinte er, als wir ihm folgten.

»Voilà!« Triumphierend zog ich den Schlüssel unter einer Attrappe hervor und übergab ihn an Joki. Einbrecher hatten hier wirklich leichtes Spiel.

Wir klingelten vorsichtshalber an der Tür, doch wie er vermutet hatte, war niemand da. Als wir eintraten, staunte ich über die prunkvolle, moderne Einrichtung. Es sah alles aus wie in einem Werbekatalog.

»Mein Zimmer ist oben, ich packe ein paar Sachen zusammen und dann nichts wie weg.«

Wir erklommen die Stufen bis ins obere Stockwerk.

»Es ist alles noch so wie vorher«, stellte Joki erleichtert fest, als wir sein altes Zimmer betraten. Es hob sich vom Rest des Hauses ab. Die Wände waren hellblau gestrichen, überall hingen Poster von Bands, die ich nicht kannte, und Sportmannschaften, die mir erst recht nichts sagten. Sein Bücherregal war so vollgestopft, dass die Bücher schon zweireihig standen. Auf dem Boden stapelten sich CDs und in der hinteren Ecke des Raumes lag ein Haufen mit Klamotten. In jedem Quadratmillimeter des Zimmers erkannte ich Joki wieder. Sein Chaos, seinen Humor und sein Herz. So viel steckte hier drin und ich hatte das Bedürfnis, bis auf das kleinste Stück alles einzupacken und mitzunehmen.

Joki zog eine wuchtige Reisetasche vom Schrank und fing an, sie mit Sachen zu füllen. Darunter war ein roter Pullover, den ich auf den ersten Blick zum Sterben hässlich fand. Er bemerkte meinen skeptischen Blick und lachte.

»Es ist nicht das schönste Teil, aber meine Mutter hat ihn für meinen Dad gestrickt. Er wollte ihn damals wegschmeißen, als wir hierhergezogen sind.«

Natürlich. Es war das Letzte, was er noch von seiner Mutter hatte. In Westbrooke hatte er nicht viel über sie geredet. Er erzählte nur, dass sie nicht aufzuspüren war und sich auch nie gemeldet hatte. Plötzlich fand ich das Kleidungsstück gar nicht mehr so furchtbar.

Nachdem die Tasche prall gefüllt war, nahm sich Joki noch seinen Laptop und wir verließen das obere Stockwerk wieder. Vanessa konnte jeden Augenblick wieder zu Hause sein.

»Joki, wo ist das Bad?«

Kallie trat von einem Fuß auf den anderen. Das konnte doch nicht wahr sein. Wir wollten doch gerade los!

»Den Gang runter, dann links.«

Ungeduldig lief ich auf und ab. Jokis Blick fiel auf eine Kommode, auf der einige Briefe lagen. Er nahm sich einen Stapel Papiere und runzelte die Stirn, als er zu blättern begann. »Das kann nicht stimmen.«

»Was denn?«, hakte ich verwirrt nach.

»Hier steht, dass Vanessa als Alleinerbin das ganze Vermögen meines Vaters bekommt. Das Haus, das Geld, alles. Das Testament muss gefälscht sein.«

»Bist du dir sicher?«

»Mein Dad hat eins aufgesetzt, in dem ich das Geld bekomme und Vanessa und Jessica das Haus. Als er es hat aufsetzen lassen, war ich dabei. Er wollte mir zeigen, wie so etwas vor sich geht. Er wollte immer, dass ich Anwalt werde. Das geht alles nicht in meinen Kopf.«

»Dann muss das echte doch irgendwo sein.«

»Vanessa hat es bestimmt vernichtet.«

»Nicht unbedingt, ich hab mal gelesen, dass die meisten Leute das Testament beim Notar hinterlegen lassen. Da Vanessa ein falsches vorgelegt haben muss, wird das wohl nicht der Fall gewesen sein. Hatte dein Dad irgendein Geheimversteck? Oder einen Safe? Irgendwas in der Art?«

Joki schüttelte mit dem Kopf.

»Sicher ist es hier noch irgendwo!« Mich überkam das Gefühl, dass wir das Schriftstück finden sollten und ich spürte, dass es hier irgendwo versteckt war. Als Kallie zurückkam, erklärte ich ihr die Situation und wir machten uns auf die Suche. Sie übernahm die Küche und das Bad, Joki durchforstete das obere Stockwerk und ich übernahm das Wohnzimmer. Es war ein absolut merkwürdiges Gefühl, in den Schränken und Schubladen fremder Leute herumzuschnüffeln. Außer Rechnungen, Zeitschriften und einem Haufen unnützem Zeug fand ich nichts. In dem Artikel, den ich gelesen hatte, stand auch, dass viele Leute ihre Wertsachen und wichtige Papiere in oder unter Möbelstücken deponierten. Mit aller Kraft versuchte ich einen Sessel, der im hinteren Bereich des Zimmers stand, umzudrehen, doch er war schwerer, als ich dachte.

»Was gefunden?«

Ich erschrak beinahe zu Tode, als ich Kallie hinter mir bemerkte.

»Nein, du?«

Kallie schüttelte mit dem Kopf.

»Fass mal mit an«, wies ich sie an. Mit geballter Kraft schafften wir es letztendlich, den Sessel ein Stück zu verrücken. Aber darunter war leider kein letzter Wille befestigt. Es wäre auch zu schön gewesen.

»Oben ist nichts«, verkündete Joki, als er zu uns stieß.

Aus dem Augenwinkel sah ich, dass der Teppich unter dem Möbelstück eine Beule hatte.

»Irgendwas ist hier drunter.«

»Warte mal.« Joki schob das Monstrum mit unserer Hilfe weiter zur Seite, um den Teppich anzuheben. Darunter offenbarte sich ein verrosteter Griff.

»Was zum Teufel …«, kam es von Kallie.

Joki zog daran und eine Luke öffnete sich. Dahinter führte eine Holztreppe ins Dunkle. Kallie staunte.

»Ist das ein Geheimraum oder so was?«, fragte sie.

»Keine Ahnung, aber ich werde es herausfinden.« Mit diesen Worten stieg Joki hinab. Dann passierte das, was wir unter allen Umständen hatten vermeiden wollen. Ein Schlüssel drehte sich im Schloss und die Haustür ging mit einem Knarzen auf.

»Mist, sie sind zurück!«, zischte ich und schnappte mir Jokis Tasche und seinen Laptop, die noch im Gang lagen.

Es gab nur einen Weg und der führte nach unten. Kallie machte sich als Erste auf, die Treppe hinunterzusteigen. Hektisch folgte ich ihr. Mit zitternden Händen griff ich nach dem Teppich und versuchte ihn so gut es ging wieder über die Luke zu legen. Behutsam zog ich sie über mir zu und alles verschwand in der Dunkelheit.

»Jessica, hast du den Sessel verschoben?« Vanessas gedämpfte Stimme ließ mich zusammenfahren. »Du sollst mich nicht anlügen, Fräulein!«

Mit offenen Mündern starrten wir uns an. Wir waren gefangen.

»Das ist nicht wirklich gerade passiert, oder?« Kallie leuchtete mit ihrer Handylampe in mein Gesicht. Mir fehlten die Worte. Zwar waren wir unentdeckt geblieben, saßen aber dennoch hier unten fest.

»Hier muss doch irgendwo ein Lichtschalter sein.« Joki tastete an der Wand entlang. Kurz darauf begann mit einem klickenden Geräusch eine verstaubte Neonröhre flackernd zu leuchten. Wir befanden uns in einem zugestellten Raum. Kisten waren bis unter die Decke gestapelt und auf dem verschmutzten Steinboden zeichneten sich unsere Fußabdrücke ab.

»Was ist das denn hier?« Er schaute sich verwirrt um, griff sich die nächstbeste Kiste und spähte hinein. »Das sind meine alten Sachen. Aus Finnland.« Er zog einen gelben Plüschhasen hervor. »Dad hatte doch alle Sachen von damals weggeworfen.«

»Vermutlich hing er mehr daran, als du dachtest«, vermutete Kallie.

Aufgeregt klatschte ich in die Hände. »Vielleicht hat er hier unten auch das Testament versteckt!«

Joki machte ein skeptisches Gesicht. »Aber warum sollte er es in einem Geheimzimmer verstecken, das außer ihm niemand kennt?«

»Überleg doch mal, möglicherweise wollte er dir den Raum noch zeigen. Immerhin sind die meisten Sachen hier von dir. Und bestimmt hatte er nicht damit gerechnet, schon mit Anfang vierzig zu sterben.«

»Er hat wirklich mal erwähnt, dass er mir an meinem achtzehnten Geburtstag etwas zeigen wollte. Manchmal, wenn ich ihn nach Mom gefragt hatte.«

Nach zwei Stunden hatten wir es geschafft, ungefähr die Hälfte der Kisten zu durchsuchen. Joki brauchte immer ewig, da er ständig an irgendwelchen Relikten seiner Vergangenheit hängen blieb. Gerne hätte ich mir Geschichten zu jedem einzelnen Stück angehört, doch er sagte kein Wort. Er starrte die Sachen an, manchmal huschte ein Lächeln über seine Lippen und eine verloren geglaubte Erinnerung blitzte in seinen Augen auf. Dann legte er den Gegenstand wieder beiseite und suchte weiter.

»Seht mal, ich hab was!« Kallie stand am anderen Ende des Raumes und hielt einen großen, weißen Umschlag in die Luft. Jokis Name stand in schwarzer Schrift darauf.

»Das ist Dads Schrift.«

Kallie reichte ihm den Umschlag. Er zog einen Zettel heraus und las. Vor Aufregung schlug mir das Herz bis zum Hals. Joki schluckte, wandte den Blick ab und setzte sich seufzend auf eine der Kisten.

»Was steht drin?« Meine Neugier wuchs ins Unermessliche, als er mir das Schriftstück in die Hand drückte.

Lieber Joki,

es tut mir leid, dass ich dich nie bei deinem richtigen Namen genannt habe. Die Erinnerungen an die Zeit in Finnland waren zu schmerzlich, um sie mit jedem Aussprechen deines Namens wieder hervortreten zu lassen.

Wenn du das hier liest, lebe ich wahrscheinlich nicht mehr. Gerne wäre ich ein besserer Dad für dich gewesen, doch jedes Mal, wenn ich in dein Gesicht sehe, erkenne ich deine Mutter in dir wieder und das ist meist unerträglich. Sie war eine wunderschöne Frau. All die Jahre hast du mich gefragt, warum ich sie verlassen habe und dir nie erlaubt hatte, Kontakt mit ihr aufzunehmen. Leider kann ich dir nicht mein ganzes Geheimnis offenbaren, aber eins sollst du wissen: Deine Mutter war mein Leben und ich habe sie sehr geliebt. Mehr als ich Vanessa je lieben könnte. In der Vergangenheit ist mir ein riesiger Fehler unterlaufen, der es mir unmöglich gemacht hat, mit deiner Mutter zusammenzubleiben. Es war egoistisch von mir, dich mitzunehmen und von deiner Mutter zu trennen, aber ich hätte es nicht ausgehalten, auch noch meinen Sohn zu verlieren. Vermutlich hast du jetzt noch mehr unbeantwortete Fragen als zuvor.

Anbei lege ich mein Testament, welches ich heute aufgesetzt habe. Du warst dabei, erinnerst du dich? Diesen Brief wirst du an deinem achtzehnten Geburtstag bekommen, mit dem Auftrag, ihn erst zu lesen, wenn ich verstorben bin. Hoffentlich bist du jetzt selbst ein alter Mann. Falls nicht, nehme ich es so hin. Der Tod lässt sich nicht vorhersehen.

Ich kenne dich gut genug, um zu wissen, dass du nicht auf mich hören wirst, aber bitte such nicht nach deiner Mutter. Manche Dinge sollten in der Vergangenheit bleiben.

Ich liebe dich sehr, mein Sohn. Bitte vergiss das nie.

6

Sam und seine Lippen

Es verlangte mir einiges ab, nicht loszuheulen. Nachdem Kallie den Brief ebenfalls gelesen hatte, schob Joki ihn in den Umschlag zurück. »Wer hätte gedacht, dass wir es tatsächlich finden?« Er zwang sich zu einem Lächeln.

»Und wie kommen wir jetzt hier raus?«, fragte Kallie.

Mein Blick wanderte umher. Hinter einem Stapel am hinteren Ende des Geheimraumes bildete ich mir ein, einen Lichtstrahl zu sehen. »Mach kurz die Lampe aus.«

Die Neonröhre erlosch mit einem Surren und es zeigte sich, dass ich mit meiner Vermutung richtiglag. »Von dort hinten kommt Tageslicht, glaube ich.« Aufgeregt deutete ich zu den Kisten.

»Tatsächlich!« Kallie kletterte zuerst hinauf, um ein kleines Fenster zu erreichen. Sie brauchte einige Versuche, bis sich die rostigen Scharniere bewegten. Dann war es endlich offen. »Dahinter ist ein Strauch oder so was«, meinte sie. Jokis Vater hatte wohl einen Busch direkt vor dem Fenster gepflanzt, damit dieses nicht auffiel.

»Kämpf dich einfach durch«, rief ich ihr zu.

»Du hast gut reden! Was, wenn das Grünzeug Dornen hat?«

Dem war nicht so und nach einigem Fluchen war Kallie frei.

Den Moment, in dem ich mit Joki allein war, musste ich nutzen. »Alles okay?«, hakte ich nach, obwohl ich wusste, dass gar nichts okay war. Ich spürte, dass der Brief Joki bis ins Mark erschüttert hatte und er sich keinen Reim auf die Worte seines Vaters machen konnte.

Doch er schenkte mir ein Grinsen und drückte kurz meine Schulter. »Marty, ich finde meine Mutter. Und dann klärt sich das alles auf.«

Er kletterte als Nächstes hinaus und ich reichte ihm seine Tasche samt Laptop. Gerade als ich ihm folgen wollte, fiel meine Aufmerksamkeit auf ein Foto, das in einer offenen Kiste lag. Darauf war ein junges Paar mit ihrem Kind. Sie waren auf einem Spielplatz, der kleine Junge saß auf einer

Schaukel und lachte ausgelassen in die Kamera, während das Paar ihm zufrieden dabei zuschaute.

Der Sohn war zweifelsohne Joki. Dieses schelmische Grinsen gab es nur einmal. Seine Eltern sahen so harmonisch aus und ich fragte mich, was wohl George Sobieskis Geheimnis gewesen war. Warum musste er seine glückliche Familie auseinanderreißen?

Meine Gedanken schweiften zu Ashlee und dem Bild von ihr und ihrem toten Freund. Fotos hielten nicht nur Momente der Vergangenheit fest, sondern auch Gefühle. Was für einen Grund hatte Jokis Vater, ihm davon abzuraten, nach dessen Tod nach seiner Mutter zu suchen?

Manche Dinge sollten in der Vergangenheit bleiben.

Hastig steckte ich das Bild in meine Tasche und kletterte in die Freiheit.

»Unglaublich, dass wir heil da rausgekommen sind.« Kallie klopfte sich den Schmutz von der Hose und stieg ins Auto ein. Zu meiner Erleichterung wollte sie diesmal fahren. Joki schien von dem Brief seines Vaters immer noch aufgewühlt zu sein. So gerne hätte ich irgendwas gesagt, doch in solchen Momenten war es meistens besser, die Klappe zu halten. Wir beschlossen, den nächstbesten Imbiss aufzusuchen, da wir den ganzen Tag noch nichts gegessen hatten. Die Sonne ging langsam unter und ich kurbelte das Fenster herunter, um mir die kühle Luft ins Gesicht wehen zu lassen.

»Oh mein Gott!«, rief Kallie. Überrascht schreckte ich hoch und stieß mir den Kopf, was Joki zum Lachen brachte. Dann war die Beule, die ich morgen haben würde, wenigstens nicht umsonst.

»Verdammt, Kallie!«, fluchte ich. Sie verlangsamte das Tempo und zeigte aufgeregt auf eine Mauer.

»Guck doch mal! Flint Eastwood!«

»Also ich bin mir ziemlich sicher, dass er *Clint* Eastwood heißt. Und dort ist niemand.«

»Danke, Mister Oberschlau. Das Plakat dort drüben meine ich.«

Diesmal sah ich es auch.

»Flint Eastwood ist eine der geilsten Bands ever! Und sie treten hier heute Abend auf. Wir müssen hingehen!« Joki zuckte mit den Schultern und auch ich hatte nichts dagegen einzuwenden.

Nach einem ausgiebigen Mahl machten wir uns auf den Weg zu dem Platz, auf dem die Show stattfinden sollte. Joki hatte während des Essens kaum ein Wort gesprochen und ich konnte mir nicht ausmalen, was gerade in ihm vorgehen musste.

Kallie lief zu einem kleinen Zelt, in dem die Karten verkauft wurden. Als wir danach auf die Bühne zugingen, wurde ich immer hibbeliger. Das Konzert fand im Freien statt und einige Leute standen schon wartend hinter der Absperrung. Wir suchten uns einen freien Platz ganz vorne.

»Aloha, ich bin Sam«, kam es von einem Typen neben mir. Er war älter als ich und zündete sich gerade eine Zigarette an.

»Hey. Martin«, stellte ich mich vor und lächelte kurz. Daraufhin stellten sich auch Kallie und Joki bei ihm vor. Er hatte seine Freunde Tiffany und Jared mit im Schlepptau. Sie waren alle drei schwarz gekleidet, Jared trug sogar dunkelblauen Nagellack. Während wir auf Flint Eastwood warteten, erzählte Sam uns, dass er selbst in einer Band spielte. Meinen mangelnden sozialen Fähigkeiten sei Dank, nickte ich nur und warf gelegentlich ein »Cool!« ein.

»Martin, du musst lockerer werden!«, rief er, als die Menge, die sich bereits um uns herum angesammelt hatte, anfing zu jubeln. Die Band hatte es endlich auf die Bühne geschafft.

Sam zog eine Flasche aus seinem Rucksack und der naive Marty in mir dachte, dass es sich bei dem Inhalt um Wasser handeln würde. Weit gefehlt.

»Trink schon«, lachte Sam und seine blauen Augen schienen mich zu hypnotisieren. Zögerlich setzte ich an und nahm einen großzügigen Schluck. Vielleicht sollte ich noch anmerken, dass ich bis auf das obligatorische Glas Sekt an Silvester noch nie einen Tropfen Alkohol angerührt hatte. Mein Mund brannte, ich wollte schreien. Todesmutig schluckte ich das Feuerwasser herunter. Nun brannte meine Kehle. Wer zur Hölle trinkt so was freiwillig? Gequält versuchte ich meinen Schmerz mit einem enthusiastischen Nicken zu kaschieren. Meine Augen tränten und Sam brach in schallendes Gelächter aus.

Joki schnappte sich die Flasche und nahm einen ebenso großen Schluck. Er zuckte nicht mal mit der Wimper. Kallie griff sich das Teufelszeug als Nächstes. In meinem Bauch breitete sich ein warmes Gefühl aus und dann, ich glaubte es selbst kaum, trank ich noch einmal. Und noch einmal.

Die Band war großartig und alles um mich herum begann zu schwanken. Kallie und Joki tanzten und lachten neben mir. Meine beste Freundin sah umwerfend aus und aus irgendeinem Grund hatte ich das Verlangen, sie zu küssen. Ihre Haut war so makellos und ihr Lächeln steckte mich an. Das hatte es schon immer getan. Ihr langes braunes Haar bewegte sich mit dem Wind und die blinkenden Lichter der Bühne tauchten uns alle in die verschiedensten Farbtöne.

Dann schaute ich zu Joki, der sich seines Sweatshirts entledigte. Darunter trug er ein enges, weißes Shirt und ich konnte die leichten Abzeichnungen seiner Muskeln ausmachen. Nun wollte ich ihn küssen, durch seine Haare fahren und seinen Geruch einatmen.

Der Alkohol setzte Emotionen in mir frei, die mir normalerweise Angst gemacht hätten, doch gleichzeitig betäubte er diese Furcht und ich fühlte mich mutig und stark.

»Martin!« Sam tippte mir auf die Schulter. »Tanzen?«, brüllte er, um die Musik zu übertönen. Warum eigentlich nicht? Wir bewegten uns zu der rockigen Musik und ich fühlte mich so frei wie nie. Sam kam mir immer näher, aber ich tat so, als würde mir das nicht auffallen. Seine dunklen Locken wippten bei jeder Bewegung auf und ab und seine Augen waren geheimnisvoll und fordernd. Dann geschah es. Sam nahm mein Gesicht in seine Hände und presste seine Lippen auf meine. Überrascht riss ich die Augen auf und konnte für einen Moment nicht atmen. Seine Zunge massierte meine Unterlippe und bahnte sich immer weiter den Weg in meinen Mund. Mit geschlossenen Augen genoss ich jede einzelne Sekunde und in meinem Körper begann es zu kribbeln, als sich endlich unsere Zungen berührten. Ein Griff in seine Haare und sein Kuss wurde stürmischer. Er sollte niemals enden.

Sam löste sich von mir, ein Lächeln umspielte seinen Mund. Seine Lippen, denen ich gerade näher war als je irgendwelchen zuvor. Lippen waren etwas Wunderbares. Und Zungen. Und Haare. Dem Drang, ihn nochmals zu küssen, widerstand ich mit aller Kraft.

»Nicht schlecht«, sagte er.

Kallie schaute mich mit offenem Mund an und auch Joki war sichtlich überrascht.

Das war die beste Nacht meines Lebens.

»Guten Morgen, Oregon! Es ist zehn Uhr sechsundzwanzig und das Wetter ist hervorragend an diesem Halloween-Morgen! Süßes oder Saures!« Unsanft riss die Ansage aus dem Autoradio mich aus dem Schlaf.

»Ich sterbe«, stöhnte ich. Meine Kopfschmerzen waren unerträglich und mir war noch nie zuvor so dermaßen schlecht gewesen. Schwerfällig öffnete ich die Tür und taumelte aus dem Auto. Obwohl mir die frische

Luft eigentlich hätte guttun müssen, überkam mich ein erneuter Schwall von Übelkeit. Wie ein nasser Sack fiel ich auf die Knie und entleerte meinen Mageninhalt ins Gras. Zum Glück schien niemand in der Nähe zu sein. Das hintere Autofenster wurde heruntergekurbelt und Joki schaute mich aus zwei Schlitzen an, hinter denen sich wohl seine Augen verbargen. Wenigstens war ich nicht der Einzige, dem die Folgen der letzten Nacht zu schaffen machten.

»Brauchst du Hilfe?«, fragte er und ich bildete mir ein, Schadenfreude in seiner Stimme zu hören. Blödmann.

»Beim Kotzen?«, gab ich zurück. Das war wirklich eine Steilvorlage gewesen.

Joki lachte, bereute es aber sofort wieder und hielt sich den Kopf. »Verdammt. Nie wieder Alkohol.« Er warf mir eine Flasche mit Wasser entgegen.

»Amen«, antwortete ich und leerte sie in einem Zug.

Nun hielt auch Kallie ihren Kopf aus dem Fenster und stöhnte. »Mein Rücken bringt mich um. Wir haben nicht ernsthaft zu dritt im Auto geschlafen, oder?«

Ich konnte mich nicht mal erinnern, ins Auto gestiegen zu sein. Das Letzte, was ich noch wusste, war, dass Sam mich geküsst hatte. Beim Gedanken daran begannen meine Lippen zu kribbeln. Insgeheim hoffte ich, Kallie und Joki hätten diese kleine Knutscherei vergessen, denn dann hätte ich diese perfekte Erinnerung ganz für mich allein. Irgendwie war es mir auch peinlich, dass meine Freunde den Kuss mit angesehen hatten. Zwar waren wir betrunken gewesen und wahrscheinlich würde ich Sam nie wieder sehen, aber dennoch war es ein intimer Moment gewesen, der nur mir gehören sollte.

Gerädert stieg ich zurück ins Auto. Was würde ich jetzt nur für mein Bett geben. Nur leider waren wir drei Stunden von zu Hause entfernt.

»Wir brauchen Koffein«, verkündete Kallie. Wie recht sie hatte. An der nächsten Tankstelle deckten wir uns mit Kaffee ein und beschlossen, uns auf den Heimweg zu machen.

»Das Konzert war fantastisch, oder? Gut, dass ich gestern zufällig dieses Plakat entdeckt habe.«

»Habt ihr gesehen, wie die Sängerin am Ende zu uns ins Publikum gesprungen ist?«, fragte Joki begeistert. Das musste mir entgangen sein.

»Der Abend war echt super«, sagte ich.

Kallie blies mir einen Luftkuss entgegen. »Dass du den Abend toll fandest, kann ich mir vorstellen.«

Wie konnte ich nur glauben, dass sie es nicht mehr wusste?

»Mein Gott. Ja, ich habe mit einem Typen rumgemacht. Keine große Sache.«

Kallie nickte, doch ihrem Grinsen nach zu urteilen war das Thema für sie noch nicht abgeschlossen.

Auf dem Weg nach Hause döste ich immer wieder kurz weg. Jedes Mal, wenn ich aufwachte, sah ich Kürbisse, die ausgehöhlt in den Vorgärten standen und darauf warteten, erleuchtet zu werden. Kinder liefen verkleidet durch die Gegend und versuchten sich gegenseitig zu erschrecken. Mir fehlte diese unbeschwerte Zeit. »Wir sollten uns auch mal wieder verkleiden.«

»Heute müssten wir uns nicht verkleiden. Wir gehen auch so als Zombies durch«, antwortete Kallie mit einem skeptischen Blick in den Autospiegel.

»Als Kind hatte ich jedes Jahr das gleiche Kostüm«, erzählte Joki. »Immer ein Dinosaurier, ich wollte nie irgendwas anderes sein.«

Die Vorstellung brachte mich zum Schmunzeln. Meine Mutter hatte meine Halloweenkostüme immer selbst genäht und jedes Jahr zog ich als eine andere Gestalt um die Häuser.

»Wenn mein Vater sieht, wie verkatert ich bin, bekommt er einen Wutanfall«, seufzte Kallie, als sie in unsere Einfahrt bog.

»Ist er nicht neuerdings, ich zitiere, *zahm wie ein Lämmchen*?«

Kallie zog eine Grimasse.

»Du kannst ja noch mit reinkommen. Schlaf eine Stunde, nimm eine heiße Dusche und schon bist du wieder wie neu.«

Dankbar nahm Kallie mein Angebot an.

»Na, wen haben wir denn da? Unser Party-Trio!«, rief mein Dad, als wir ins Haus kamen. Dass wir über Nacht wegbleiben würden, hatte ich ihm glücklicherweise gestern Abend noch geschrieben. Wie er darauf kam, dass wir auf einer Party waren, wusste ich allerdings nicht. Vermutlich, weil es für siebzehnjährige Teenager normal war, am Wochenende zu feiern. Ganz unrecht hatte er natürlich nicht. Außerdem war ich heilfroh, nicht auch noch meiner Mom begegnen zu müssen, die wie jedes Jahr im Café eine Halloweenparty veranstaltete.

»Hi, Dad. Wir gehen hoch und schauen einen Film«, log ich. Es wäre keine gute Idee gewesen, ihm zu verklickern, dass wir verkatert waren und dringend noch eine Weile schlafen mussten, weil wir zu dritt in einem Auto übernachtet hatten.

Kallie erklärte sich bereit, mit Joki die Sachen auszupacken, die wir aus seinem alten Zimmer mitgenommen hatten. Müde und verspannt ging ich ins Bad, um als Erster zu duschen. Langsam zog ich mich aus und spürte etwas in meiner Hosentasche. Es war das Foto, das ich gestern in der Kiste gefunden hatte. Behutsam zog ich es heraus und stellte erleichtert fest, dass es nicht völlig verknickt war, obwohl ich förmlich darauf geschlafen hatte. Ein gefalteter Zettel flatterte zu Boden. Langsam klappte ich das Papier auseinander.

Oh mein Gott. »*Ruf mich an, Sam x*«, stand darauf, darunter war eine Telefonnummer. Seine Telefonnummer.

Unfähig, mich zu bewegen, stand ich einfach nur da und starrte auf den Zettel. Nie hätte ich gedacht, dass der Abend für Sam möglicherweise mehr war als nur ein Kuss. Aber warum sollte er mir sonst seine Nummer zustecken? Mein Grinsen reichte bis über beide Ohren, als ich unter die Dusche hüpfte. Sollte ich ihn anrufen? Und wenn ja, wann? Von diesem ganzen Kram hatte ich nicht die geringste Ahnung.

Die Dusche linderte meine Kopfschmerzen etwas und ich zog mir ein altes Shirt und eine Jogginghose an, das Foto und den Zettel steckte ich in die Hosentasche. In meinem Zimmer saß Joki und blätterte in einem Buch.

»Wo ist Kallie?«

»Sie ist auf meinem Bett eingepennt, als ich meine Sachen ausgepackt habe.« Er schüttelte lachend den Kopf.

»Das sieht ihr ähnlich«, meinte ich, als ich die Vorhänge zuzog. »Du kannst dich hier hinlegen, wenn du willst.«

»Sicher?«

»Warum nicht?« Mit Joki in einem Bett zu schlafen, war doch nichts Merkwürdiges. Es war groß genug und außerdem hatten wir in den letzten vier Wochen fast jede freie Minute miteinander verbracht. Wir waren fast wie Brüder.

Wir schlüpften unter die Decke und eine kleine Lampe auf meinem Schreibtisch sorgte für dämmriges Licht. Es war ungewohnt, jemandem so nah zu sein. Wie es wohl wäre, wenn Sam neben mir liegen würde? Wenn er mich küssen würde wie gestern.

Das Fenster war gekippt und frische Luft wehte in das Zimmer. Jokis Wärme unter der Bettdecke strömte zu mir herüber und als sein Arm meinen berührte, wurde mir flau im Magen. Das musste der Kater sein.

»Bist du noch wach?«, fragte ich nach einer Weile.

»Mhm-mh.«

Dies war der richtige Moment, ihm das Foto zu geben. Zwar wollte ich nicht unnötig alte Wunden aufreißen, doch ich wusste, dass ich nicht länger damit warten sollte. In meiner Hose angelte ich nach dem Bild und gab es ihm. »Das hab ich in einer der Kisten gefunden. Du möchtest es sicher haben.«

Minutenlang schaute er das Foto an und sagte kein Wort. Dann legte er seinen Kopf an meine Schulter. »Danke, Marty.«

Noch lange lag ich wach. Sam spukte in meinem Kopf herum und ich konnte mir immer noch nicht so wirklich vorstellen, was er von mir wollte. Joki hingegen schlief wie ein Stein und gelegentlich gab er ein raunendes Geräusch von sich. Sein Gesicht war friedlich und mir fielen das erste Mal seine hellen Wimpern und die winzigen Sommersprossen auf seiner Nase auf.

»Hey, ihr Schlafmützen!«

Vor mir stand eine grinsende Kallie, die sich ihre nassen Haare abtrocknete. Anscheinend war ich wohl doch noch eingeschlafen. Joki streckte sich und setzte sich auf.

»Die Dusche ruft nach mir.«

»Und ich werde dann mal nach Hause verschwinden. Das Wochenende war phänomenal. Wiederholungsbedarf!«

»Wie ich sehe, sind Sie nicht ganz bei der Sache, Mr. Bledsoe.« Mrs. Jeffreys schaute mich missbilligend an.

Dieser Montagmorgen war die Hölle. Als würde es nicht reichen, dass ich todmüde war, nein, Mrs. Jeffreys hatte es zu allem Überfluss auch noch darauf angelegt, mich vor versammelter Klasse zu blamieren, indem sie mir die dümmsten Aufgaben stellte. Einziger Lichtblick des Tages war der Musikunterricht. Logischerweise war das mein Lieblingsfach und ich sehnte diese Stunden beinahe genauso herbei wie den Schulschluss.

Meine Musiklehrerin, Roberta Mills, war noch relativ jung, sie trug blonde Dreadlocks und war generell optisch wie von einem anderen Stern. Mir imponierte ihre weltoffene und passionierte Art, über Musik zu sprechen. Außerdem siezte sie uns nicht wie die anderen Lehrer und das machte sie noch sympathischer.

»Fleetwood Mac!« Ms. Mills drehte sich einmal um sich selbst und ließ ihr geblümtes Kleid dabei tanzen.

»Eine Band, vereint mit Mythen und der Natur, getrieben von Liebe! Metaphorische Texte, mit denen sich Jedermann identifizieren kann. Natürlich bedarf es Offenheit und die Gabe, zwischen den Zeilen zu lesen, um sie zu verstehen, doch jeder kann etwas daraus ziehen.«

Die meisten Schüler hielten sie für bekloppt, doch ich wusste genau, wovon sie sprach: von dem Loslassen, um sich von der Musik treiben zu lassen, um in andere Welten zu tauchen. Ms. Mills hatte keine Ahnung, dass ich Klavier spielte. Aus Angst, man könnte denken, ich würde mich wichtig machen wollen, ging ich nie damit hausieren. Außerdem wussten bis jetzt nur Kallie und Joki davon. Natürlich mochten sie meine Musik, doch besonders viel Ahnung hatten sie beide nicht.

»Heute beginnen wir endlich das Musizieren mit Instrumenten! Kann denn von euch jemand eins spielen?«

Natürlich meldete ich mich nicht, doch Kallies Hand schoss empor.

»Kalliope!«, rief Ms. Mills aufgeregt.

Verdattert starrte ich sie an und verstand die Welt nicht mehr. Sie spielte überhaupt kein Instrument.

»Genau genommen spiele ich kein Instrument, aber Martin spielt Klavier.«

Das war nicht ihr verdammter Ernst.

Die Augen der Lehrerin weiteten sich. »Großartig!«

»Das wirst du mir büßen«, zischte ich, doch Kallie setzte eine unschuldige Miene auf. Ms. Mills lotste mich nach vorne, denn natürlich hatte unser Musikraum ein Klavier und selbstverständlich sollte ich darauf spielen. Jetzt.

»Ich bin aber wirklich nicht gut«, rechtfertigte ich mich schon im Voraus.

Vor einer Person zu spielen war schon nervenaufreibend genug, doch vor einer Klasse zu spielen, in der mich die meisten Leute hassten, belächelten oder beides, war eine viel größere Nummer. Dass Kallie mich in diese Situation gebracht hatte, würde ich ihr nie verzeihen. »Soll ich was Bestimmtes spielen?«

»Irgendwas«, meinte Ms. Mills und klatschte aufgeregt in die Hände.

Nach einigen Sekunden entschied ich mich für *Landslide von Fleetwood Mac,* immerhin hatte sie uns eine halbe Stunde über die Großartigkeit dieser Band unterrichtet und es war deren einziges Lied, das ich spielen konnte.

Die dreieinhalb Minuten zogen sich unglaublich in die Länge und ich wagte es nicht, woanders hinzuschauen als auf die Tasten unter meinen Fingern.

Gott sei Dank hatte ich es fehlerfrei geschafft.

Ms. Mills war außer sich. »Martin, das war unglaublich! Du hast dem Lied eine ganz neue Bedeutung gegeben, eine andere Farbe, ein frisches Gefühl!« Sie war wirklich verrückt.

Meine herzallerliebsten Klassenkameraden schauten blöd aus der Wäsche und ich musste zugeben, dass dies eine gewisse Genugtuung in mir auslöste. Es tat gut, anderen Menschen zu zeigen, dass ich etwas draufhatte, besonders, wenn diese nie an mich geglaubt hatten. Kallie nickte mir zufrieden zu.

»Hach, ich bin noch ganz verzaubert! Möchte noch jemand sein Talent mit uns teilen?«, fragte Ms. Mills in die Runde.

Erneut ging Kallies Hand in die Luft. Was zum Teufel …?

»Kalliope, wollen sie noch einen ihrer Freunde als musikalisches Genie entlarven?«

Jetzt war ich wirklich geschmeichelt.

»Nein, ich wollte singen.«

Nun war ich derjenige, der ein dummes Gesicht machte.

Als ich zu meinem Platz zurückging, stand Kallie auf, um sich vor die Klasse zu stellen.

»Sorry, ich wollte, dass du zuerst was vorträgst, sonst hätte ich mich nie getraut«, flüsterte sie mir noch zu. Ein verwirrter Blick war meine Antwort.

Meine beste Freundin atmete tief ein und begann zu singen. Was ich da hörte, machte mich sprachlos. Sie sang eine Ballade, die ich nicht kannte, und sie sang sie perfekt. Ihre Stimme war so warm und kraftvoll, dass ich aufspringen wollte, um zu schreien, dass das da vorne meine beste Freundin wäre.

Applaus und Jubelrufe erfüllten den Raum und ich war völlig perplex.

»Brillant! Wunderschön! Herzergreifend!«, rief Ms. Mills. Bald würden ihr die Adjektive ausgehen. »Zwei außerordentliche Musiktalente an einem Tag! Wenn ich das mal nicht rot im Kalender anstreichen sollte.«

Kallie lächelte schüchtern und ging mit roten Wangen an ihren Platz zurück. »Warum hast du mir nie gesagt, dass ich mit Beyoncé befreundet bin?«

»Übertreib doch nicht gleich so. Daraus wollte ich einfach keine große Sache machen und damit kennst du dich doch am besten aus, Mozart.«

Nachdem Kallie und ich mit unseren Vorträgen Eindruck schinden konnten, trauten sich auch noch einige andere Schüler, ihr musikalisches Können unter Beweis zu stellen. Manche waren eher zum Davonlaufen, doch einige überraschten mich total. Ein Mädchen namens Laura, dessen honigblondes Haar mit türkisfarbenen Strähnen durchzogen war, legte eine phänomenale Beatboxeinlage hin.

Als Joki am Ende der Stunde kam, um uns abzuholen, rief Ms. Mills uns noch einmal zurück.

»Kalliope, Martin und Laura, ich bin immer noch überwältigt.« Sie warf ihren Kopf theatralisch in den Nacken und Joki zog eine Augenbraue hoch.

»Es wäre einfach eine unsagbare Bereicherung, wenn ihr bei dem diesjährigen Weihnachtskonzert auftreten würdet.«

Ich musste mich verhört haben.

Kallie zögerte und schien es tatsächlich in Erwägung zu ziehen. Laura nickte euphorisch, während ich einfach völlig überrumpelt war.

»Nein, tut mir leid.«

»Aber warum denn nicht?«

»Ms. Mills, ich kann nicht vor Publikum spielen.«

»Marty, jetzt rede keinen Unsinn! War das vorhin kein Publikum?«, fuhr Kallie mich an. Sie hatte ja recht, aber trotzdem war mir ein Auftritt beim alljährlichen Weihnachtskonzert eine Nummer zu groß.

»Mit der Leiterin eines Musikcolleges in Kalifornien, der *Genny Day School for Musical Arts*, stehe ich in gutem Kontakt. Gut möglich, dass sie jemanden zum Konzert vorbeischickt, um potenzielle Studenten zu finden. Hast du schon mal von der Schule gehört?«

Gehört? Diese Schule galt als die eindrucksvollste und abwechslungsreichste Musikschule des ganzen Landes. Für einen Platz dort würde ich alles tun!

»Ja, kann schon sein.«

»Denk einfach drüber nach«, schlug Ms. Mills vor und ich nickte.

Auf dem Heimweg bekam ich nichts anderes zu hören, als »Martin, das ist eine riesige Chance!« und »Sei nicht so feige!«

Also musste ich bei dem Konzert auftreten und mein Bestes geben, um einen guten Eindruck zu hinterlassen. Auf dieses College zu kommen war ein riesiger Traum von mir und ich könnte Wallis Grove endlich den Rücken kehren. Zwar führte ich eine gesunde Hassliebe mit meinem Heimatort, dennoch brauchte ich etwas Neues. Einen Tapetenwechsel. Andere Luft und andere Leute. Herausforderungen.

Leider brachten mich College-Träumereien an diesem Nachmittag auch nicht weiter. Kallie war mit zu uns nach Hause gekommen, damit wir endlich anfangen konnten, an unserem Referat zu arbeiten. Olivia traf nach einer Weile auch ein und wir beschlossen spontan, eine Arbeitsgruppe zu viert zu starten. Wir saßen auf dem Fußboden in meinem Zimmer, wälzten alte Lexika und recherchierten im Internet, um möglichst viel über die Geschichte unserer Leuchttürme in Erfahrung zu bringen.

Des Öfteren erwischte ich mich dabei, wie ich zu Joki und Olivia schielte, um deren Zusammenspiel zu studieren. Dabei kam ich mir vor wie ein Tierforscher. Nach einigen Minuten kam ich zu dem Ergebnis, dass die süße, blonde Olivia bis über beide Ohren in den ebenso süßen und blonden Joki verliebt war. Wie es in ihm aussah, war schwieriger zu deuten. Er schien mehr mit dem Leuchtturmprojekt beschäftigt zu sein als sie, die ihn wie ein verknallter Teenie, der sie ja auch war, anschmachtete.

»Die sind echt niedlich zusammen, oder?«, wisperte Kallie.

»Absolut.«

Glücklicherweise war der Nachmittag relativ erfolgreich und Kallie und ich schafften es, einen Großteil des Referats fertigzustellen. Dass Olivia nur Augen für Joki hatte und dieser die Aufmerksamkeit sichtlich genoss, versuchte ich zu ignorieren.

»Leute, ich bin echt müde. Lasst uns morgen weitermachen.« Meine Laune hatte ihren Tiefpunkt erreicht und ich wusste nicht einmal den Grund dafür.

»Einverstanden, ich bin auch ziemlich fertig.« Joki streckte sich und gähnte wie ein Löwe.

Olivia kicherte daraufhin und pikste ihm spielerisch mit einem Finger in den Bauch.

»Hey!«, rief er und nahm sie in den Schwitzkasten, aus dem sie sich mit einem gezielten Griff schnell wieder befreite. Sekunden später kitzelte Joki seine Projektpartnerin zu Boden, die mit feuerrotem Kopf versuchte, seinen flinken Fingern zu entkommen.

»Kitzeln ist unfair!«, rief sie und versuchte seine Hände zu greifen, doch er war schneller.

Kallie beobachtete das Schauspiel interessiert, doch ich war einfach nur genervt. Umso glücklicher war ich, als Joki Olivia kurz darauf zur Tür brachte.

Als ich nach unten ging, um mir etwas zu trinken zu holen, sah ich, dass sie sich noch verabschiedeten.

»Martin mag mich nicht besonders, oder?«, kam es von Olivia.

In meinem Hals bildete sich ein riesiger Kloß.

»Quatsch, er hat es nicht leicht gehabt in den letzten Wochen. Er hat oft Probleme, auf neue Menschen zuzugehen, aber er ist wirklich der beste Freund, den man sich wünschen kann.«

In diesem Augenblick fühlte ich mich wie das letzte Arschloch. Warum konnte ich nicht einfach zulassen, dass es nicht immer nur Kallie, Joki und mich geben konnte? Außerdem dachte ich immer, dass ich Probleme hatte, Jasper in meinem Freundeskreis zu akzeptieren, weil ich in ihn verliebt war. Doch das war mittlerweile kein Thema mehr. Für mich war es einfach undenkbar gewesen, meine beste Freundin zu teilen, und nun machte ich denselben Fehler bei Joki. Eigentlich hätte ich mich darüber freuen sollen, dass er außer mir auch noch andere Freundschaften schloss und sich nicht so isolierte, wie ich es jahrelang getan hatte.

»Gut, dann bin ich beruhigt«, sagte Olivia.

Mein Ziel war, von diesem Tag an der sozialste Mensch der Welt zu sein, dann würde ich Dutzende von Leuten kennenlernen, rausgehen und mein Leben genießen! Entschlossen zog ich mein Handy aus der Hosentasche, mit dem Vorhaben, Sam anzurufen. Zwei Tage Funkstille mussten reichen.

»Joki, ich mag dich echt.«

Meine Aufmerksamkeit schoss schlagartig wieder zu Joki und Olivia.

»Ich mag dich auch.«

Dann lehnte sich Olivia vor und drückte Joki einen kurzen, flüchtigen Kuss auf den Mund, ehe sie, wie von der Tarantel gestochen, das Weite suchte.

Joki lächelte in sich hinein. Dann rutschte mir das Handy aus der Hand und purzelte geräuschvoll die Stufen hinunter, direkt vor seine Füße. Verdammt.

Er fuhr herum.

»Hey.«

»Hey. Ich hab euch nicht belauscht.«

Offensichtlicher ging es nicht, oder?

»Schon klar.« Er nahm mein Handy vom Boden auf und kam die Treppe hinauf, um es mir zu geben, und offensichtlich glaubte er mir kein Wort.

»Jedenfalls hab ich mir überlegt, Sam anzurufen.«

»Was?«, quiekte Kallie hinter mir. Dass sie ja auch noch da war, hatte ich völlig vergessen.

»Du hast seine Nummer?«, fragte Joki.

»Er muss sie mir während des Konzerts zugesteckt haben.«

»Oh mein Gott, er steht total auf dich!« Kallie klatschte euphorisch in die Hände.

Tat er das? Es war für mich schwer vorstellbar, dass er an jemandem wie mir interessiert sein könnte. Er war mindestens vier Jahre älter als ich, hochgewachsen und hatte diesen punkigen Goth-Look, bei dem ich mir nicht mal sicher war, ob ich ihn attraktiv fand oder nicht. Doch den zugegebenermaßen atemberaubenden Kuss hatte ich nicht vergessen können. Vielleicht lag es auch einfach daran, dass es mein erster richtiger Kuss war, aber ich fühlte mich seitdem irgendwie mit Sam verbunden.

Kallie und Joki saßen mir gegenüber, als ich wählte. Meine beste Freundin schien wieder einmal total aufgeregt zu sein, obwohl *ich* gerade dabei war, einen Typen anzurufen, nicht sie. Meine Finger zitterten. Was machte ich hier nur?

Auf Jokis Lippen lag immer noch ein leichtes Lächeln, ausgelöst von Olivias Kuss.

»Vergiss nicht, den Lautsprecher anzumachen«, wies Kallie an.

»Müsst ihr mich dabei beobachten?«

»Ja«, antworteten beide wie aus einem Mund. Alles klar.

Die Nummer war eingegeben, aber ich konnte mich einfach nicht dazu überwinden, anzurufen. Was sollte ich auch sagen? Ich war nicht mehr der Junge vom Konzert, der mir rückblickend vorkam wie eine völlig fremde Person. Aber woher sollte ich wissen, dass nicht doch etwas von diesem Menschen ein Fragment meiner Persönlichkeit war, hervorgelockt von Alkohol und guter Musik? Oder verzettelte ich mich hier gerade und war im Begriff, mit Anlauf in die größte Blamage meines Lebens zu rennen?

»Egal worüber du gerade nachdenkst, du findest die Antwort nur, wenn du ihn anrufst«, kam es von Joki.

Einen winzigen Augenblick war ich davon überzeugt, dass er gerade meine Gedanken gelesen hatte. Mein Finger wanderte auf den grünen Hörer und mein Herz raste noch schneller.

»Hallo?«

»Hey, hier ist Martin. Vom Konzert. Also, ich war auf dem Konzert und du auch und ja …«, stammelte ich.

Sam musste lachen und ich wollte lebendig begraben werden.

»Dann hast du also meinen Zettel gefunden?«

»Ja, er war in meiner Hosentasche.«

»Prima, dort hab ich ihn nämlich auch hingesteckt.«

Natürlich hatte er das. Wer begräbt mich nun? Bitte?

Kallie biss die Zähne aufeinander, während Joki grinsend Zeuge meiner Schmach wurde.

»Ja, logisch.« Ein nervöses Lachen meinerseits. »Wie geht's?«

»Gut, gut! Meine Band und ich sind gerade in Kanada unterwegs.«

»Wow, das klingt aufregend.«

»Es ist ziemlich cool, ja. Hättest du Lust, dich vielleicht mal mit mir zu treffen?«

Kallie sprang auf und führte einen Freudentanz auf. Joki nickte mir energisch zu. Sam wollte sich mit mir treffen. Er hatte Interesse. An mir.

»Ja. Also, klar. Warum nicht?«

»Cool! Wo wohnst du eigentlich?«

»Wallis Grove.«

»Perfekt, ich wohne ungefähr eine Stunde von dir entfernt. Leider bin ich noch eine Weile mit der Band unterwegs, aber danach machen wir was aus, okay?«

»Okay. Super.«

»Prima! Du, ich muss wieder los. Wir schreiben uns?«

»Auf jeden Fall«, antwortete ich. Dann legte ich auf.

Part II:
Geheimnisse

7

Kallie wird übel

In den Wochen, in denen Joki bei uns gelebt hatte, war er zu einem festen Bestandteil unserer Familie geworden. Meine Eltern hatten die vorübergehende Vormundschaft für ihn erwirken können und ich liebte sie dafür, dass sie ihn so unterstützten. Der Tatsache, dass Joki für meinen Dad schon fast wie ein eigener Sohn war, stand ich gelassen gegenüber. Bei meinen Freunden hatte ich immer eine gewisse Eifersucht an den Tag gelegt, da ich Angst hatte, sie zu verlieren. Bei meinen Eltern wusste ich, dass das nie passieren würde.

Joki hatte sogar in der Firma meines Vaters einen Nebenjob angenommen, um eigenes Geld zu verdienen. Dasselbe hätte ich auch tun können, aber da mich das Scherzartikelgeschäft in etwa so viel interessierte wie Mädchen, half ich stattdessen bei meiner Mutter im Café aus. Die übrigen Stunden verbrachte ich damit, für das Weihnachtskonzert zu proben.

Zweimal hatte ich mit Ash telefoniert, der es nach ihrem Selbstmordversuch wieder besser ging. Leider wollte sie nicht, dass Joki und ich sie besuchen kamen, da sie nicht an den Abend erinnert werden wollte. Sie meinte, dass es wohl besser wäre, den Kontakt abzubrechen. Ihre Worte taten weh, doch ich akzeptierte ihren Wunsch.

Manche Dinge sollten in der Vergangenheit bleiben.

Nach unserem Telefonat tauschten Sam und ich regelmäßig Nachrichten aus. Er würde bald wieder im Land sein und bei dem Gedanken an ein Treffen zog sich mein Magen zusammen. Natürlich wollte ich das Date, aber ich hatte Angst, ohne Alkohol zu langweilig und verschwiegen zu sein. Es war ja schon eine Herausforderung für mich, eine Pizza zu bestellen, ohne vor Nervosität in Schweiß auszubrechen.

Olivia kam immer öfter zu uns, nur um sofort in Jokis Zimmer zu verschwinden. Es fiel mir schwer, es mir einzugestehen, aber sie war mir ein Dorn im Auge und wann immer ich ihr rosiges Gesicht mit der kleinen Stupsnase sah, wurde ich wütend. Niemand konnte so süß und perfekt sein, ohne eine böse Seite zu haben. Doch natürlich ließ ich mir nichts anmerken, auch wenn die Zeit, die ich mit Joki verbrachte, immer weniger wurde. Manchmal redeten wir nur abends kurz miteinander, weil er in der Schule ständig an Olivias Fersen hing und hinter ihr herdackelte wie ein Schoßhündchen.

Unsere Leuchtturmreferate wurden zum Glück ein voller Erfolg und ich war froh, wenigstens eine gute Note verbuchen zu können, da ich in allen anderen Fächern – bis auf Musik natürlich – total absackte.

In der Schule wurde es ruhiger und die Anfeindungen wurden immer weniger. Einzig Lenny ließ es sich nicht nehmen, mich bei jeder Gelegenheit zu schikanieren. Er schien auch keinen Halt vor Joki zu machen. Anfänglich schob ich es auf die Rangelei im Bus, bis ich von Olivia erfuhr, dass er ihr in den Wochen zuvor extrem auf die Pelle gerückt war. Parfümierte Liebesbriefe und selbst geschriebene Songs, die er auf eine CD gespielt und in Olivias Schließfach gesteckt hatte, waren nur ein Teil der Aufdringlichkeiten. Jede Seite, die ich von ihm kannte, triefte vor Hass und Boshaftigkeit und ich konnte ihn mir gar nicht als verliebten Menschen vorstellen.

Kallie und Jasper feierten ihr zweimonatiges Jubiläum, so wie es die Paare in Serien immer taten, die ich hasste und zugleich beneidete. Doch ihre Freude steckte mich an und ich hoffte, dass sich mit Sam etwas entwickeln würde, das mich ähnlich glücklich machen könnte. So zog der November ins Land und die Tage, bis ich ihn wiedersehen würde, schwanden nur so dahin. Die kalte Jahreszeit kam mir gelegen, da ich mir so nicht immer eine Ausrede zurechtlegen musste, warum ich nicht aus dem Haus ging. Joki und Kallie waren mit ihren Partnern beschäftigt und ich fühlte mich ohnehin immer wie das fünfte Rad am Wagen, wenn ich mit ihnen etwas unternahm, also konnte ich mich auch genauso gut mit mir selbst beschäftigen.

»*Am Ende des Tages ist es mir scheißegal, was ihr alle von mir denkt!*«, brüllte das dicke Mädchen, deren Schweißperlen das Licht der Scheinwerfer reflektierten, bevor sie wutentbrannt von der Bühne stampfte. Als sie den Juroren, bestehend aus irgendeinem Unbekannten, zwei mäßig bekannten Sängerinnen und einem uralten Musikproduzenten den Mittelfinger entgegenstreckte, verlor ich die Fassung. Nach Luft ringend begann ich mich laut lachend auf unserem Wohnzimmerteppich hin und her zu wälzen.

Meine beste Freundin starrte ungläubig auf den Bildschirm, dann zu mir, und schließlich wieder zum Fernsehgerät.

Es war zu erkennen, wie innerlich alle ihre Dämme brachen und es dauerte nicht lange, bis sie schreiend und mit Tränen in den Augen neben mir am Boden lag und wir uns die Bäuche hielten.

»Hast du gesehen, wie ihr beim Rausgehen noch die Hose runtergerutscht ist?« Die Frage war ein einziges Wimmern, da Kallie mit aller Kraft versuchte, Herr über ihr unkontrolliertes Lachen zu werden.

Zum Glück hatte sie mir am Tag zuvor vorgeschlagen, mal wieder einen Kalarty-Tag zu machen. Also einen Tag, an dem nur wir zwei etwas unternahmen. Joki war mit Olivia unterwegs und wo Jasper war, wusste ich nicht. Generell hatte ich in den letzten Tagen das Gefühl, dass Kallie ihrem Freund aus dem Weg ging.

»Es ist so cool, mal wieder etwas nur zu zweit zu machen.« Sie stopfte sich eine Handvoll Chips in den Mund. Wir schauten uns gerade die Wiederholung einer Castingshow an. Seitdem ich wusste, was Kallie gesangsmäßig draufhatte, verglich ich jeden Kandidaten mit ihr. Die meisten konnten ihr nicht annähernd das Wasser reichen.

»Was geht so in deinem Leben vor, Marty Farty? Es kommt mir vor, als würden wir kaum noch miteinander reden.«

»Nichts, alles wie immer.« Dass ich mich vernachlässigt fühlte, nur weil ich zu blöd war, mir selbst ein Liebesleben aufzubauen, wollte ich ihr nicht auf die Nase binden. Außerdem konnte ich nicht von meinen Freunden verlangen, stets und ständig meinetwegen zurückzustecken.

»Komm schon.«

»Es gibt wirklich nichts. Die meiste Zeit geht dafür drauf, für das Konzert nächsten Monat zu üben. Joki ist jetzt mit Olivia zusammen, bei dir und Jas läuft es wie geschmiert. Ich freue mich für euch.«

Kallie nickte. »Übrigens singe ich *Get Here* von Oleta Adams.«

»Was?«

»Für das Konzert. Irgendwie finde ich, dass das Lied gut passt.«

Das war in der Tat einfach perfekt für sie. »Man wird sicher noch Jahre später von deinem Auftritt reden, glaub mir.«

»Hoffentlich! Aber um den Auftritt abzurunden, brauche ich Begleitung. Auf dem Klavier. Von dir.« Sie rundete ihre Aussage mit dem berühmten Vorschieben ihrer Unterlippe ab, das sie immer einsetzte, wenn sie etwas von mir wollte.

»Ist das dein Ernst?«

»Du arbeitest viel an deinem eigenen Auftritt, aber ...«

»Natürlich begleite ich dich am Klavier! Nichts würde ich lieber tun!«, unterbrach ich sie. Es graute mir zwar davor, gleich zwei mal beim Weihnachtskonzert auf die Bühne zu müssen, aber das war es mir wert. Außerdem verdoppelte es meine Chance, einen positiven Eindruck beim Musikcollege zu hinterlassen.

»Marty, ich wusste, dass ich auf dich zählen kann!«

»Das Lied ist auch ziemlich einfach zu spielen. Auf jeden Fall einfacher, als es zu singen.«

»Das kannst du laut sagen.« Dann machte sie ein komisches Gesicht und schlug sich die Hand vor den Mund. »Ich glaube, mir wird schlecht.«

»Du bist auch ganz bleich. Vielleicht sind die Chips abgelaufen oder so.«

Sie schüttelte den Kopf. »Mh-mh.«

Dann sprang sie auf und rannte ins Badezimmer.

Da mir schon am Mittag aufgefallen war, dass Kallie ziemlich viel gegessen hatte, dachte ich mir nichts weiter dabei. Dazu kam noch, dass es total untypische Dinge waren, die ich sie vorher noch nie habe vertilgen sehen.

Als sie nach einigen Minuten nicht wiederkam, wurde ich immer unruhiger. Hoffentlich war alles in Ordnung mit ihr.

»Kallie?«, rief ich, doch ich bekam keine Antwort.

Plötzlich hatte ich das Bild von Ashlee im Kopf, wie sie weinend in ihrem eigenen Blut saß.

»Alles okay bei dir?« Diesmal rief ich lauter.

Nichts.

Besorgt ging ich den Gang entlang, bis hin zum Badezimmer. »Kal, mach bitte die Tür auf.«

»Ist offen.«

Meine beste Freundin saß auf dem Boden neben der Toilette. Ihre Augen waren gerötet und ich erkannte sofort, dass sie geweint haben musste.

»Was ist denn los?« Vorsichtig setzte ich mich zu ihr und legte meinen Arm um sie.

»Keine Ahnung, wie es weitergehen soll.« Sie schluchzte und ihre Augen füllten sich erneut mit Tränen. Im Gegensatz zu mir war Kallie kein Mensch, der schnell die Fassung verlor. Sie war immer die taffe, vorlaute Griechin und der Mensch, der sie zum Weinen bringen würde, musste erst noch geboren werden.

»Egal, was es ist, wir kriegen das hin. Aber du musst mir schon sagen, was los ist.«

Kallie schluckte. »Ich bin schwanger.«

»Was?« Das war das Letzte, womit ich gerechnet hätte. »Bist du sicher?«

Kallie nickte und schnäuzte in ein Stück Toilettenpapier. »Gestern habe ich den Test gemacht. Und dann noch einen. Und noch einen.«

»Wie konnte das denn passieren?«

Kallie und schwanger? Das konnte ich mir beim besten Willen nicht vorstellen.

»Weißt du, wenn zwei Menschen sich ganz doll lieb haben, dann legen sie sich nackt in ein Bett und der Mann …«

»Ach, halt die Klappe.«

»Sorry. Es muss bei einem unserer ersten Treffen Anfang September passiert sein. Ich war so aufgeregt. Da ist mir der Gedanke an Verhütung oder so was gar nicht gekommen.«

»Das ist nicht das Ende der Welt.«

Fürsorglich drückte ich meine beste Freundin an mich. Sie war selten in einer Situation, in der sie Trost oder Zuspruch gebraucht hätte.

»Verdammt, ich bin siebzehn! Mein ganzes Leben liegt noch vor mir und ich wollte noch so viel erleben. Jasper wird niemals bei mir bleiben, wenn er davon erfährt.«

»Dann ist er ein blödes Arschloch, aber so schätze ich ihn nicht ein. Er liebt dich über alles, das sieht ein Blinder auf hundert Meter Entfernung. Und selbst wenn, dann hast du immer noch mich.«

»Danke, Marty. Aber ich kann einfach kein Baby bekommen. Wie soll das klappen, wenn ich doch selbst noch ein halbes Kind bin?«

»Du bist die selbstständigste und erwachsenste Person, die ich kenne.«

»Aber ich hab Angst.«

»Ich weiß.«

In den sechs Jahren unserer Freundschaft war Kallie immer ein Vorbild für mich gewesen. Sie hatte sich nie etwas gefallen lassen und stand immer über allem. Ohne sie hätte ich meine Schulzeit nie überstanden, doch jetzt war ich gefragt und ich würde alles tun, um sie in dieser Situation zu unterstützen.

»Ich bringe meinen Dad noch ins Grab«, meinte sie nach einer Weile.

»Ach, der ist robust«, lachte ich und konnte ihr ein leichtes Lächeln entlocken.

»Die letzten Tage habe ich viel darüber nachgedacht und habe beschlossen, dass ich es nicht bekommen möchte.«

»Willst du nicht zuerst mit Jasper reden?«

»Nein, ich kann ihn nicht verlieren. Er darf davon nichts erfahren.«

Ihrer Entscheidung stand ich skeptisch gegenüber. Außerdem konnte ich mir nicht vorstellen, dass Jasper einer der Typen war, die ihre schwangere Freundin sitzen ließen. Kallie versprach mir jedoch, noch einmal über ihre Entscheidung nachzudenken. Als sie nach Hause ging, war ich völlig aufgewühlt. Gestern waren wir noch Kinder, hatten den ganzen Tag Zeichentrickfilme geschaut und heiße Schokolade getrunken. Heute erwartete sie ein Kind und ich war mit dem 21-jährigen Bassisten einer Rockband verabredet. Es war erschreckend, wie schnell die Zeit verging.

Mir fiel die Decke auf den Kopf, als Joki wieder nach Hause kam. Er hatte den ganzen Tag bei Olivia verbracht.

»Hey«, sagte ich, als er an meiner Zimmertür vorbeiging.

»Hey! Wie war der Tag mit Kallie?«

»Ganz lustig. Hast du vielleicht Lust, noch was zu machen?«

»In Prinzip schon, aber ich wollte eigentlich gleich wieder zurück zu Liv. Sie hat mich gefragt, ob ich bei ihr übernachten will und ich bin nur hergekommen, um ein paar Sachen zu holen.«

»Ach so, dann ein anderes Mal.«

»Ganz bestimmt!« Er trat herein und pikste mir spielerisch einen Finger in die Seite, weil er wusste, wie sehr ich das hasste, und hetzte zu seinem Zimmer.

Genervt ließ ich mich auf mein Bett fallen und hoffte, dass sich mein Leben bald in eine bessere Richtung entwickeln würde. Irgendwie war alles im Moment so schwammig und ich hatte das Gefühl, als würde ich auf der Stelle treten, während meine Freunde immer rascher an mir vorbeizogen.

Einige Tage vergingen und Kallie schien sich nicht von ihrem Vorhaben abbringen zu lassen, ihr Baby abzutreiben. Im Grunde war ich nicht in der Position, mir ein Urteil darüber bilden zu können, aber ich wusste mit Sicherheit, dass es ein Fehler war, Jasper im Dunkeln zu lassen. Kallie war keine Person, die gut darin war, Stillschweigen zu bewahren, und irgendwann würde es herauskommen. Dann hätte Jasper wirklich einen triftigen Grund, sie zu verlassen. Andererseits konnte ich auch verstehen, dass sie Angst hatte.

Wie in einer Gefängniszelle ging ich in meinem Zimmer auf und ab. Meine Gedanken kreisten um Kallie, das Baby, Sam und Joki. In mir keimte das Verlangen auf, laut loszubrüllen. Einige Wochen waren seit dem Konzert schon ins Land gezogen und ich dachte oft an das Wochenende zurück. Jedoch kam nur selten der Kuss mit Sam in meinen Kopf.

Dafür ließ ich immer öfter den Nachmittag, an dem Joki und ich in meinem Bett gelegen hatten, vor meinem inneren Auge ablaufen oder dachte daran, wie er sich während des Konzerts seines Sweatshirts entledigt und sich im Rhythmus der Musik bewegt hatte.

Spontan beschloss ich, Sam eine Nachricht zu schreiben. Motiviert tippte ich drauflos, erzählte ihm von der Schule und von einer Serie, die ich vor Kurzem für mich entdeckt hatte. Solche Dinge eben. Mit Sam wollte ich nicht tiefer gehen, noch nicht. Mir war klar, dass man Menschen, die man noch nicht lange kennt, mit zu vielen Offenbarungen abschrecken kann und ich wollte ihn auf keinen Fall vergraulen, da er der einzige Junge auf der Welt war, der Interesse an mir zeigte.

Überrascht stellte ich beim Abendessen fest, dass Joki zu Hause war. Die letzten Tage hatte er immer bei Olivia verbracht. Offensichtlich kam sie nicht gern zu uns, da sie genau merkte, dass ich sie nicht mochte. Um meinen guten Willen zu zeigen, nahm ich mir vor, sie bei der nächsten Gelegenheit zu fragen, ob sie nicht doch einmal zum Essen bleiben wollen würde.

»Mrs. B, das sieht super aus.« Joki nahm sich eine Portion des weltberühmten Bledsoe Kartoffelauflaufs.

»Was gibt es denn bei Olivia immer so zum Abendessen?«, hakte ich nach.

Joki schluckte, bevor er antworte. »Ach, das ist ganz unterschiedlich. Ihre Mutter kocht nicht besonders viel. Meistens bestellen wir uns einfach eine Pizza oder so was.«

»Ah ja«, antwortete ich.

Joki schaute mich belustigt von der Seite an, aber ich erwiderte seinen Blick nicht. Seit ich immer öfter an ihn denken musste, versuchte ich wenigstens den Augenkontakt etwas zu vermeiden.

Später am Abend wollte ich weiter für das Konzert üben, doch so sehr ich auch versuchte mich zu konzentrieren, die Tasten vor mir blieben unberührt. Morgen war der erste Dezember und ich begann allmählich die Tage zu zählen.

»Marty?« Joki klopfte an meine offene Zimmertür. »Alles gut?«

»Klar, was soll sein?«

»Keine Ahnung. Es kommt mir so vor, als hättest du irgendwas auf dem Herzen.«

»Ach Quatsch.« Ich lachte, stand auf und begann mein Zimmer aufzuräumen. Das war wirklich mal wieder nötig.

»Genau das meine ich!«

»Was denn?«

»Immer wenn du dich ertappt fühlst, fängst du an irgendwas anderes zu machen.« Das machte mich wirklich zum durchschaubarsten Menschen der Welt.

Eigentlich wollte ich weiter abstreiten, dass etwas im Argen lag, vor allem weil ich selbst nicht genau wusste, was überhaupt mein Problem war. Aber ich hatte es einfach satt, so zu tun, als wäre alles in bester Ordnung.

»Es ist einfach alles merkwürdig im Moment.« Schwerfällig plumpste ich auf mein Bett und ließ den Kopf hängen, Joki setzte sich dazu.

»Wahrscheinlich musst du mal raus. Wir haben seit Halloween nichts mehr unternommen. Pass auf, ich rufe Kallie an und dann machen wir die Stadt unsicher.«

Natürlich würde es nichts bringen, zu protestieren. Um ehrlich zu sein, freute ich mich sogar auf einen Abend mit meinen besten Freunden und Kallie würde es sicher auch guttun, mal wieder unter Menschen zu kommen.

»Habe ich diese Schätzchen also doch nicht umsonst machen lassen!« Kallie wedelte mit ein paar Plastikkarten herum und beim näheren Hinsehen erkannte ich, dass es gefälschte Ausweise waren.

»Das kann doch nicht dein Ernst sein.«

»Und wie das mein Ernst ist! Die habe ich letzte Woche besorgt.«

Fassungslos griff ich nach dem Ausweis mit meinem Bild.

»Gabe Hawthorne. Du hast uns doch nicht ernsthaft nach Charakteren aus den Hunger Games benannt, oder?«

»Oh, ich bin Peter Mellark. Den schreibt man aber anders«, kam es von Joki.

»Die Namen mussten etwas abgeändert werden, damit es nicht auffällt«, meinte sie zu ihm. Dann hielt sie mir ihren falschen Ausweis entgegen.

»Katherine Evergreen. Das ist doch ein Witz.«

»Marty, das ist doch jetzt völlig schnuppe! Hauptsache wir kommen in eine Bar rein!«

»Von mir aus!« Resigniert warf ich die Arme in die Luft. Heute wollte ich kein Spielverderber sein.

»Perfekt, denn ich habe auch schon das perfekte Etablissement für uns gefunden!« Kallie setzte ein verschwörerisches Lächeln auf. Das bedeutete sicher nichts Gutes.

Bevor es losging, schmissen wir uns in Schale. Wie immer setzte ich auf ein dezentes Outfit bestehend aus einem grauen Hemd und einer dunklen Jeans. Joki trug ein weißes, eng anliegendes Shirt und Kallie sah aus, als hätte sie vor, mit einer Zeitmaschine zurück in die Achtziger zu reisen. Ihre Haare waren hochtoupiert und ein orangefarbenes Kleid umschmeichelte ihre schlanke Figur.

Als wir an der Bar angekommen waren, schreckte ich vor der pinkfarbenen Neonbeleuchtung zurück.

»Das ist doch eine Schwulenbar«, stellte ich fest.

Eigentlich hatte ich mir vorgenommen, niemals in meinem Leben einen solchen Schuppen zu betreten.

»Ganz genau, und da gehen wir jetzt rein. Keine Widerrede!«

Der Laden hatte irgendeinen französischen Namen, den ich mir beim besten Willen nicht einprägen konnte. Joki zwinkerte mir aufmunternd zu, als er bemerkte, wie nervös ich war. Am liebsten hätte ich ihm die Augen ausgekratzt. Kallie schien ziemlich hibbelig zu sein, fast, als hätte sie seit Ewigkeiten auf den Moment gewartet, mich in solch einen Schuppen zu begleiten.

»Können wir nicht einfach zu Hause eine DVD gucken oder so?«

»Nein, können wir nicht«, fuhr Kallie mich an, als sie die Tür der Bar aufstieß und mir der Duft von Patschuli und Zigarettenrauch entgegenwehte. Mein Gesicht verzog sich automatisch zu einer gequälten Miene und ich betete zu Ellen DeGeneres, mich aus dieser Hölle zu befreien.

Im Eingang stand ein riesiger Kerl im Anzug und wir drückten ihm unsere gefälschten Ausweise in die Hand. Er sah nicht aus wie ein Hunger Games Fan. Mir fiel ein riesiger Stein vom Herzen, als er nickte und uns durchließ.

»Ist doch ganz nett hier«, bemerkte Joki und klopfte mir auf die Schulter.

Die laute Musik dröhnte in meinem Kopf und ich konnte mir wirklich keinen furchtbareren Ort vorstellen.

»Und?«, fragte Kallie erwartungsvoll, als wir unsere Jacken an der Garderobe abgaben.

Sie lotste uns zu einem Tisch und mein Blick schweifte über die halb nackten Kellner bis hin zu den blinkenden Lichterketten. »Im Moment wäre ich lieber in einem Frauenknast in Idaho als hier.«

Eine Bedienung in Form eines muskulösen Typen kam auf uns zu. Seine Ledershorts umschmeichelten seinen wohlgeformten Hintern.

»Ahoi, ihr Süßen.«

Er zwinkerte erst Joki, dann mir zu. Noch ein Zwinkerer, großartig. Joki verkniff sich das Lachen, während ich rot wurde. Kleinlaut gab ich meine Bestellung auf, eine Cola, und starrte auf eine mit violettem Plüsch verzierte Uhr, weil ich nicht wusste, was ich sonst tun sollte. Die Bar war gefüllt mit Männern jeder Altersgruppe. Manche flirteten am Tresen mit den Barkeepern, andere waren in Gespräche vertieft, nippten währenddessen an ihrem Drink, nur um sich danach lasziv mit der Zunge über die Lippen zu fahren. Ich war hier so was von fehl am Platz.

In meinem Kopf startete ich eine Debatte mit mir selbst, ob Schwulenclubs nicht noch mehr zu der Isolation Homosexueller beitrügen. Einerseits waren sie ein Treffpunkt, um Gleichgesinnte zu finden, aber andererseits grenzte man sich doch von allen anderen ab.

Joki nahm einen Schluck seines Getränkes und tippte mich an. »Hey, wollen wir tanzen?«

»Was?«

Er deutete zur Tanzfläche, auf der gerade ein Mann in einem Hasenkostüm das Tanzbein schwang.

»Wenn die ganzen Typen uns tanzen sehen, werden einige bestimmt eifersüchtig. Vielleicht hast du Glück und Bugs Bunny macht dir Avancen.«

Kallie lachte. »Komm schon, es wird bestimmt lustig!«

Letztendlich gab ich mich geschlagen. Schließlich versuchte ich den Abend zu genießen, und was wäre da besser als ein Tanz mit meinem besten Freund?

Unbeholfen versuchte ich mich halbwegs gut zu der Musik zu bewegen, aber ich hatte das Gefühl, auszusehen wie eine Ente mit Parkinson. Joki machte seine Sache sichtlich besser, doch auch er schien sich nicht wirklich mit den Beats anfreunden zu können. Überall waren Männer, die mich von oben bis unten musterten. Manche warfen mir lüsterne Blicke zu und als sich der erste Kerl in den Schritt fasste, war es bei mir vorbei.

»Wenn ich noch eine Minute länger hierbleibe, begehe ich Selbstmord.«

Joki nickte zustimmend. Bugs Bunny hatte mitgehört und schüttelte verständnislos den Kopf. Scheiß Karnickel. Es kann eben nicht jeder mögen, wie bei einer Fleischbeschau begafft zu werden, als wäre man ein saftiger Schweinenackenbraten. Kallie drängte sich an dem notgeilen Schrittfasser vorbei und kam auf uns zu.

»Jungs, ich fahre nach Hause. Mir geht es nicht besonders. Könnt ihr nachher den Bus nehmen?«

Mir war sofort klar, was los war. Die Schwangerschaft machte ihr zu schaffen. Als ich ihr sagen wollte, dass wir auch gehen wollten, kam Joki mir zuvor.

»Kein Problem, komm gut nach Hause.«

»Wird gemacht. Und Marty, nicht zu viele Typen aufreißen!«

Ich verdrehte die Augen.

»Und nun?«, fragte ich Joki, als Kallie fort war. Wir standen mittlerweile abseits der Tanzfläche und die Bar füllte sich immer weiter.

»Wir hauen ab.« Joki packte meinen Arm und zog mich durch die Menge bis zum Ausgang. Die plötzliche Berührung löste ein warmes Gefühl in mir aus.

Als wir auf der Straße vor dem Club standen, war ich froh, endlich wieder frische Luft atmen zu können. Der Club war in der Nähe des Strandes und wenn man versuchte die pulsierende Housemusik auszublenden, konnte man sogar die Wellen rauschen hören.

»Komm, ich weiß, was wir machen.« Joki führte mich zu einem Schleichweg abseits der Straße, an den eine Geröllfläche grenzte. Es war gar nicht so einfach, im Dunkeln nicht über die Steine zu stolpern.

»Was wird das hier eigentlich?«

»Abwarten.« Es war so finster, dass ich nur Jokis Augen, vereinzelte Strähnen seines hellen Haares und seine weißen Zähne erkennen konnte.

Nach ein paar Minuten standen wir wirklich am Strand. Der Wind hier war laut, genau wie ich es liebte. Nichts ist großartiger als Böen, die tosend über das Wasser und durch hochgewachsene Bäume wehen. Wäre ich allein gewesen, hätte ich meine Augen geschlossen, die Arme ausgebreitet und mir vorgestellt, davonzufliegen.

»Los, wir sind noch nicht ganz da«, rief Joki ungeduldig. Der Mond schien auf das Wasser hinter ihm und alles vor mir sah aus wie ein umwerfendes Gemälde.

Mit Joki an meiner Seite lief ich am Strand entlang und er wollte mir partout nicht sagen, wo es hingehen sollte.

»Woher kennst du dich eigentlich so gut hier aus?«

»Ich war ein paar Mal mit Liv hier.«

Natürlich war er das.

»Aber wir waren nie da oben!« Er zeigte nach vorne und mir blieb beinahe das Herz stehen. Etwa zweihundert Meter entfernt stand ein Leuchtturm.

»Das ist der Leuchtturm, über den Liv und ich das Referat gehalten haben. Wir waren öfter hier, um uns ein Bild zu machen. Er ist übrigens stillgelegt.«

»Und was wollen wir dort?«

»Das siehst du, wenn wir angekommen sind. Los, wer als Letztes da ist, putzt eine Woche lang das Bad!« Joki sprintete los.

»Warte!« So schnell wie möglich rannte ich ihm hinterher, doch meine Füße sanken immer wieder in dem feuchten Sand ein. Nach wenigen

Sekunden stand Joki schon am Turm. Als ich es dann endlich auch geschafft hatte, staunte ich nicht schlecht. Er war weiß und blau gestreift, von Nahem sah er noch höher und mächtiger aus und an der Außenwand führte eine Leiter empor.

»Wir sind immer noch nicht ganz am Ziel.« Joki deutete nach oben.

8

Leuchttürme

»Niemals! Der ist doch sicher zwanzig Meter hoch.«

»Zweiundzwanzig.«

»Ich bin doch nicht lebensmüde. Außerdem habe ich Höhenangst.«

»Du hast keine Angst vor der Höhe, sondern vor dem Fallen. Und solange ich da bin, fällst du auch nicht runter.«

Mein Blick wanderte noch einmal nach oben, dann zu Joki. Verdammt, ich wollte kein Weichei sein.

»Okay, ich klettere aber voraus, damit ich dich mit in den Tod ziehen kann, falls ich abstürze.«

»Einverstanden«, sagte er lachend. »Und guck einfach nicht runter.«

Das hatte ich auch nicht vor. Es war nicht zu fassen, aber ich begann tatsächlich die Sprossen zu erklimmen. Verrückter ging es doch auch gar nicht, oder? Gestern hatte ich mich noch gelangweilt und wollte, dass etwas in meinem Leben passiert, und nun kletterte ich einen verlassenen Leuchtturm hinauf.

Aber alles war besser als der Schwulenclub.

Ungefähr auf halber Höhe blickte ich mich um. Ein großer Fehler, denn als ich bemerkte, wie weit oben ich schon war, verkrampfte ich mich völlig.

»Es geht nicht!« Mein ganzer Körper bebte und ich würde abstürzen und sterben, dessen war ich mir sicher.

»Tief durchatmen!«

»Wenn ich noch tiefer durchatme, platzen meine Lungen!«

»Dir passiert nichts, kletter einfach weiter.«

Keine Ahnung, wie Joki so gelassen sein konnte, während ich Todesangst hatte. Dennoch nahm ich all meinen Mut zusammen und stieg weiter hinauf. Angespannt starrte ich vor mir auf das Gemäuer. Irgendwann war ich endlich an der Spitze angekommen, doch eine letzte Hürde blieb. Vor mir befand sich eine Balustrade, die eine Plattform umgrenzte. Genau über diese musste ich noch klettern.

»Joki, ich bring dich um.« Zitternd stieg ich über das Geländer und hatte kurz einen Herzstillstand, als ich in die Tiefe blickte. Als auch er auf sicherem Boden stand, umarmte er mich stürmisch. Plötzlich hatte ich das Bedürfnis, ihn zu küssen. Es lag sicher an dem Adrenalinausstoß, dass ich ihm so nah sein wollte wie nur möglich.

»War doch gar nicht so schlimm, oder?« Euphorisch hüpfte Joki herum. Dafür hatte ich nur ein Kopfschütteln übrig und außerdem war ich noch viel zu benommen, um zu reden.

»Ich muss Mom und Dad anrufen, wir schaffen es nie rechtzeitig nach Hause.« Meine Eltern waren nicht streng, jedoch wollte ich die Abmachung, um elf Uhr zu Hause zu sein, ungern brechen.

Joki hatte sich an den Rand des Turmes gesetzt und schaute auf das Meer. »Sag ihnen, dass wir den Bus verpasst haben und eine Stunde später kommen. Dann können wir noch eine Weile hier oben bleiben.«

Das war mir recht, ich hatte ohnehin nicht das Verlangen, die Leiter so bald wieder hinabzusteigen.

Als alles mit meinen Eltern geklärt war, setzte ich mich zu Joki. Obwohl es die Nacht zum ersten Dezember war, war die Luft milder als gedacht. »So viele Stunden habe ich damit verbracht, das Meer zu beobachten, aber nichts war je so beeindruckend wie das hier«, hauchte ich.

Er nickte. »Meine Mutter hat mich immer ans Meer gefahren. Als ich noch ganz klein war. Im Sommer wollte ich nie aus dem Wasser raus, selbst wenn es schon dunkel war. Irgendwie war ich immer verrückt danach.« Er ließ ein paar Momente verstreichen, ehe er weitersprach. »Weißt du eigentlich, was mein Name bedeutet?«

Ich schüttelte mit dem Kopf. Mir war neu, dass sein Name überhaupt eine Bedeutung hatte.

»Joki heißt Fluss. In der Nähe unseres Hauses war dieser Fluss und es war einfach der schönste Ort, den man sich vorstellen kann. Das Wasser war glasklar, am Rande wuchsen bunte Blumen und vom angrenzenden Waldstück kamen immer Elche, um zu trinken. Als ich noch klein war, hatten meine Eltern und ich dort viele Stunden verbracht. Wir haben gepicknickt und Spiele gespielt. Wie eine normale Familie.«

»Du vermisst es sehr, oder? Finnland, meine ich.«

»Am meisten vermisse ich meine Mutter. Keine Ahnung, ob sie überhaupt noch lebt und ich frage mich immer noch, was mein Vater meinte, als er geschrieben hat, ich solle nicht nach ihr suchen.«

»Darauf kann ich mir auch keinen Reim machen.«

Joki atmete tief durch. »Marty, ich weiß, dass ich es oft sage, aber ich bin wirklich dankbar, dass ihr mich aufgenommen habt. Du bist der beste Freund, den ich habe. Den ich je hatte.«

Ein Kloß bildete sich in meinem Hals. »Und du bist der beste Freund, den ich habe. Jedenfalls der beste männliche.« Wir mussten lachen.

»Du denkst immer, dass du schwach bist, aber du bist der stärkste Mensch, den ich kenne. So wie du mit diesen ganzen Dingen fertig wirst. Dass du es schaffst, Lenny und die anderen Idioten zu ignorieren. So wäre ich auch gern. Immer wenn es eng geworden ist, bin ich abgehauen oder habe Wutanfälle bekommen.«

Verdutzt starrte ich ihn an. Nie hätte ich gedacht, dass er so über mich dachte. Eigentlich war ich derjenige, der Joki wegen seiner Stärke bewunderte. Wir hatten völlig unterschiedliche Schicksale und gingen auch gänzlich verschieden mit ihnen um.

»Wir sollten in unserem Alter eigentlich noch gar nicht so stark sein müssen. Es kommt mir so vor, als hätte ich gestern noch mit Kreide in unserer Einfahrt irgendwelche Bilder gemalt«, stellte ich fest.

»Oder die Teletubbies geschaut!«

»Das hab ich mir nie angeguckt«, flunkerte ich.

»Lügner!«

»Okay, okay, ich gebe es zu.«

Stille trat ein und ich genoss den Ausblick auf das Meer. Hier wollte ich gar nicht mehr weg.

»Demnächst möchte ich übrigens zum Anwalt gehen, wegen des Testaments. Vanessa wird sich warm anziehen müssen.«

»Diese blöde Ziege. Meinst du, sie hat gemerkt, dass wir im Haus waren?«

»Kein Plan. Ist mir auch egal.«

»Weißt du schon, was du mit dem Geld anstellst?«

Joki grübelte nach. »Wahrscheinlich werde ich nach Finnland gehen und meine Mom suchen.«

Weil mir die Worte fehlten, nickte ich lediglich. Eigentlich hätte ich mit dieser Antwort rechnen müssen. Der Gedanke, dass Joki gehen würde, machte mich traurig. Er war zu einem wichtigen Teil meines Lebens geworden und ich wusste absolut nicht, was ich machen würde, wenn ein ganzes Meer zwischen uns läge.

Letztendlich mussten wir den Turm wieder hinunter und ich war froh, wieder festen Boden unter den Fußen und den Abstieg heil überstanden zu haben. Auf dem Heimweg erzählte Joki mir noch mehr von Finnland. Er versuchte sogar, mir ein paar Worte beizubringen, jedoch konnte ich mir bei der wilden Aneinanderreihung von Konsonanten und Vokalen, die mir in der englischen Sprache nie begegnet waren, nicht vorstellen, jemals Finnisch lernen zu können.

»Okay, jetzt zähl bis zehn.«

»Oh Gott. Moment. Äh … Yksi, Kaksi, Kolme, Neljä. Weiter komme ich nicht.«

»Viisi«, gab Joki mir vor.

»Oh, genau. Viisi, Kuusi … die anderen sind mir zu lang. Der Typ, der die finnische Sprache erfunden hat, muss sturzbesoffen gewesen sein.«

»Wahrscheinlich«, sagte Joki mit einem Lachen.

Es war schon nach Mitternacht, als wir zu Hause ankamen. Meine Eltern waren schon im Bett, also schlichen wir auf Zehenspitzen nach oben.

»Die Idee mit dem Leuchtturm war echt genial. Danke.«

»Gern geschehen.«

Jokis Lächeln versetzte mir einen leichten Stich. Was lief nur falsch bei mir?

Vor dem Schlafengehen beschloss ich noch meine Mails zu checken und tatsächlich hatte Sam geantwortet. Er schrieb, dass sein letzter Auftritt in Kanada gut gelaufen war und er im Laufe der Woche wieder in Oregon sein würde und er sich darauf freute, mich wiederzusehen. Er schien unserem Treffen wirklich entgegenzufiebern, doch bei mir blieb die Vorfreude irgendwie aus.

Am nächsten Tag versuchte ich in der Schule noch einmal mit Kallie zu reden, doch sie war nicht da. Rasch schrieb ich ihr eine Nachricht und tat mein Bestes, mich danach auf den Unterricht zu konzentrieren. Es waren nur noch wenige Wochen bis zu den Weihnachtsferien und danach standen die Abschlussprüfungen an. Mit meinem jetzigen Notendurchschnitt würde mich kein einigermaßen angesehenes College annehmen. Zwar träumte ich noch davon, die Genny Day School of Musical Arts zu besuchen, doch ich wusste auch, dass es hochgradig unwahrscheinlich war, dort einen Platz zu bekommen.

Joki und ich hatten heute keine gemeinsamen Stunden, was meinem Vorhaben, ihm etwas aus dem Weg zu gehen, ganz gelegen kam. Als ich gerade damit beschäftigt war, meine Bücher im Spind zu verstauen, tauchte Jasper auf. Er machte einen besorgten Eindruck.

»Hey, Martin. Weißt du, was mit Kallie los ist?«

»Wieso, was soll los sein?«

»Sie geht mir in den letzten Tagen aus dem Weg, heute ist sie nicht da und sie schreibt mir auch nicht zurück.«

»Ihr ging es gestern Abend nicht so gut. Ich denke sie hat einfach eine Magenverstimmung oder so was.«

»Wenn sie vorhätte, mit mir Schluss zu machen, würdest du es mir doch sagen, oder?«

»Wahrscheinlich nicht.« Er kannte wohl den Beste-Freunde-Kodex nicht. »Aber glaub mir, das ist das Letzte, was sie möchte. Mach dir nicht so viele Gedanken.«

»Okay, danke trotzdem.«

Jasper war mit meiner Antwort sichtlich unzufrieden, aber mehr konnte er von mir nicht erwarten. Kallie musste endlich ihren Mund aufmachen, sonst würde sie ihre Beziehung zerstören, und das durfte nicht passieren.

Kurz vor Schulschluss traf ich auf Ms. Mills, die wie immer total aufgedreht war. »Martin! Wie laufen die Vorbereitungen für deinen Auftritt?«

»Ganz gut, schätze ich.«

»Famos! Denk dran, dass am Donnerstag die offiziellen Proben beginnen. Und es wäre fantastisch, wenn du Kalliope Bescheid sagen könntest.«

»Kein Problem.«

»Weißt du denn schon, welches Stück du spielen möchtest?«

Darüber hatte ich mir tatsächlich schon Gedanken gemacht. »Eventuell ein selbst komponiertes Stück? Natürlich passend zum Thema.«

»Du komponierst eigene Lieder? Das ist ja wunderbar! Zauberhaft! Martin, ich kann es kaum erwarten, mich in deine musische Welt entführen zu lassen.«

Ich war mir nicht sicher, ob sie ich sie überhaupt irgendwohin entführen wollte.

»Okay. Dann bis Donnerstag.«

Heute konnte ich Ms. Mills' euphorisches Geschwafel nur schwer ertragen, weshalb ich mich schnell aus dem Staub machte.

Wie immer lief ich mit Joki zusammen nach Hause. Nach dem Drama im Schulbus damals hielten wir das für die beste Idee. Die Sonne begann schon unterzugehen. Mir gefielen die kurzen Tage in dieser Zeit des Jahres. Leider glichen die Winter an der Küste selten denen aus einem Bilderbuch. Mit Schneefällen konnte man hier in der Regel nicht rechnen.

Der WhatsApp-Ton meines Handys riss mich aus den Gedanken. Eine Nachricht von Sam.

Hey Martin, ich bin wieder im Lande. ;) Wenn du Zeit hast, könnten wir uns ja morgen treffen? 17 Uhr im Colorblind Café? Sag einfach Bescheid. Sam x

»Morgen schon?«, murmelte ich und zog Jokis Aufmerksamkeit auf mich.

»Sam?«

Ich nickte.

»Besonders begeistert siehst du aber nicht aus.«

Diese Bemerkung ließ ich an mir vorbeiziehen. »Kannst du Mom und Dad sagen, dass ich später komme? Kallie geht es nicht gut und ich wollte noch einen Abstecher zu ihr machen.«

»Klar. Oder soll ich lieber mitkommen?«

Liebend gerne hätte ich ja gesagt, doch das musste ich mit Kallie allein besprechen.

»Nicht nötig. Mom dreht durch, wenn wir beide ihre Gemüsepfanne verpassen. Wir sehen uns nachher.«

Joki nickte und zog davon.

Aufgewühlt eilte ich zum Haus von Kallies Eltern. Das Thema um Jasper und das Baby ließ mir keine Ruhe und außerdem brauchte ich ihren Rat, was Sam anging. In meinem Kopf ging so viel vor, dass ich ihn gerne einfach ausgeschaltet oder gegen eine massive Betonmauer geschlagen hätte.

Ein bekanntes Gesicht mit dunklem Vollbart öffnete mir die Tür.

»Hey, Mr. Kazokis.«

»Martin! Schön, dass du auch mal wieder den Weg zu uns gefunden hast. Efthimia, schau mal, wer da ist!«

Kallies Mutter hielt ihren Kopf aus der Küchentür.

»Das ist ja eine Überraschung! Du warst ja ewig nicht mehr bei uns, komm rein, ich bringe dir einen Ouzo«, plapperte sie los.

Es war nichts Ungewöhnliches von Kallies Eltern, mir am helllichten Tag hochprozentigen Alkohol anzubieten.

»Oh, bitte keinen Ouzo.«

»Jammerschade! Kalliope rührt seit Wochen auch keinen Tropfen mehr an. Nicht mal zur Magenanregung nach der riesigen Portion Souflaki gestern«, plapperte Mr. Kazokis.

Es war gut, dass Kallie ihr ungeborenes Baby schonte, selbst wenn sie es nicht bekommen wollte.

»Kann ich zu ihr? Ich hab ihre Hausaufgaben mitgebracht.«

»Geh nur. Und komm uns ruhig öfter mal besuchen.«

Zaghaft klopfte ich an Kallies Zimmertür.

»Wer ist da?«

»Gabe Hawthorne. Katherine, ich liebe dich, auch wenn ich für Distrikt 13 in den Krieg ziehen muss!«

»Komm rein, du Idiot.«

Das Haus von Kallies Familie war kleiner als unseres und in ihr Zimmer passten gerade so ihr Bett und ein riesiger Kleiderschrank. Sie war in eine Decke gewickelt und löffelte Schokoladeneis aus einem Becher. Ihre dunkle Mähne war zu einem Hausfrauendutt gebunden und sie trug einen Bademantel, dessen florales Muster mir beinahe Tränen in die Augen trieb.

»Du siehst aus wie ein schlechtes Klischee«, witzelte ich.

»Und du bist ein blöder Esel.« Kallie schob sich einen weiteren Löffel Eiscreme in den Mund.

»Warum warst du nicht in der Schule?«

»Weil ich das Bett nicht verlassen kann, ohne mich jedes Mal zu übergeben, wie Snooki in der ersten Folge von Jersey Shore. Seit dieses Kind in mir heranwächst, ist mir morgens so übel, dass ich mit dem Gedanken spiele, mich aus dem Fenster zu stürzen.«

»Irgendwo hab ich mal gelesen, dass es sich im Laufe der Schwangerschaft legen soll.«

»Was du nicht alles liest.«

Ich legte mich neben sie und starrte an die Decke. »Kallie, ich rede dir ungern in deine Entscheidungen rein, aber ich finde, du solltest mit Jasper darüber sprechen.«

Sie setzte sich auf und starrte mich an. »Hat er was zu dir gesagt?«

»Er macht sich Sorgen. So wie du ihm aus dem Weg gehst, ist das auch kein Wunder. Er denkt, du willst Schluss machen.«

»Scheiße.« Kallie vergrub ihr Gesicht in ihren Händen. »Nachher werde ich es meinen Eltern sagen.«

Das war wirklich das Letzte, womit ich gerechnet hätte.

»Es geht nicht anders. Sie denken, ich hätte Bulimie oder so was.«

Das war typisch. »Soll ich dabei sein?« Ihre Eltern waren toll und ich konnte sie gut leiden, doch Jannis und Efthimia Kazokis besaßen ein mindestens zehn Mal so großes Temperament wie ihre Tochter.

»Nein, das muss ich allein machen. Außerdem glaube ich nicht, dass du hier sein willst, wenn Dad die Bude auseinandernimmt. Und jetzt erzähl mir, was bei dir so los ist, ich brauche Ablenkung.«

Das war wohl mein Stichwort. »Sam hat mir vorhin geschrieben. Er will sich morgen mit mir treffen.«

»Das ist doch super! Du klingst aber irgendwie nicht so begeistert.«

»Will ich das alles überhaupt? Der Kuss war zwar schön und gut, aber ich weiß nicht, ob er der Richtige ist, weißt du?«

»Du gehst die Sache falsch an, Marty Farty. Seit Jahren bin ich in Jasper verliebt, aber hat es mich je davon abgehalten, mich mit anderen Jungs zu treffen, bevor wir zusammengekommen sind? Nein. Du musst etwas ausprobieren, um wirklich wissen zu können, wie du fühlst.«

Kurz grübelte ich über ihre Worte nach. »Wahrscheinlich hast du recht.«

»Freundchen, ich habe immer recht! Und weißt du was? Warum machen wir nicht einfach ein Dreierdate daraus? Jasper und ich kommen mit und vielleicht haben Joki und Olivia auch Lust. Dann sind wir in der Nähe und du bist nicht allein mit deinem heißen Rockstar.«

Ob mir dieser Vorschlag gefiel, wusste ich nicht. »Nur wenn du mir versprichst, mit Jasper zu reden.«

Kallie seufzte. »In Ordnung.«

Als ich mich wieder auf den Heimweg machte, war meine Laune deutlich besser. Kallie wollte ihren Eltern und Jasper von der Schwangerschaft erzählen und ich wusste, dass es die richtige Entscheidung war. Meinem Date am nächsten Tag stand ich nun auch gelassener gegenüber, immerhin würden meine Freunde dabei sein und ich wäre Sams Nähe nicht gänzlich ausgeliefert.

»Klar bin ich dabei! Liv und ich wollten morgen sowieso was unternehmen.« Somit war es amtlich: Morgen hatte ich ein Date mit Sam und zwei bereits glückliche Pärchen würden mich begleiten. Wunderbar.

»Aufgeregt?«, hakte Joki nach.

»Ja. Keine Ahnung, ich hatte noch nie ein Date. Ich weiß gar nicht, wie so was funktioniert.«

»Da gibt es nicht viel zu wissen. Es kommt einfach von selbst. Als ihr euch geküsst habt, hat es doch auch geklappt, ohne dass du dir vorher genau zurechtgelegt hast, was du tun wirst.«

»Ja, da war ich auch betrunken.«

Joki stupste mich an. »Marty, das wird schon. Wenn du jemandem direkt gegenübersitzt und merkst, dass ihr auf einer Wellenlänge seid, dieses Gefühl ist großartig. Wenn dir die kleinsten Details an der Person auffallen und du dich in ihnen verlierst, das ist einfach unbeschreiblich. Triff dich mit Sam und versuche es. Lass dir diese Erfahrungen nicht nehmen.«

Mein Mund war staubtrocken. Unsere Blicke trafen sich, ein ermutigendes Lächeln lag auf seinen Lippen.

Schließlich holte ich mein Handy heraus und schickte Sam meine Zusage.

Aufgeregt zog ich ein Hemd in einem grünen Pastellton an und kombinierte es mit einer grauen Jeans. Unentschlossen stand ich vor dem Spiegel und drehte mich um die eigene Achse. Es sah gar nicht mal so übel aus. Dazu trug ich schlichte, dunkelgraue Chucks. Dezent, so wie ich es mochte.

Mein schwarzes, unbändiges Haar, welches ich für gewöhnlich nur mit einem Kamm bearbeitete, um nicht auszusehen wie ein Penner, bekam eine besondere Behandlung. Weil ich selbst keines besaß, benutzte ich Haargel von Joki und brachte meine Frisur damit in Form.

Kallie hatte mich am Morgen angerufen, um mir mitzuteilen, dass Mr. und Mrs. Kazokis wahnsinnig geworden wären. Wider Erwarten hatten sie die Nachricht über die Schwangerschaft ihrer Tochter freudig aufgenommen. Ihre Eltern waren immer für eine Überraschung gut.

Zufrieden mit meinem Outfit und den Haaren, fehlte nur noch der richtige Duft. Zwar war ich nicht besonders eitel, doch es war mir schon immer wichtig, gut zu riechen. In einem kleinen Schränkchen bewahrte ich verschiedenste Flacons auf. Eins nach dem anderen probierte ich aus, doch sie schienen alle leer zu sein. Ausgerechnet heute!

»Hey, Casanova!« Joki stand im Türrahmen.

»Mensch, du bist ja heute wieder besonders lustig. Meine verdammten Parfums sind alle leer.«

»Oh, warte kurz.«

Er ging nach nebenan und kam kurz darauf mit einem kleinen Fläschchen in der Hand wieder. »Augen zu«, sagte er, bevor er mich einsprühte.

Nun roch ich wie er und ein komisches Gefühl überkam mich. »Perfekt. Danke.«

Als Joki wieder verschwunden war, zog ich mein Hemd über die Nase und atmete ein.

Die Minuten bis zum Date vergingen in Windeseile und ich wurde zusehends nervöser. Sam und ich hatten uns lediglich einmal gesehen, und das auf einem Konzert, auf dem er mich betrunken gemacht und abgeknutscht hatte.

Plötzlich war ich noch erleichterter, dass Kallie, Jasper, Joki und Olivia auch mitkamen.

Das *Colorblind* war ein kleines Café am Stadtrand von Wallis Grove und viel moderner eingerichtet als das Crumbles, der Laden meiner Mutter. Alles hier war in Schwarz-Weiß gehalten und der Boden sah aus wie ein riesiges Schachbrett. Wir waren ziemlich früh dran, sodass sich Joki und Olivia schon an einen Tisch setzten. Nervosität strömte durch meinen Körper wie lähmendes Gift und meine Knie wurden weich wie Pudding. Ich spielte ernsthaft mit dem Gedanken, wieder nach Hause zu gehen.

Kallie schob mich zu einem Tisch am Fenster. »Marty, das wird schon. Jeder ist beim ersten Date aufgeregt.«

»Ich muss mich übergeben.«

Sie warf lachend den Kopf in den Nacken. »Reiß dich jetzt zusammen! Jasper und ich setzen uns da vorne hin. Gib mir einfach ein unauffälliges Handzeichen, wenn es blöd läuft. Dann retten wir dich.«

»Und was für ein Handzeichen soll das sein?« Das Ausstrecken des Mittelfingers war mein persönlicher Favorit.

»Kratz dich einfach an der Nase. Oh, ich glaube, er kommt.«

»Wo? Oh Gott.«

Kallie huschte zu ihrem Tisch. Mein Pulsschlag geriet außer Kontrolle, als ich Sam die Straße entlanggehen sah. Er war ganz in Schwarz gekleidet und eine Lederjacke unterstrich seinen rebellischen Rocker-Look.

Was mach ich jetzt? Sollte ich aufstehen, wenn er reinkam, oder sitzen bleiben? Die Hand geben oder umarmen? Warum musste dieser ganze Kram so kompliziert sein?

Und dann stand er plötzlich vor mir und ich konnte auf nichts anderes achten als auf seine strahlend blauen Augen, die mich sofort von oben nach unten scannten. Gefiel ich ihm oder war er enttäuscht? Hatte er mich anders in Erinnerung?

Dann lächelte er und mein Herz machte einen Satz. Zitternd stand ich auf.

»Hallo. Toll siehst du aus.« Sam umarmte mich kurz. Er roch außerordentlich gut. Nach irgendeinem teuren Aftershave, das meine Sinne völlig vernebelte.

»Das kann ich nur zurückgeben«, versuchte ich so souverän wie möglich zu erwidern. Wir setzten uns und ich konnte den Blick einfach nicht von seinen Augen lassen. Sie waren irgendwie herausfordernd und einschüchternd zugleich. Schnell rief ich mir Kallies Ratschläge in Erinnerung:

Auf gar keinen Fall nur über mich sprechen.

Keine merkwürdige Stille aufkommen lassen.

Immer schön lächeln.

Es war schwierig, meine beste Freundin zu ignorieren, da sie mir unentwegt ihren hochgehaltenen Daumen entgegenstreckte.

»Möchtest du was trinken? Natürlich lade ich dich ein.«

Kallie zog die Augenbrauen hoch und nickte anerkennend.

»Danke, ich nehme eine heiße Schokolade.«

Sam winkte eine langbeinige, blonde Bedienung herbei, auf deren Namensschild *Sally* stand.

»Hey, was kann ich euch bringen?«, hauchte sie und spitzte etwas ihre Lippen. Sie würdigte mich keines Blickes, denn offensichtlich waren Sams Augen interessanter. Willkommen im Club, Sally.

»Eine heiße Schokolade und einen Kaffee, bitte. Schwarz.«

»Heiße Schokolade, eine ausgezeichnete Wahl. Bist du öfter hier?«, plauderte sie los und blinzelte gewollt verführerisch.

»Ab und zu«, antwortete Sam.

Sie stützte sich mit den Händen auf den Tisch, als hätte sie vor, fröhlich weiterzuflirten. Mit meiner Verabredung.

Mit einem Räuspern lenkte ich ihre Aufmerksamkeit zu mir.

»Die heiße Schokolade ist übrigens für mich. Mit Sahne bitte und streu mir doch etwas Zimt drüber, ja?«

Verdutzt starrte sie mich an. »Kein Problem«, hauchte sie zuckersüß und machte sich vom Acker.

»Die Bedienungen hier waren auch schon mal professioneller«, bemerkte Sam amüsiert.

»Hör doch auf, so was passiert dir doch sicher ständig.«

»Dass Frauen mit mir flirten? Gelegentlich.«

Mir entfuhr ein Lachen. »Gelegentlich? Alles klar.«

Sam musterte mich. »Was soll das jetzt heißen?«

»Na ja, du bist Bassist einer Rockband. Wenn das kein Frauenmagnet ist, dann weiß ich auch nicht.«

»Okay, durchschaut. Aber sag mir nicht, dass dich niemals ein Mädchen anspricht.«

Das fand ich wirklich zum Brüllen. »Man sieht mir, glaube ich, schon an, dass ich am anderen Ufer fische.«

Unterstützend machte ich eine merkwürdige Handbewegung, für die ich mich sofort verfluchte. Außerdem hasste ich diese Ufer-Metapher, aber mir fiel schlichtweg nichts Besseres ein.

Sams Grinsen nahm mich gefangen. »Das glaub ich dir nicht.«

Er flirtete mit mir und es machte verdammt viel Spaß.

»Ach so, also hast du mich auf dem Konzert geküsst, weil du dachtest, ich würde auf Mädchen stehen?« Ich gab mir eine imaginäre Ohrfeige. Warum musste ich jetzt den Kuss erwähnen?

»Du bist ziemlich schlagfertig«, stellte Sam fest, als Sally mit unseren Getränken angedackelt kam. »Erzähl doch mal etwas von dir, ich weiß praktisch gar nichts über dich.«

Sam schien an mir interessiert zu sein und ich dachte an das letzte Mal zurück, als ich mein Leben vor einem anderen Menschen offenbart hatte. Damals war es Joki gewesen, dem ich alles über mich gesagt hatte.

Der saß mit Olivia an einem Tisch im hinteren Bereich des Cafés. Sie unterhielten sich angeregt über irgendetwas. Ihre Hand lag in seiner und er massierte mit seinem Daumen zärtlich ihre Finger. Dieses Bild rief die Erinnerung an den Abend auf dem Leuchtturm und die Zweisamkeit mit ihm hervor. Dort hatte es keine Olivia und auch keinen Sam gegeben, nur uns und das Meer.

»Martin?«

»Sorry, ich war in Gedanken. Was gibt es über mich zu erzählen? Nun, ich bin im letzten Jahr auf der Highschool, ich spiele Klavier und ich vergöttere Erdnussbutter. Könnte ich den ganzen Tag essen.«

»Ach, du machst auch Musik? Wie genial!«

»Ja, schon irgendwie. Aber man kann es sicher nicht mit deiner Musik vergleichen.«

»Ist doch völlig egal. Du musst mir unbedingt mal was vorspielen.«

»Aber nur, wenn ich mal was von deiner Band zu hören bekomme. Wie heißt ihr überhaupt?«

»*Donaghy Drive*. Benannt nach der Straße, in der ich als Kind gewohnt habe. Unser Album ist letzten Monat erst erschienen. Wenn du magst, bring ich dir beim nächsten Mal eine CD mit.«

Beim nächsten Mal.

»Gerne! Aber bitte mit Signatur und Widmung.« Mir fiel es immer leichter, mich ausgelassen mit Sam zu unterhalten. Meine Angst nahm immer mehr ab und die Zeit verging wie im Flug. Wir philosophierten eine Weile über die Musikindustrie und Sam erklärte mir, wie er es mit seiner Band tatsächlich in ein Plattenlabel geschafft hatte.

»So, ich muss leider auch schon wieder los. Bandprobe und der ganze Kram. Aber wir wiederholen das, oder?«

»Klar, ruf mich einfach an.« Ich wollte versuchen zu zwinkern wie Joki, doch ließ es dann doch lieber sein.

»Was bist du? Das kann doch nicht wahr sein!« Das laute Gebrüll ließ alle Gäste des Cafés aufschauen. Jasper war von seinem Stuhl aufgesprungen, der durch die Wucht lautstark umfiel. Kallie versuchte ihn am Arm festzuhalten, doch er riss sich immer wieder los.

»Jas, lass uns doch normal darüber reden. *Bitte.*«

Jasper stürmte fluchend aus dem Café, dicht gefolgt von einer verzweifelten Kallie. Joki schaute verwirrt zu mir herüber. Mir war natürlich sofort klar, was los war.

»Sam, ich muss da hinterher. Wir telefonieren, okay?« Rasch stand ich auf und wollte Kallie nachlaufen, als Sam mich festhielt.

»Warte kurz.« Dann presste er seine Lippen auf meine und mich durchströmte direkt das wohlige Gefühl, welches ich schon von unserem ersten Kuss kannte. Hoffentlich schaute Sally gerade zu uns herüber. Dann ließ Sam von mir ab. »Mach's gut, ich ruf dich an.«

Joki schaute nun noch verdutzter aus der Wäsche, aber ich hatte keine Zeit, mich seinen Fragen zu stellen. Benommen von dem kurzen Überfall stürzte ich hinaus und schaute mich nach Kallie um. Schnell entdeckte ich sie, weinend und wie ein Häufchen Elend auf dem Bürgersteig sitzend.

»Kal, was ist passiert?«

»Gerade hab ich es ihm gesagt und dachte, nachdem es meine Eltern so gut aufgefasst haben, reagiert er vielleicht auch positiv darauf. Jetzt ist alles aus.«

Hass ist etwas Schlimmes, aber gleichzeitig auch ein aufregendes Gefühl. Seine Wut zu entladen kam einer Droge gleich. Einem Rausch, in den man sich immer wieder flüchten möchte. Und in diesem Moment hasste ich Jasper.

»Wo ist er hin?« Die Frage war ein einziges Knurren. Mir war neu, dass ich solche Geräusche von mir geben konnte.

Kallie deutete nach rechts.

»Was ist hier überhaupt los, Leute?« Joki kam dazu und hatte natürlich Olivia an der Hand.

Das machte mich noch wütender. Meine Hände wurden zu Fäusten und ich rannte los. Wenn Jasper dachte, er könnte sich so einfach aus der Affäre ziehen, dann hatte er sich gewaltig geschnitten!

Nach wenigen Metern sah ich ihn. Meine Schritte wurden langsamer und ich atmete tief ein.

»Hey, Arschloch!« Es tat gut, ihn zu beschimpfen, und es hier auf offener Straße herauszubrüllen ging sogar mit einem gewissen Nervenkitzel einher.

Jasper drehte sich kurz um und ging weiter, als er mich sah. Er ging weiter! Als wäre das, was ich ihm zu sagen hatte, unwichtig. Als wäre ich unwichtig. Verdammt, ich war es so leid, ständig belächelt und nie ernst genommen zu werden.

Deshalb lief ich ihm hinterher, bis ich ihn eingeholt hatte. Dann, ich konnte es selbst kaum fassen, schlug ich ihm mitten ins Gesicht. In Filmen und Serien kam es mir immer so heldenhaft und leicht vor, doch das hatte leider wenig mit der Realität zu tun. Meine Hand begann höllisch zu schmerzen und ich war mir für eine Sekunde sicher, mir etwas gebrochen zu haben.

»Was zum Teufel, Martin!« Jasper hielt sich stöhnend die Nase.

Er würde zurückschlagen, das wurde mir plötzlich klar. Schon war meine Wut verflogen und wich der Angst, nun selbst was auf den Deckel zu bekommen.

»Na los! Schlag zurück!« In meinen bisherigen siebzehn Lebensjahren hatte ich noch nie so eine große Klappe riskiert. In diesem Augenblick erkannte ich mich selbst kaum wieder.

»Mit dir werde ich mich bestimmt nicht prügeln.« Jasper spuckte Blut auf den Gehweg. Hatte ich ihn gerade tatsächlich blutig geschlagen?

»Wie? Schlägt man als ganzer Kerl keine Schwuchteln wie mich? Um ein richtiger Mann zu sein, lässt man wohl nur seine schwangere Freundin sitzen.«

»Das geht dich überhaupt nichts an!« Jaspers Gesicht war feuerrot und ich bildete mir ein, Tränen in seinen Augen schimmern zu sehen.

»Und wie mich das was angeht! Für dich bin ich vielleicht eine Witzfigur, aber wenn du meine beste Freundin verletzt, dann bring ich dich um.«

Jasper war still und starrte mich nur an. Gut so.

»Und ruf dir mal in Erinnerung, wie Babys überhaupt entstehen. Dazu gehören immer zwei, also werde endlich erwachsen.«

Jasper setzte sich auf den Bürgersteig und vergrub sein Gesicht in den Händen. »Martin, du weißt, dass ich sie liebe.«

Atemlos starrte ich zu ihm herunter. »Und sie liebt dich. Nur leider ist sie gerade diejenige, die heulend am Straßenrand sitzt.«

»Es tut mir leid, ich war einfach so geschockt. Wir sind doch noch viel zu jung und … ich weiß auch nicht.«

»Sag ihr das am besten selbst«, schlug ich vor und tatsächlich kam Jasper mit zum Café zurück.

Ein Blick ins Schaufenster zeigte Joki und Olivia, die auf Kallie einredeten, welche noch sichtlich am Boden zerstört war. Als wir das *Colorblind* betraten und sie Jasper sah, wendete sie sofort den Blick von ihm ab.

»Kallie, lass uns reden. Es tut mir leid, aber du hast mich überrumpelt.« Jasper schob einen Stuhl an den Tisch heran, setzte sich neben seine Freundin und nahm ihre Hand. »Schau mich an.«

Sie war schon längst nicht mehr sauer, das sah ich sofort. Doch diesen Moment musste sie jetzt auskosten.

»*Bitte*«, legte er nach und strich ihr eine Strähne hinters Ohr. Daraufhin wandte sie sich ihm schließlich zu.

»Blutest du?« Sie begann mit einer Papierserviette seine Nase abzutupfen.

»Anscheinend hast du einen guten Beschützer«, antwortete Jasper und deutete zu mir. Seufzend nahm ich mir auch einen Stuhl und setzte mich zwischen Jasper und Joki. Kallie starrte mich ungläubig an.

»Du hast ihn geschlagen?«

»Glaub mir, ich habe mehr Schmerzen als er.« Vorsichtig schüttelte ich meine Hand aus.

»Zeig mal her«, kam es von Joki, als er nach ihr griff. Unter seiner Berührung wurde mir heiß und ich wollte meine Finger zurückziehen.

»Tut das weh?« Er drückte auf eine Stelle zwischen zwei Knöcheln.

»Autsch! Ja!«

»Wahrscheinlich nur geprellt«, meinte Joki und ließ meine Hand wieder los, doch irgendetwas in mir wollte die Berührung nicht beenden, also ließ ich sie noch eine Sekunde in seiner ruhen, bevor ich sie rasch wegzog. Außer Joki, der mir ein winziges Lächeln schenkte, schien dies niemand bemerkt zu haben. Fand er diese Situation nicht merkwürdig? Peinlich berührt knetete ich meine Finger unter dem Tisch, während Kallie und Jasper in Ruhe miteinander sprachen. Joki widmete sich inzwischen wieder Olivia. Wieder einmal staunte ich, wie perfekt die beiden zusammen aussahen. Wie der König und die Königin des Abschlussballs. Umgeben von diesen zwei Vorzeigepärchen schweiften meine Gedanken zu Sam und dem Kuss und irgendwie war ich mir sicher, dass das mit uns etwas werden könnte.

Irgendwann stand Kallie auf und ich bot ihr an, sie zu begleiten. Sie wimmelte Jasper mit dem Vorwand ab, erst mal Zeit zum Nachdenken zu brauchen. Joki brachte Olivia nach Hause, also waren nur meine beste Freundin und ich übrig. So, wie es vor Monaten noch gewesen war. Damals gab es kein Gefühlschaos, keine Schwangerschaft und auch keine Faustschläge.

»Marty, danke, dass du dich so für mich eingesetzt hast.«

»Dafür sind beste Freunde doch da. Und wenn du meine Meinung hören willst: Jasper meint es ernst, da bin ich mir sicher. Klar war es mies, dass er erst mal abgehauen ist, aber du warst doch auch total durch den Wind, als du von der Schwangerschaft erfahren hast.«

Kallie seufzte. »Ich will ihn einfach nicht verlieren, weißt du? Aber das Baby genauso wenig.«

Das verdutzte mich jetzt. »Du wolltest es doch abtreiben lassen?«

»Nicht mehr. Meine Eltern freuen sich schon so darauf und um ehrlich zu sein, finde ich den Gedanken an ein Baby gar nicht mehr so furchtbar.«

Sie legte ihren Kopf an meine Schulter. »In mir lebt etwas, Marty. Etwas, das mich braucht.«

9

Lenny schwört Rache

Glücklich und erleichtert darüber, dass Kallie das Baby behalten wollte, kam ich an diesem Abend nach Hause. Auch das Date mit Sam war von meiner Seite aus ein voller Erfolg gewesen und ich fragte mich, wie es wohl mit uns weitergehen würde. Waren wir jetzt zusammen? Ab wann war man eigentlich zusammen? Musste man es erst aussprechen, damit es offiziell war, oder merkte man so was einfach? Sams Kuss sollte doch eigentlich etwas Klarheit gebracht haben, dennoch war ich mir unsicher, was ich von dem Ganzen halten sollte. Das Einzige, was ich mit Sicherheit sagen konnte, war, dass ich es versuchen wollte. Sam war lustig, klug und sah unglaublich gut aus. Etwas Besseres konnte mir doch nicht passieren, oder?

Im Internet tippte ich *Donaghy Drive* in die Suchleiste ein und stieß auf diverse Liveauftritte und klickte den erstbesten an. Zuerst war die Musik gewöhnungsbedürftig, doch nach einigen Augenblicken fand ich tatsächlich Gefallen an den harten Klängen und den verzerrten Beats. Die Band war definitiv nichts für die breite Masse, aber gerade das gefiel mir. Die Sängerin Tiffany, die ich auch auf dem Konzert getroffen hatte, brüllte die Texte in das Mikrofon und Sam zupfte wild am Bass. Er war in seinem Element, seine Locken hüpften auf und ab wie kleine Sprungfedern, als er seinem Instrument die Töne entlockte.

Irgendwann zwischen dem siebten und zehnten Video klopfte es an meiner Tür. Meine Mom kam herein und ich klappte meinen Laptop zu.

»Alles okay, Mom?«, fragte ich, als sie sich auf mein Bett setzte.

»Klar. Nur habe ich dich den ganzen Tag nicht zu Gesicht bekommen, also dachte ich mir, ich schau mal rein. Generell bist du in den letzten Tagen so still.«

Es war offensichtlich, dass meine Eltern sich nach dem Vorfall mit Lenny noch immer um mich sorgten.

»Es ist momentan nur etwas stressig in der Schule und das Weihnachtskonzert steht bald an.«

»Das weiß ich, Schatz. Geht sonst noch irgendetwas in deinem Leben vor? Mir ist klar, dass man mit siebzehn nicht alles mit seinen Eltern beredet, aber seitdem zwei Teenager im Haus sind, habe ich das Gefühl, gar nichts mehr mitzubekommen.«

Sollte ich meiner Mom von Sam erzählen? Warum eigentlich nicht?

»Es gibt da schon etwas. Na ja, ich hatte heute eine Verabredung mit einem Jungen.«

Die Augen meiner Mutter weiteten sich und ich befürchtete, dass ihre Augäpfel gleich aus den Höhlen kullern würden.

»Das ist ja großartig! Erzähl mir von ihm!«

Die Reaktion meiner Mutter erfüllte mich mit Stolz und ich klappte selbstbewusst den Laptop auf und startete das Video. »Das ist er.«

Stolz zeigte ich auf Sam, der gerade auf die Knie fiel, um ein Solo hinzulegen. Perfektes Timing.

»Wow.« Meine Mom nickte beifällig. Andere Mütter hätten wahrscheinlich Bedenken geäußert, weil Sam vier Jahre älter war und in einer Rockband spielte, doch sie kannte mich gut genug, um mir zu vertrauen, die richtigen Entscheidungen zu treffen. Und selbst wenn ich mit Sam einen Fehler machen würde, wäre es eine Erfahrung, die mein Leben auf lange Sicht nur bereichern würde.

Wir redeten noch eine Stunde über Gott und die Welt und ich erfuhr, dass Mom vor meinem Dad auch mal mit einem Rockmusiker zusammen gewesen war. Anscheinend fiel der Apfel nicht weit vom Stamm.

Seit sie das Café übernommen hatte, verbrachte sie immer weniger Zeit mit mir und gerade deswegen genoss ich diese Momente, in denen wir einfach nur über irgendwelchen Kram quatschten.

»Du bist vorsichtig, ja?«, fragte sie beim Rausgehen.

»Klaro, Mom. Du kennst mich doch.«

»Verdammt!«, rief ich etwas zu laut und schaute mich kurz um, um sicherzugehen, dass mich niemand gehört hatte. Es war Donnerstagnachmittag und die Sporthalle, die in kürzester Zeit zu einer Art Konzertsaal mit Bühne und Sitzplätzen umfunktioniert wurde, war menschenleer. Die Proben für das Weihnachtskonzert standen an und ich versuchte mich schon mal an meinem Song, den ich gestern Abend noch perfekt hatte spielen können. Komischerweise hörte sich heute jeder Ton wie das unbeholfene Geklimper eines Schimpansen an.

Das Stück, welches ich in den letzten Wochen komponiert hatte, hieß *Lumi*. Es war eine langsame Ballade mit Intro, Klimax und Outro. Inspiriert hatte mich Joki mit einer Geschichte, die er mir einmal erzählt hatte.

Er war fünf oder sechs Jahre alt gewesen, als der kälteste und schneereichste Winter über sein Dorf in der Nähe von Helsinki hereingebrochen war. Er beschrieb es als eine der schönsten Erinnerungen aus seiner Kindheit in Finnland und ich hatte mir Mühe gegeben, die Stimmung dieses Tages in dem Stück festzuhalten. Natürlich hatte ich Joki nicht auf die Nase gebunden, dass seine Erzählung mich zu diesem Song angeregt hatte.

Ein flüchtiger Blick auf die Uhr verriet mir, dass die anderen in wenigen Minuten hier sein würden, um ihre Auftritte zu perfektionieren. Ich wusste nur, dass Kallie und ich jeweils eine Performance auf dem Weihnachtskonzert hatten und ich konnte mir nicht vorstellen, dass in meinem Jahrgang genug Leute mit musikalischem Talent waren, um einen ganzen Abend zu füllen.

»Martin, du bist früh dran!«

Ms. Mills tänzelte in die Halle und nahm ihren voluminösen Wollschal ab. Sie stellte sich in die Mitte der Halle, breitete erst die Arme aus und klatschte dann in die Hände.

»Perfekt! Die Akustik hier ist atemberaubend! Und wie die Atmosphäre erst sein wird, wenn die ganzen Lichter leuchten und die Dekoration aufgestellt ist! Bei dem Anblick wird sich Jesus wünschen, jeden Tag geboren worden zu sein.«

Sie hatte echt einen an der Waffel.

Im Laufe der nächsten Minuten füllte sich die Sporthalle stetig und ich konnte nicht glauben, wie viele Leute wirklich in der Vorbereitung des Konzerts involviert waren.

»Marty!« Kallie lief mit Joki im Schlepptau auf mich zu.

»Die Griechin und der Finne. Wem habe ich diesen multikulturellen Besuch zu verdanken?«

»Falls du es vergessen hast: Auch ich trete beim Konzert auf.« Kallie warf ihr braunes Haar spielerisch über die Schulter und streckte wie eine Diva die Brust heraus. »Mimimi«, zirpte sie. »Meine Stimme muss aufgewärmt werden.«

»Noch mehr? Du hast mir auf dem Weg hierher alle Nummer-eins-Hits von Kelly Clarkson vorgesungen, und das waren nicht wenige. Wenn du dich noch weiter aufwärmst, gehst du in Flammen auf«, meinte Joki.

»Papperlapapp! Das waren nur vier Songs und als richtige Sängerin muss man mehrere Stunden lang makellos abliefern! Und ich werde bestimmt kein Playback-Häschen.« Wenn Kallie etwas war, dann selbstbewusst.

Joki erklärte mir, dass er sich bereit erklärt hatte, beim Bühnenbild und der Dekoration zu helfen. Mir gefiel die Vorstellung, dass er den ganzen Nachmittag in meiner Nähe sein würde und nicht bei Olivia.

Genau dieser Gedanke verflüchtigte sich schnell wieder, als ich genau diese die Halle betreten sah. Ihre blonden Haare waren zu einem braven Zopf gebunden, der sie wie ein schwedisches Schulmädchen aussehen ließ. Dicht hinter ihr ging Lenny und redete auf sie ein.

»Was will der denn hier?«

Unsere Aufmerksamkeit schoss schlagartig zu dem Widerling, der Olivia gerade am Arm packte und sie näher an sich heranzog. Wütend riss sie sich los und brüllte etwas, das sich anhörte wie »Lass mich in Ruhe!«.

»Diesen Wichser mach ich fertig! Hey!«

Joki stürmte zu seiner Freundin, Kallie und ich folgten ihm.

»Olivia, hör mir doch mal zu! Die ganzen Briefe, die ich dir geschrieben habe, und die Geschenke … das kann doch nicht alles umsonst gewesen sein! Dir habe ich mein verficktes Herz ausgeschüttet!«

So hatte ich Lenny Levinsky noch nie erlebt. Den sonst so widerlichen und gleichgültigen Schleimbeutel dermaßen verzweifelt und liebeskrank zu sehen, war eine Genugtuung sondergleichen.

»Nimm die Finger von meiner Freundin!«

Joki stellte sich schützend vor Olivia, der die Angst deutlich ins Gesicht geschrieben stand. Sie tat mir leid, denn ich wusste, wie es war, Lenny ausgeliefert zu sein.

»Du Arschloch hast alles zerstört! Plötzlich schleppt diese Schwuchtel dich hier an und du nimmst mir meine Freundin weg!«

»Ich war nie deine Freundin«, quiekte Olivia atemlos. Wutentbrannt stürzte sich Joki auf Lenny, welcher die Attacke nicht hatte kommen sehen und mit voller Wucht auf den Boden knallte. Joki kniete über ihm und hielt ihn am Boden. Schwer einzuschätzen, wer der Stärkere der beiden war, doch Joki hatte offensichtlich die Oberhand. Sein Gesicht war nur wenige Millimeter von Lennys entfernt und in seinen Augen lag etwas, das ich noch nie zuvor gesehen hatte.

»Nennst du meinen besten Freund noch einmal Schwuchtel, dann breche ich dir alle Knochen. Und wenn du meine Freundin nicht in Ruhe lässt, bist du tot. Hast du mich verstanden? Oder soll ich es dir aufschreiben?«

Um uns herum hatte sich bereits eine Traube Schaulustiger gebildet. Lenny gab ein animalisches Knurren von sich und begann zu strampeln, doch Jokis Griff wurde nicht lockerer.

»Ob du mich verstanden hast?«, wiederholte er.

Nach einigen Augenblicken nickte Lenny widerwillig. Daraufhin stand Joki auf und ließ von ihm ab.

»Was geht hier vor?« Ms. Mills bahnte sich einen Weg durch die Menge und beäugte das Schauspiel fassungslos. »Auseinander! Wir sind hier doch nicht in West Side Story! Manche von euch sollten sich den Anlass dieses Treffens in Erinnerung rufen! Es geht um das Fest der Liebe, habt bitte etwas Respekt.«

Lenny rappelte sich schnaufend auf und warf mir einen vernichtenden Blick zu, der mir das Blut in den Adern gefrieren ließ.

»Leonard, was machst du überhaupt hier? Dass du dich für die Konzertvorbereitungen eingetragen hast, muss ich wohl verpasst haben.«

Er ignorierte Ms. Mills und funkelte Joki an. »Das wirst du bitter bereuen! Du hast keine Ahnung, mit wem du dich angelegt hast.«

Kallie legte Olivia einen Arm über die Schulter. »Keine Angst, das arme Würstchen lässt dich in Zukunft in Ruhe.«

Lenny funkelte sie an. »Du Griechenschlampe bist auch noch dran! Ihr alle!« Dann streckte er uns seinen Mittelfinger entgegen.

»Leonard, raus jetzt! Und ich werde ein ernstes Wörtchen mit Mr. Panabaker reden müssen.«

»Tun Sie doch, was Sie nicht lassen können! Blöde Hippie-Ziege!« Mit diesen Worten verschwand er aus der Halle und ich atmete tief durch. Jede Begegnung mit ihm war unfassbar nervenaufreibend und ich hoffte, ihn bald nie wieder sehen zu müssen.

Langsam beruhigten sich unsere Gemüter wieder. Joki hielt Olivia nun im Arm, da sie augenscheinlich immer noch von Lennys Aktion verängstigt war.

»Was wolltest du überhaupt hier?«, hauchte er ihr sanft ins Ohr. Sie löste sich aus der Umarmung und wühlte in ihrem Rucksack herum.

»Euch eine Stärkung vorbeibringen.« Sie förderte eine riesige Brotdose zutage. »Sandwiches für alle. Tomate-Mozzarella für Kallie, Erdnussbutter und Marmelade für Martin und Käse für dich.«

Sie wusste tatsächlich, wie wir unsere Sandwiches am liebsten mochten. Es fiel mir von Tag zu Tag schwerer, meine Abneigung gegen sie aufrechtzuerhalten. Es gab einfach keinen Grund, sie nicht zu mögen, also legte ich eine Hand auf ihre Schulter. »Danke, Liv.«

Prüfend schlug ich eine Taste an und fuhr bei dem schiefen Ton zusammen. Das Klavier, das man mir bereitgestellt hatte, war so verstimmt wie mein Dad, wenn sein Lieblingsteam beim Basketball verlor. Dieses Instrument muss man, ähnlich wie eine zarte Pflanze, hegen und pflegen, damit so etwas gar nicht erst passiert. Eine konstante Raumtemperatur und regelmäßige Säuberung sind essenziell. Zum Glück hatte Ms. Mills Stimmgeräte und Gabeln mitgebracht, mit denen ich einigermaßen gut umgehen konnte. Das Stimmen eines Klaviers war nicht einfach, aber auch keine Quantenphysik.

In meinem Blickfeld waren Joki und Olivia, die zusammen mit einigen anderen Sperrholzplatten in weihnachtliche Formen sägten, um sie danach zu bemalen.

»Buh!« Kallie sprang in mein Blickfeld und erschreckte mich zu Tode.

»Verdammt, lass das doch! Siehst du nicht, dass ich empfindliche Geräte in der Hand habe?«

Kallie johlte. »Wenn es mit Sam weiterhin so gut läuft, hast du bald wirklich ein empfindliches Gerät in der Hand.«

Sie zwinkerte und lachte daraufhin noch lauter.

»Wenn du weißt, was ich meine«, fügte sie flüsternd hinzu. Warum war ich noch mal mit ihr befreundet?

»Du bist eklig.« Ich machte ein gespielt angewidertes Gesicht.

»Ja, ja, du prüde Liese. Übrigens habe ich mich mit Jasper ausgesprochen. Also sind keine weiteren Nasenbrüche mehr erforderlich.«

Oh, verflucht.

»Habe ich ihm ernsthaft die Nase gebrochen?«

»Ja! Es ist aber halb so wild und ganz unter uns: Er hat es verdient. Jedenfalls haben wir über die ganze Sache geredet und er will das Kind auch! Er will mich und das Baby, kannst du dir das vorstellen?«

Das konnte ich tatsächlich. Zuerst einmal kalte Füße zu bekommen war wahrscheinlich völlig legitim und jetzt, da Jasper sich gefangen hatte, würde vielleicht doch alles gut werden.

»Warte!«, zischte ich und hechtete hinterher. »Was hast du vor?«

»Ganz einfach, ich drehe ein Vanessa-Sobieski-ist-die-größte-Schlampe-auf-diesem-Planeten-Video.«

»Wenn ich euretwegen frühzeitige Wehen bekomme, könnt ihr was erleben«, hechelte Kallie, als sie uns einholte.

»Du bist nicht mal im vierten Monat«, bemerkte ich.

»Deshalb sagte ich ja *frühzeitig*.«

Ich verdrehte die Augen.

Wir schlichen an der Hauswand lehnend zum hinteren Bereich des Grundstücks, von dem aus man durch eine riesige Fensterfront ins Wohnzimmer sehen konnte.

»Wenn ich das geahnt hätte, wäre ich in einem schwarzen Spion-Outfit gekommen«, wisperte Kallie.

»Das war so klar!«

Joki filmte weiter. Vanessa Sobieski begrüßte ihren Anwalt mit einer innigen Umarmung.

»Solange sie nichts sagen, beweist das aber noch gar nichts«, sagte ich im Flüsterton. Durch ein gekipptes Fenster konnten wir hören, was im Inneren des Hauses vorging.

Der Anwalt löste sich aus dem Griff der Witwe.

»Vanessa, dein Stiefsohn hat das echte Testament vorgelegt, wo hat er das her?«

Verdutzt schaute sie ihn an.

Joki hielt sein Handy so nah es ging zum Geschehen.

»Keine Ahnung, Duncan. Was machen wir denn jetzt? Was, wenn rauskommt, dass wir das neue Testament gefälscht haben?«

»Beruhige dich, Kätzchen. Es wird gar nichts passieren. In unserem Fall steht Aussage gegen Aussage und wem wird man wohl mehr Glauben schenken? Einem renommierten Anwalt wie mir oder diesem kleinen Wicht, der frisch aus der Irrenanstalt gekommen ist?«

Joki schnaubte vor Wut.

Vanessa lachte lauthals und begann dem Typen die Hose aufzuknöpfen.

»Wow, die gehen ja richtig ans Eingemachte«, bemerkte Kallie.

»Das genügt.« Joki beendete die Aufnahme, nachdem Vanessa sich den BH vom Leib gerissen hatte.

Unentdeckt machten wir uns aus dem Staub. Hoffentlich würde das echte Testament zusammen mit der Aufnahme reichen, um das falsche wirkungslos zu machen, sodass Joki das Geld seines Vaters bekommen würde.

Insgeheim hoffte ich, dass sich der Prozess in die Länge ziehen würde, denn wenn Joki erst das Geld bekommen hatte, war es nur eine Frage der Zeit, bis er nach Finnland verschwand. Und das wollte ich nicht.

10

Jokis Offenbarung

Schnee! Unglaublich! Als ich am Morgen aus dem Fenster blickte, erwartete mich ein weißes Winterwunderland und ich fühlte mich einen Moment lang, als wäre ich in einem Märchen. An der Küste war es unwahrscheinlich, dass überhaupt mal Schnee fiel, geschweige denn so viel auf einmal. Nie hätte ich gedacht, dass sich das Wetter so positiv auf meine Stimmung auswirken könnte, doch als ich am Frühstückstisch saß, musste ich mich zusammenreißen, um keine Weihnachtslieder zu summen.

»Martin, wie sieht's aus? Holen wir heute Nachmittag den Schlitten aus dem Keller?«, fragte mein Vater, als er sich Ahornsirup über seine Pfannkuchen goss.

»Geht leider nicht, Dad. Heute ist die letzte Generalprobe für das Konzert. Aber ich komme drauf zurück.«

»Schatz, ich freue mich schon wahnsinnig auf den Abend! Denk dran, wir wollen Plätze in der ersten Reihe«, sagte Mom.

»Ich auch!« Joki kam dazu und schnappte sich einen Pfannkuchen, den er in einem Bissen verschlang. Er trug den roten Pullover, den seine Mutter gestrickt hatte, und ich stellte verblüfft fest, dass er ihm gut stand. Sehr gut sogar. Unglaublich gut.

»Da lässt sich bestimmt was machen.«

Das Weihnachtskonzert war nur noch eine Woche entfernt und ich hatte endlich das Gefühl, mich genug vorbereitet zu haben. Mein eigenes Stück – *Lumi* – beherrschte ich perfekt und auch der relativ einfache Part für Kallies Auftritt dürfte kein Problem darstellen. Mir sollten auch besser keine Fehler unterlaufen, immerhin würde jemand von meinem Wunschcollege im Publikum sitzen und auf dessen Eindruck könnte meine gesamte Zukunft aufbauen.

»Wollen wir los?«, fragte Joki und krallte sich noch einen Pfannkuchen, ehe wir uns auf den Weg machten. Wegen des unverhofften Schneefalls war es heute nur halb so furchtbar, in die Schule zu gehen. Über dem ganzen Tag lag eine magische Atmosphäre. Durch Lennys Suspendierung konnte heute nur gut werden.

An der Schule angekommen wurde mir meine Träumerei zum Verhängnis, als mir etwas Kaltes und Feuchtes ins Gesicht flog.

»Mitten in die Visage! Das sind 200 Punkte!« Joki riss triumphierend die Arme in die Luft.

»Das kriegst du zurück!« Gerade als ich selbst zum Gegenschlag ausholen wollte, rannte Joki auf mich zu, um mich in den Schwitzkasten zu nehmen. Blitzschnell versuchte ich mich wegzuducken, doch er kam mir zuvor. Dann seifte er mich ordentlich ein. Zum Dank drückte ich ihm meinen unfertigen Schneeball ins Gesicht und löste mich aus seinem Griff.

»Kann ich mitmachen?«

Diese Stimme erkannte ich sofort, doch das konnte eigentlich nicht sein. Atemlos fuhr ich herum. Vor mir stand tatsächlich Sam. Die verschneite Landschaft um uns herum bildete einen merkwürdigen Kontrast zu seiner Rocker-Kluft. Haargenau so stellte ich mir das Cover des Weihnachtsalbums einer Rockband vor.

»Sam! Was machst du denn hier?«, fragte ich und klopfte mir den Schnee von der Kleidung.

»Da du meine Anrufe nicht entgegennimmst, dachte ich, ich *schneie* einfach mal vorbei.«

Zu meiner Erleichterung lag in seiner Stimme kein Vorwurf. Er gab Joki freundschaftlich die Hand und drückte mir zur Begrüßung einen Kuss auf den Mund. Damit hatte ich nicht gerechnet und es war mittlerweile das dritte Mal, dass er das tat, ohne dass ich es hatte kommen sehen. Mein Körper versteifte sich und es war mir schlicht und ergreifend unangenehm, dass er mich vor Joki küsste.

»Sorry, ich hatte echt viel um die Ohren. Von dem Konzert habe ich dir ja erzählt und mein Zeitmanagement lässt zu wünschen übrig.«

»Ist ja kein Problem. Wollen wir später vielleicht was unternehmen?«

»Ja, klar. Warum nicht? Du kannst mich um fünf von der Schule abholen, wenn du magst.«

»Alles klar! Dann bis später.«

Erst als Sam gegangen war, wurde mir bewusst, dass er wegen mir am frühen Morgen nach Wallis Grove gefahren sein musste, nur weil ich seine Anrufe nicht beantwortet hatte. Wie fies war ich eigentlich? Wir waren *zusammen*. Der Kuss gerade hatte diese Tatsache noch deutlicher gemacht.

Diese Erkenntnis bestimmte den gesamten Schultag und ich grübelte pausenlos darüber nach.

In den letzten beiden Stunden stand Biologie auf dem Plan und nach einer halben Stunde hatte ich es satt. Ich konnte mir unmöglich noch länger den Aufbau des Zytoplasmas anhören, also verließ ich unter dem Vorwand, auf die Toilette zu müssen, den Raum. Jetzt brauchte ich erst mal einen klaren Kopf.

Auf dem leeren Gang atmete ich tief durch. Was hatte ich eigentlich für ein Problem? Sam und ich verstanden uns blendend, er war aufmerksam und schien mich wirklich zu mögen. Eigentlich sollte ich der glücklichste Junge der Welt sein.

Nichtsahnend und in Gedanken versunken ging ich den Flur hinunter, als ich plötzlich jemanden am Ende des Korridors entdeckte. Mir stockte der Atem, als ich sah, wer dort umherschlich. Lenny balancierte einen Papierstapel auf dem Arm, tapste lautlos den Gang entlang und pinnte ein Blatt Papier nach dem anderen an die Wände.

Was zur Hölle tat er da? Was hatte er überhaupt hier zu suchen, er war doch suspendiert? Als ich mich umdrehte, bemerkte ich, dass er schon die gesamten Wände dieses Traktes plakatiert hatte. Egal was es war, es war sicherlich nichts Gutes.

Angespannt riss ich einen der Zettel ab und es dauerte eine Sekunde, bis ich erkannte, was darauf zu sehen war. Um es zu realisieren, würde ich noch viel länger brauchen.

Angespannt massierte ich meine Schläfe, die schlagartig zu schmerzen begann. Das durfte niemand sehen! Unter keinen Umständen. Mein Herz drohte aus meiner Brust zu springen und am liebsten wäre ich in Tränen ausgebrochen, doch der weinerliche Martin musste warten, denn ich hatte nun eine andere Mission. Die Zettel mussten verschwinden, und zwar bevor die Schulstunde vorbei war und die anderen Schüler dieses Bild zu Gesicht bekamen.

Die Highschool vergisst nie. Trägst du einmal die falschen Klamotten oder sagst ein falsches Wort, wird es dir bis zum Tage deines Abschlusses nachhängen. Teenager können gnadenlos sein. Die Person, die ich vor all dem beschützen wollte, hatte ein riesiges Geheimnis und es hing hundertfach in unserer Schule aus.

Hektisch zog ich eine Mülltüte aus einem Abfalleimer und begann nach und nach die Zettel von der Wand zu reißen, um sie hineinzustopfen. Es blieb nicht viel Zeit und ich hechtete die Gänge auf und ab, um bloß keines der verdammten Blätter zu übersehen. Von Lenny war keine Spur mehr und ich betete, dass er nicht noch die anderen Stockwerke mit den Dingern versehen hatte. Es wäre schier unmöglich für mich, die ganze Schule abzugrasen, bevor die Klingel läuten würde.

Mit zitternden Fingern kramte ich mein Handy aus der Tasche und wählte Kallies Nummer. Sie hatte gerade Kunstunterricht und ich wusste, dass sie so dreist war, im Unterricht an ihr Handy zu gehen.

»Marty, was ist los?«

»Kal, ich habe ein riesiges Problem. Guck dich mal im Gang um, hängen da irgendwelche Zettel aus?«

Ein paar Sekunden vergingen, in denen wir beide kein Wort sagten.

»Oh, Scheiße«, fluchte sie schließlich. »Das kann doch nicht sein! Was machen wir denn jetzt?«

»Reiß alle ab, die du finden kannst, ich komme sofort.«

Es war zum Durchdrehen! Egal, wie viele Blätter wir einsammelten, wir fanden immer wieder neue, so als würden sie sich vermehren.

»Da hinten ist noch eins!« Kallie zeigte zu dem einsamen Stück Papier, das noch an der Wand klebte. Dann klingelte es zum Schulschluss. In Windeseile rannte ich los und ließ es in der Mülltüte verschwinden.

»Dieses Mistschwein!«, fluchte Kallie. Die Gänge füllten sich mit Schülern und ich betete, dass wir nichts übersehen hatten.

Als Joki Hand in Hand mit Olivia um die Ecke bog, rutschte mir das Herz in die Hose. Egal, wie sehr ich mich dagegen wehrte, ich sah ihn nun mit ganz anderen Augen.

»Na ihr?«, rief Kallie übermäßig fröhlich.

»Hey! Alles okay bei euch? Ihr seht so blass aus«, sagte Joki.

»Alles prima.« Nervös krallte ich mich an die Tüte.

»Was ist denn da drin?«, hakte Olivia neugierig nach.

»Müll!«, rief Kallie. »Dreckiger, ekliger Müll.«

Joki hob eine Augenbraue. »Und was macht ihr mit dem dreckigen, ekligen Müll?«

»Joki, mein Herzblatt, sei nicht so neugierig. Das ist keine positive Eigenschaft«, wehrte Kallie ihn ab und ich hoffte, dass wir jetzt einfach mit der Tüte verschwinden konnten, um sie irgendwo zu verbrennen.

»Ei, ei, ei, was seh ich da? Ein verliebtes Ehepaar!«

Lenny tauchte hinter uns auf. In seiner Hand war immer noch ein Stapel der Zettel. In diesem Moment wollte ich ihn umbringen. Noch nie in meinem Leben hatte ich dermaßen das Verlangen, jemanden leiden zu sehen. Die kränksten Fantasien bildeten sich in meinem Kopf und ich wollte, dass er starb und dass er nie wieder in das Leben der Menschen treten konnte, die ich liebte.

»Hau endlich ab, du Bazille«, zischte Kallie. Schützend wollte ich mich vor Joki stellen oder ihn von hier wegbringen, denn ich wusste genau, was gleich passieren würde, und ich konnte rein gar nichts dagegen tun.

»Wie ich sehe, haben der Hinterlader und die Zazikihure ganze Arbeit geleistet. Gut, dass ich mich für alle Fälle vorbereitet habe.«

Er hob den Stapel in seiner Hand an und tat das Unfassbare: Er nahm Stück für Stück vom Stapel ab und warf die Flyer in die Luft, sodass sie bald auf dem gesamten Korridor verteilt lagen.

»Nehmt ruhig!«, sagte Lenny zu den verdutzt schauenden Schülern.

Olivia war die Erste, die einen vom Boden aufhob, und ich konnte den Blick nicht von dem Bild abwenden, welches darauf zu sehen war.

»SCHWUCHTELN RAUS!« stand in schwarzen Druckbuchstaben ganz oben. Darunter war aber kein Bild von mir. Darunter war ein Bild von Joki. Einen anderen Jungen küssend.

Aus Jokis Gesicht war jegliche Farbe gewichen und ich rang vergeblich nach Worten, als ich die Erschütterung in seinen Augen sah. Olivia fand als Erste die Sprache wieder.

»Joki, was ist das hier?«

Sie hielt ihm fragend das Stück Papier unter die Nase. Er ignorierte seine Freundin und funkelte Lenny bedrohlich an. Dieser hatte ein amüsiertes Grinsen aufgesetzt.

»Woher hast du das?«, knurrte Joki durch zusammengebissene Zähne.

»Neulich habe ich doch gesagt, dass man sich besser nicht mit mir anlegt. Ich habe ein paar Nachforschungen an deiner alten Schule angestellt und schwuppdiwupp hatte ich das Bild in meinen Händen.«

»Warum gehst du dich nicht begraben, du kleiner Wicht?«

Kallie zitterte vor Wut.

»Warum gehst du nicht in dein Land zurück und kurbelst die Staatskasse an, indem du anschaffen gehst, du Flittchen?«

Meine beste Freundin ballte ihre Hände zu Fäusten.

»Lieber nicht, deine Mutter hat den Job nötiger als ich. Schließlich werden deine Eltern deinen knochigen Arsch noch durchfüttern müssen, bis sie verrecken.«

Im ganzen Gang war es totenstill und alle Blicke waren auf uns gerichtet. Oder besser gesagt, auf Joki. Egal, was dieses Bild zu bedeuten hatte oder unter welchen Umständen es entstanden war, die Leute würden es sehen und sich ihre eigene Meinung bilden. Sie würden die wildesten Geschichten aus diesem Schnappschuss spinnen, nur um ihm das Leben schwer zu machen. Keiner wusste so gut wie ich, wie wichtig es auf der Highschool war, entweder beliebt oder unsichtbar zu sein.

Schüler begannen tuschelnd mit dem Finger auf Joki zu zeigen und ich bemerkte, wie er immer kleiner wurde.

»Das wirst du bereuen«, sagte er zu Lenny und bahnte sich den Weg durch die glotzende Masse. Er schaute nicht mal zurück zu seiner verdutzten Freundin, die immer noch den Zettel in der Hand hielt.

Lenny hatte dafür nur ein süffisantes Grinsen übrig.

»Und Livvy, wenn du mal einen richtigen Mann brauchst, dann ruf mich an.« Er zwinkerte Olivia zu und ging. Er war sichtlich zufrieden mit dem Ausgang seiner Aktion.

»Das glaube ich einfach nicht«, stammelte Olivia und war immer noch auf das Bild fokussiert.

»Das muss überhaupt nichts bedeuten, Liv. Weißt du, mit wie vielen Mädchen ich schon rumgeknutscht habe? Und ich bin auch nicht lesbisch.«

Kallie wollte sie nur aufmuntern. Sie hätte nicht mal für Geld ein anderes Mädchen geküsst, dafür war sie viel zu sehr auf das männliche Geschlecht fixiert.

»Ich muss hier raus.« Olivia schmiss den Zettel auf den Boden und stürmte davon.

»Ich kümmere mich um sie«, sagte Kallie.

»Und ich suche Joki«, antwortete ich. Sie nickte und lief Olivia hinterher.

Es war das Beste, die Probe heute ausfallen zu lassen. Es wäre ohnehin unmöglich gewesen, mich jetzt auf dieses blöde Konzert zu konzentrieren. Frustriert sammelte ich noch einige der Zettel vom Boden auf, doch es war zwecklos. Morgen würde die ganze Schule das Bild gesehen haben.

Zu Hause angekommen, rannte ich die Treppe hinauf.

»Joki?« Zaghaft klopfte ich an seine Tür, bekam jedoch keine Antwort. Nach quälend langen Sekunden betrat ich das Zimmer, aber dort war keine

Spur von ihm. Verzweifelt setzte ich mich aufs Bett. Wo konnte er nur sein? Gedankenverloren fuhr ich mit der Hand über sein Kopfkissen. Wie er sich gerade fühlte, konnte ich nur erahnen und ich überlegte mir, wohin ich in solch einer Situation geflüchtet wäre. Nach ein paar Sekunden hatte ich einen Geistesblitz. Es war ein Schuss ins Blaue, doch einen Versuch war es wert.

Der meiste Schnee war mittlerweile geschmolzen, also schnappte ich mir mein Fahrrad und radelte los. Leider hatte ich den Orientierungssinn eines halb gebackenen Brötchens, also musste ich einige Straßen abfahren, bis ich die Bar endlich entdeckte. Am helllichten Tag fiel die blinkende Neonbeleuchtung nicht so stark auf. Ich dachte an den Typen im Hasenkostüm zurück und fragte mich, ob er an dem Abend wohl noch jemand hatte abschleppen können. Da ich den restlichen Weg zu Fuß bestreiten musste, stellte ich das Fahrrad ab, kämpfte mich durch das Gestrüpp des Schleichwegs und über die Geröllfläche, die mich letztendlich zum Strand führen sollte. Die Steine waren noch leicht vereist, was das Überqueren zu einer einzigen Rutschpartie machte. Bisher war von Joki noch nichts zu sehen. Der Strand war verlassen, genau wie an dem Abend, an dem ich zuletzt hier gewesen war. An dem *wir* zuletzt hier gewesen waren. Zielstrebig lief ich auf den riesigen Leuchtturm zu und ich konnte nicht fassen, dass ich ihn vor zwei Wochen hinaufgeklettert war. Im Dunkeln. Mir wurde bei dem Gedanken ganz schlecht.

»Oh, verflixt!«, fluchte ich, als sich meine Befürchtung bewahrheitete. Sofort erkannte ich Dads altes Fahrrad, welches am Leuchtturm lehnte. Joki war hier. Zweiundzwanzig Meter über mir.

»Joki!«, brüllte ich, doch der Wind war zu stark und trug meine Rufe davon. Ratlos stand ich am Fuße des Turms und haderte mit mir selbst. Natürlich könnte ich hier unten warten, aber ich hatte keine Ahnung, ob es Joki gut ging und er in Ordnung war.

»Wenn ich sterbe, raste ich aus.«

Mit diesen glorreichen Worten stieg ich Sprosse für Sprosse den Leuchtturm hinauf. Gnadenlos blies der eisige Wind in mein Gesicht und bald war meine Nase völlig taub. Wahrscheinlich hätte ich mir wärmere Kleidung anziehen sollen, aber für diese Erkenntnis konnte ich mir jetzt auch nichts kaufen.

Je höher ich stieg, desto weicher wurden meine Knie und ich war wütend und besorgt zugleich. Minuten, die mir wie Stunden vorkamen, vergingen, bis ich endlich an der Balustrade angekommen war. Joki saß im Schneidersitz am Rand und starrte auf das Meer hinaus. Seinen Kopf hatte er auf seine Hände gestützt und ich musste plötzlich an das Lied *Daydreamer* von Adele denken.

»Du willst mich umbringen, oder?«, rief ich, während ich mich an der stählernen Brüstung festkrallte.

Joki fuhr erschrocken herum. »Marty! Was zum Teufel machst du hier oben?«

»Krepieren. Hey, ich könnte etwas Hilfe gebrauchen!«

Er sprang auf und half mir über das Geländer. Joki sah mitgenommen aus und ich wollte ihn am liebsten in den Arm nehmen. Zu meiner Überraschung kam er mir zuvor und drückte mich an sich.

»Es tut mir leid, ich hätte nicht abhauen sollen.«

Dankbar nahm ich die Wärme auf, die von ihm ausging, und schloss die Augen. »Du weißt, dass du mit mir über alles reden kannst, oder?«

Er nickte und löste sich aus der Umarmung.

»Wahrscheinlich bin ich genauso wie mein Dad. *›Manche Dinge sollten in der Vergangenheit bleiben‹* und so weiter. Kann ich dich was fragen?«

»Klar doch.«

»Wenn ein Baum im Wald umfällt und ihn niemand hört, macht er dann ein Geräusch?«

Das verwirrte mich jetzt. »Wahrscheinlich schon, ja.«

»Genau. Wenn niemandem mein Facebookstatus gefällt, existiere ich dann überhaupt? Wenn ich die Straße entlanggehe und mich niemand bemerkt, war ich dann überhaupt dort? Wir stellen uns Tag für Tag diese bescheuerten Fragen, aber weißt du was, Marty? Es ist völlig unwichtig. Irrelevant. Es ist uns so verdammt wichtig, etwas zu bedeuten, einen Fußabdruck im Leben anderer zu hinterlassen und dabei sehen wir gar nicht, dass es am wichtigsten ist, mit sich selbst im Reinen zu sein und sich nicht daran aufzuhalten, was andere Leute denken oder sagen.«

»Und bist du mit dir selbst im Reinen?«

»Nein. Das auf dem Foto … das ist schon zwei Jahre her. Damals war ich so verdammt durcheinander und dieser Junge ging auf meine Schule und ist total offen mit seiner Sexualität umgegangen. Es war ihm egal, was andere über ihn gedacht oder geredet haben. Das hat mir imponiert und ich habe dann irgendwann herausgefunden, dass er ein Auge auf mich geworfen hatte. In dieser Zeit war ich in einer völlig rebellischen Phase, habe geraucht, getrunken und die Schule geschwänzt. Außerdem fand ich den Typen plötzlich auch nicht mehr so unattraktiv. Anfangs habe ich gedacht, ich werde verrückt oder so. Vorher war ich immer nur mit Mädchen zusammen, weißt du?«

Ich nickte.

»Eines Tages war ich dann zu dieser Party eingeladen und der Junge, Anthony, war auch da. Plötzlich kam dann eins zum anderen und den Rest hast du ja gesehen. Irgendjemand muss es damals fotografiert haben.«

»Und wie ging es dann weiter?«

»Es hat mir gefallen. Und das hat mich noch mehr durcheinandergebracht. Danach hab ich mich nie wieder bei ihm gemeldet. Das macht mich wohl zu einem echten Arschloch, aber ich hatte einfach Angst.« Joki musterte mich und wartete auf eine Reaktion.

»Das ist zwei Jahre her und fast jeder baut in dem Alter Mist.«

»Das weiß ich. Es kam nur heute alles wieder hoch.«

»Bist du immer noch … durcheinander?«

Joki schluckte. »Dass ich auf Mädchen stehe, ist sicher. Olivia ist wunderschön und ich würde niemals mit ihr zusammen sein, wenn ich nichts für sie empfinden würde. Aber ich bin mir auf der anderen Seite ziemlich sicher, dass ich bisexuell bin.«

Das war wie ein Schlag in die Magengrube. Nach allem, was ich ihm über mich erzählt hatte, hatte ich wenigstens erwartet, dass er genauso offen zu mir wäre. Gerade ich würde doch am besten verstehen, was er durchmachte, oder?

»Bist du jetzt sauer?« Joki pikste mir in die Seite, aber es war bei Weitem nicht so enthusiastisch und spielerisch wie sonst.

»Nein, du Idiot.«

»Noch nie zuvor habe ich mit jemandem darüber gesprochen. Ich wollte den richtigen Moment abwarten, aber dann fing die ganze Sache mit Liv an und ich wollte sie nicht abschrecken.«

»Verstehe. Du weißt, dass es jetzt hart wird. In der Schule, meine ich.«

Joki grinste und es war der schönste Anblick der Welt. »Wir sind stark, oder?« Er streckte mir seine Hand entgegen.

Lächelnd griff ich nach ihr. »Wir sind stark«, bestätigte ich.

Nachdem Joki mir anvertraut hatte, dass er bisexuell war, wurden die merkwürdigen Gefühle, die sich in den letzten Wochen in mir entwickelt hatten, noch stärker. Die Verabredung mit Sam sagte ich ab, da ich an diesem Tag absolut keinen Kopf mehr dafür hatte. Mein schlechtes Gewissen machte mir allerdings zu schaffen, also lud ich ihn auf das Weihnachtskonzert ein. Jeder auftretende Schüler bekam fünf gute Plätze im Publikum reserviert und da niemand außer Mom, Dad und Joki meinetwegen kommen würde, gab ich Sam gerne einen davon.

Der erste Schultag nach dem Vorfall mit den Flyern, die Lenny verteilt hatte, begann relativ ruhig. Joki und ich trafen uns am Morgen mit Kallie und Jasper, die wieder ein Herz und eine Seele waren. Olivia blieb auf Abstand und ich verstand nicht, warum sie sich nicht wenigstens anhören wollte, was Joki zu sagen hatte. Immerhin war *er* das Opfer dieser ganzen Aktion.

»Gestern wollte ich noch mit ihr reden, aber sie hat mich einfach abgewimmelt«, erzählte Kallie, als wir die Schule betraten.

»An ihrer Stelle wäre ich auch angepisst«, kam es von Joki, dann fiel etwas mit einem platschenden Geräusch vor unsere Füße.

»Was zur Hölle ist das?« Angewidert starrte ich auf das schmierige Etwas auf dem Boden.

Joki schaute an sich herunter. »Anscheinend wurde ich gerade mit einem Joghurt beworfen.«

Tatsächlich war er voll mit dem weißen Zeug, den Becher hielt er in der Hand.

»Wer war das?«, brüllte Kallie und drehte sich um, doch natürlich meldete sich niemand. »Feige Arschgeigen!«

»Das geh ich mal rauswaschen.« Joki ging völlig ungerührt in die Richtung der Waschräume.

»Schwuchtel!«, zischte es aus jeder Ecke und ich erinnerte mich an die Zeit nach meinem Outing und die Tage nach meiner Rückkehr aus Westbrooke. Joki ging erhobenen Hauptes weiter, doch ich musste dringend etwas dagegen unternehmen.

Eine Woche später war der Tag des Weihnachtskonzertes endlich gekommen. In meinem Kopf formte sich ein Plan, von dem ich niemandem erzählen konnte, weil ich genau wusste, dass mich jeder davon abbringen wollen würde. Die halbe Schülerschaft würde am Abend bei dem Konzert sein und für jene, die die Veranstaltung verpassen würden, gäbe es wie jedes Jahr Videoaufnahmen.

Jokis Schulzeit war nach seinem unfreiwilligen Outing zur Tortur geworden. Ausnahmslos jeder war sich sicher, dass er schwul war. Bei diesem Schwarz-Weiß-Denken wurde mir ganz schlecht.

Er ließ sich nicht anmerken, dass er unter den Anfeindungen litt, allerdings ging so etwas an niemandem einfach spurlos vorbei. Die Woche schweißte uns als Vierergruppe jedoch ungemein zusammen und ich konnte die Weihnachtsferien kaum erwarten, damit Gras über die ganze Sache wachsen konnte.

Nicht nur wegen des Konzertes war heute ein großer Tag. Sam würde meine Eltern kennenlernen und ich hatte keine Ahnung, was ich davon halten sollte. Ich hatte ihn erst drei Mal getroffen, er hatte mich jedes Mal geküsst und meine Gedanken kreisten Tag und Nacht um ihn und darum, was oder was ich nicht für ihn empfand. Sam war mein erster Freund, der Bassist einer lokalen Rockband und ein richtig heißer Feger. Was war denn dann eigentlich so kompliziert?

Nachdem ich das schwarze Jackett zurechtgerückt hatte, betrachtete ich mein Ebenbild im Spiegel. Es war immer mein Traum gewesen, im Anzug an einem Klavier zu sitzen, um vor Hunderten von Menschen zu spielen, und heute würde dieser Traum in Erfüllung gehen. Wenn da nicht dieses verdammte Lampenfieber wäre.

Meine Eltern wuselten schon den ganzen Tag im Haus herum und ernteten belustigte Blicke von Joki und mir. Sie waren so aufgeregt, mich live spielen zu sehen, dass ich beinahe meinen Plan über Bord warf. Doch er stand fest und es gab auch kein Zurück mehr.

Als es klingelte, stolperte ich die Stufen herunter. Das musste Sam sein! Hoffentlich würde er bei meinen Eltern einen guten ersten Eindruck machen. Als ich die Tür aufriss, erschrak ich, als Jannis und Efthimia Kazokis vor mir standen. Kallie war hinter ihnen und grinste mir frech entgegen. Sie sah wirklich großartig aus. Ihr bordeauxfarbenes Kleid, auf dem goldene Ornamente eingenäht waren, saß wie angegossen und trotz ihres kleinen Schwangerschaftsbauches machte sie eine hervorragende Figur.

»Wir fahren alle zusammen zum Konzert!«, verkündete sie, als meine Eltern dazukamen.

»Großartige Idee!«, rief mein Dad. »Jan, Effie, schön, dass ihr mal wieder hier seid! Wollt ihr was trinken?«

»Gerne, irgendetwas zum Anstoßen auf unsere Stars des Abends?«, fragte Kallies Mutter.

»Kommt sofort.« Mom lachte und verschwand in der Küche. Im gleichen Moment kam Joki die Stufen hinunter. Mir blieb die Spucke weg. Er sah einfach umwerfend aus. Er trug einen schicken Anzug, der seinen sportlichen Körper perfekt umschmeichelte. Sein sonst so ungestümes, blondes Haar hatte er adrett in Form gebracht.

»Na, wenn das mal kein heißer Kerl ist!« Kallie pfiff wie ein Bauarbeiter und fing sich dafür einen halbherzig mahnenden Blick ihres Vaters ein.

»Du siehst aber auch nicht schlecht aus.« Joki drückte ihr einen Kuss auf die Wange und stellte sich bei ihren Eltern vor.

Die Erwachsenen gingen ins Wohnzimmer, also zogen Joki, Kallie und ich uns in mein Zimmer zurück.

»Wo ist eigentlich Jasper?«, hakte ich nach.

»Der ist noch beim Basketballtraining, wir treffen ihn beim Konzert.«

Kallie stopfte sich einen halben Schokoriegel in den Mund. »Dieses Monster in mir ist unersättlich«, sagte sie mampfend.

Joki legte eine Hand auf ihren Bauch. »Was glaubst du eigentlich, was es wird?«

»Ein Mensch, hoffe ich.« Wir prusteten los. »Jas will unbedingt ein Mädchen, könnt ihr euch das vorstellen? Ich hoffe, es wird ein Junge. Die sind nicht so kompliziert.«

»Ha!«, riefen Joki und ich gleichzeitig und brachen in erneutes Gelächter aus.

Dann klingelte es abermals an der Tür und diesmal würde es mit Sicherheit Sam sein. Wie von der Tarantel gestochen sprang ich auf, um ihm zu öffnen, doch anscheinend waren Mom und Dad schneller. Am Treppenabsatz hielt ich inne und beobachtete das Geschehen.

»Hallo, Mr. und Mrs. Bledsoe. Ich bin Samuel, Martins Freund«, stellte er sich vor und gab meinen Eltern die Hand.

»Natürlich! Mit dem irren Gitarrenriff!« Mein Vater imitierte Sams Solo mit einem imaginären Bass und ich starb ein bisschen.

»Jonathan, sei vorsichtig, sonst renkst du dir noch was aus«, neckte ihn Mom. »Samuel, schön dich kennenzulernen, komm doch rein.«

Sam war, wie immer, ganz in Schwarz gekleidet, jedoch hatte sein Outfit diesmal einen festlichen Touch und er schien tatsächlich einen guten Eindruck machen zu wollen.

»Hey, da ist ja Sam! Wollen wir nicht runtergehen?« Kallie und Joki schauten mich fragend an.

Zögerlich biss ich auf meiner Unterlippe herum. »Was ist, wenn er mich wieder küsst?«

»Marty, du bist der einzige Mensch auf der Welt, der nicht geküsst werden will«, spottete Kallie.

»Natürlich will ich geküsst werden.« Jokis amüsierter Blick trieb mir die Schamesröte ins Gesicht. »Aber nicht unbedingt vor meinen Eltern.«

Schließlich ging ich doch nach unten. Sam begrüßte mich glücklicherweise nur mit einer Umarmung. »Du glaubst gar nicht, wie gespannt ich auf deinen Auftritt bin!« Und ich erst.

Nachdem sich Sam auch bei Kallies Eltern als mein Freund vorgestellt hatte, war es wohl amtlich. Er hatte es ausgesprochen und ich hatte keinen blassen Schimmer, was ich davon halten sollte. Ging das alles nicht irgendwie zu schnell? Wir hatten uns drei Mal gesehen und klar, wir waren auf einer Wellenlänge, aber es kam mir doch alles etwas überstürzt vor.

Ich schluckte meine Zweifel herunter und machte mich mit den anderen auf den Weg zur Sporthalle der Highschool, wo in weniger als einer Stunde das Konzert beginnen würde. Sam und ich fuhren mit meinen Eltern, während Joki bei den Kazokis mitfuhr. Die Fahrt war ruhig und bis auf die obligatorischen Scherze meines Dads weitestgehend ereignislos. Ohnehin war ich viel zu nervös wegen des Auftritts, um irgendwelche Konversationen zu führen.

Wie vermutet, wartete Jasper am Eingang auf uns. Kallie stürmte auf ihn zu und drückte ihm einen Kuss auf den Mund.

»Da ist ja mein Popstar!«, rief er.

»Das könnte man jetzt zweideutig verstehen«, gackerte sie los. Ihre Eltern warfen sich vielsagende Blicke zu und ich fragte mich, ob sie sich jemals an Kallies Art gewöhnen würden. Sie war eben einfach laut und versaut und genau dafür liebten wir sie alle.

Ms. Mills empfing uns im Eingang und schwafelte los. Mein Kopf schaltete sich sofort ab.

Die Vorbereitungen in den letzten Wochen hatten sich mehr als ausgezahlt. Die Halle war unglaublich schön geschmückt und das Bühnenbild, an dem ja auch Joki mitgearbeitet hatte, sah einfach phänomenal aus. So weit das Auge reichte, hingen blinkende Lichterketten und unzählige Schneemänner und Weihnachtsbäume standen herum. In der Luft lag der Geruch von Lebkuchen, Zimt und Mandarinen. Ms. Mills hatte wirklich ganze Arbeit geleistet.

»So, ich werde meine beiden Superstars nun hinter die Bühne entführen! Nehmen Sie doch schon mal ganz vorne Platz, die Show wird bald beginnen und sie sicherlich von ihren Stühlen fegen!«

Ms. Mills warf theatralisch die Hände in die Höhe. Mir war so unglaublich schlecht, dass ich Angst hatte, mich auf der Stelle zu übergeben.

»Bist du auch so aufgeregt?«, fragte ich meine beste Freundin im Flüsterton. Sie blickte auf die vielen Sitzplätze in der Halle.

»Bis eben noch nicht.« Jasper und Kallie tauschten wilde Küsse aus, was mich in Verlegenheit brachte, da ich Sam nur kurz umarmte. Schließlich konnte sich meine beste Freundin von ihrem Liebsten losreißen und wir gingen hinter die Bühne.

Ms. Mills schien total in ihrem Element zu sein und dirigierte ihre Helfer kreuz und quer durch die Halle.

»Die Tänzer brauchen noch ihre Rentierkostüme für den Auftritt der Österreicher«, wies sie jemanden an. »Martin, Kallie, ich bin froh, dass ich euch für das Konzert gewinnen konnte. Die österreichischen Austauschschüler sind so fordernd! *Hier muss das Kleid noch geändert werden, dort fehlt noch eine Rüsche und die Choreografie der Tänzer muss auch noch optimiert werden!* Es würde mich nicht wundern, wenn sie die Sissi-Hochzeit nachstellen.«

Noch nie hatte ich Ms. Mills so angespannt erlebt, das Konzert schien wirklich enorm wichtig für sie zu sein. Hoffentlich würde ihr meine Aktion nicht den ganzen Abend verderben.

»Martin, du eröffnest das Konzert, danach kommt Rebecca mit ihrer Blockflöte, Leo spielt uns etwas auf dem Saxofon, dann folgt der prunkvolle Auftritt der Österreicher, Laura beatboxt ein Weihnachts-Medley und zu guter Letzt kommt Kalliope«, zählte Ms. Mills auf.

Die kümmerte sich gerade um ihr Make-up und auch alle anderen waren mit sich und ihrem bevorstehenden Auftritt beschäftigt. Gleich ging es los und ich durfte keinen Fehler machen.

11

Das Weihnachtskonzert

Selbstbewusst trat ich auf die Bühne und spürte, wie Dutzende, nein, Hunderte Augenpaare zu mir wanderten. Das Publikum begann zu klatschen. Die grellen Scheinwerfer waren auf mich gerichtet und ich versuchte, nicht die Augen zusammenzukneifen.

It's Showtime.

Mit zitternden Fingern knöpfte ich mein Jackett auf. Darunter trug ich ein weißes Shirt, auf dem in riesigen, schwarzen Lettern das Lieblingswort meiner lieben Mitschüler stand: Schwuchtel.

Ein Raunen ging durch die Menge. Meine Eltern starrten mich fassungslos an und Joki rief mir irgendetwas zu, doch ich konnte ihn nicht verstehen. Sam schaute einfach nur fragend aus der Wäsche.

»Hallo, liebe Schüler, Lehrer und Besucher des alljährlichen Weihnachtskonzerts der Wallis Grove High School. Mein Name ist Martin Bledsoe und mir wurde die Ehre zuteil, diese traditionelle Veranstaltung mit einem Klavierstück eröffnen zu dürfen. Vorweg würde ich aber noch gerne ein paar Worte an meine Mitschüler richten.«

Der Anfang war geschafft. Ich räusperte mich.

»Wir leben in einer Welt, in der Nächstenliebe großgeschrieben werden sollte. Es sollte egal sein, welche Hautfarbe du hast, wie reich deine Eltern sind oder welches Geschlecht du bevorzugst.

Das alles sind Dinge, die wir nicht beeinflussen können. Wir müssen mit dem zurechtkommen, was uns gegeben wurde. Wir sitzen alle im selben Boot und wenn jemand von euch das nächste Mal den Drang verspürt, jemanden als Schwuchtel zu bezeichnen, dann kommt zu mir. Denn ich weiß, dass es keine Beleidigung ist. Es ist ein Kompliment, denn genau das bin ich und das werde ich auch immer sein.« Langsam schloss ich mein Jackett wieder. »Dankeschön für Ihre Aufmerksamkeit. Genießen Sie den Abend.«

Niemand klatschte und niemand buhte. Sie starrten nur, und das war auch gut so. Vielleicht hatte ich tatsächlich einige Leute mit meiner kleinen Ansprache zum Denken angeregt. Joki schaute mich an und formte ein Wort mit seinen Lippen. *Danke.*

Mit zitternden Knien ging ich hinüber zum Klavier, öffnete die Klappe und begann zu spielen. Es gelang mir, völlig in die Musik einzutauchen. Zeit und Raum verschwammen um mich herum und es existierten nur ich und das Instrument. Langsam schloss ich die Augen und begann mit einer Leidenschaft zu spielen, als hätte ich nie etwas anderes in meinem Leben getan. Die Blicke der Zuschauer brannten auf meiner Haut, doch Jokis lag am schwersten auf mir. Alles, was ich in dieses Lied legte, wollte ich ihm geben. Er sollte wissen, dass er einer der wichtigsten Menschen in meinem Leben war und ich nie zulassen würde, dass ihm jemand etwas antäte. Er sollte wissen, dass ich noch viel höhere Leuchttürme besteigen würde, um bei ihm zu sein. Nun wurde mir auch klar, was Kallie damals meinte, als ich ihr in meinem Zimmer etwas vorgespielt hatte. Damals kannte ich Joki noch nicht, doch heute war er das Einzige, woran ich denken konnte. Seine Stimme, sein Lachen und sein Geruch fluteten mein Gehirn und ich vergaß für die Dauer des Stücks alles andere. Für diese vier Minuten existierten weder Lenny noch sonst irgendjemand. In diesem Moment war Joki so nah bei mir wie nie ein Mensch zuvor. Sehnsüchtig dachte ich an jede Nacht in den vergangenen Wochen zurück, in denen ich an meine Zimmerwand starrte und mit dem Wissen einschlief, dass Joki sich auf der anderen Seite befand. Dass ich nicht mehr allein war.

Die letzten Töne verklangen, doch ich rührte mich nicht vom Fleck. Selbst der tosende Applaus, der durch die Halle dröhnte und den Boden unter meinen Füßen zum Beben brachte, konnte nicht die innere Stimme in mir übertönen, die mir immer wieder den gleichen Satz zuflüsterte.

Du bist in deinen besten Freund verliebt.

»Oh Gott, Marty! Das war atemberaubend!« Kallie lief hinter der Bühne auf mich zu. »Damit hätte wirklich niemand gerechnet.«

»Ms. Mills wird mir den Kopf abreißen«, jammerte ich.

»Du hast das Richtige getan! Du hattest die Aufmerksamkeit der meisten

Schüler und du hast genau das ausgenutzt. Vielleicht solltest du Präsident werden. Oder Schwulenbeauftragter.«

Bevor ich antworten konnte, kam Ms. Mills um die Ecke und ich stellte mich auf eine Standpauke ein, die ich nie vergessen würde. Neben ihr ging eine Frau von mindestens Ende vierzig, die aber eine viel jüngere Ausstrahlung hatte. Ihre Kurzhaarfrisur erinnerte mich an einen Igel und sie trug ein kunterbuntes Wollkleid, welches bis zum Boden reichte.

»Ms. Mills, hören Sie, es tut mir leid, aber …«, begann ich, doch sie hörte gar nicht zu.

»Martin, ich würde dir gerne meine Lebensgefährtin Genevieve Day vorstellen.« Lebensgefährtin? Das war mir völlig neu. Die Frau streckte mir freundlich ihre Hand entgegen und ich nahm sie zögerlich an.

»Dein Auftritt hat mich sehr beeindruckt. Menschen, die für ihre Überzeugungen kämpfen, bewundere ich enorm und auch persönlich hat mich deine kleine Rede sehr berührt.«

»Danke.« Das machte mich völlig sprachlos.

»Außerdem fand ich dein Stück außerordentlich gut. Nicht viele Pianisten schaffen es, eine solch dichte Atmosphäre aufzubauen.«

Ungläubig starrte ich sie an. Immer stärker beschlich mich der Verdacht, diese Genevieve Day irgendwo schon einmal gesehen zu haben. Dann traf mich die Erkenntnis wie ein Schlag.

»Sie sind Genny Day! Von der Genny Day School of Musical Arts!«

»Wie sie leibt und lebt«, meinte Ms. Mills mit einem Zwinkern.

»Martin, wenn du Interesse hast, schau doch einfach im Frühjahr mal bei uns vorbei. Sehr gerne würde ich mir noch mehr von dir anhören.«

»Ja, klar. Natürlich. Sehr gerne. Absolut«, brabbelte ich. Hatte mich die Leiterin meiner Traumuniversität gerade zum Vorspielen eingeladen?

»Freut mich sehr! Nun, ich gehe lieber zurück zu meinem Platz, sonst verpasse ich noch mehr von diesem faszinierenden Blockflötenstück.«

»Marty! Wie genial ist das denn?« Kallie umarmte mich, als Ms. Mills und Genny Day gegangen waren.

»Ziemlich genial.« Ich war immer noch perplex.

Die nächsten Darbietungen waren ziemlich unspektakulär. Blockflöte und Saxofon waren nicht unbedingt meine Lieblingsinstrumente.

Beim darauffolgenden Auftritt blieb mir jedoch die Spucke weg. Andreas und Annika, die beiden Austauschschüler aus Österreich, trugen *Do You Want To Build A Snowman?* aus dem Disney-Film *Frozen* vor und wurden von der Tanzgruppe unserer Schule begleitet. Selten hatte ich eine solch abgerundete und aufwendige Performance gesehen, obwohl ich den elektrisch animierten Schneemann etwas überspitzt fand.

Kallie starrte fassungslos auf das farbenfrohe Spektakel. »Wie soll ich das bitte toppen? Die haben sogar tanzende Rentiere!«

»Weniger ist mehr. Hör doch mal, diese Annika trifft die hohen Töne nie und schau dir mal Andreas' Outfit an. Von der blinkenden Krawatte bekommt man einen epileptischen Anfall. Du hast eine großartige Stimme und mich als Begleitung am Klavier. Das ist tausendmal mehr wert als diese Glitzerparade dort.«

»Dein Wort in Gottes Ohr.«

Laura, die Beatboxerin, lieferte ebenfalls eine sehr beeindruckende Show ab und es würde nur noch wenige Augenblicke dauern, bis ich wieder auf die Bühne musste, diesmal als Begleitung für Kallie.

»Bereit?«, fragte ich und nahm ihre Hände.

»Ich wurde bereit geboren, Baby!«, rief sie und ich musste lachen.

»So kenne ich meine K-Woww!«

Zu sehen, wie weit wir gekommen waren, erfüllte mich mit Stolz. Wir hatten so viel durchgemacht, doch nie konnte sich etwas zwischen uns stellen.

»Marty, ich liebe dich und ich würde mit niemandem lieber auf diese Bühne gehen.« Eine Träne bahnte sich den Weg über ihre Wange und ich wischte sie weg.

»Hey, nicht weinen, du ruinierst dein ganzes Make-up.« Sanft drückte ich meine beste Freundin an mich. »Ich hab auch dich lieb.«

Man könnte meinen, ein zweites Mal auf die Bühne zu treten wäre einfacher, doch weit gefehlt. Ich war genauso nervös wie vorhin. Kallie stellte sich an das Mikrofon und alle Scheinwerfer wurden auf sie gerichtet. Dies war ihr Moment und ich war froh, ein Teil davon zu sein. Diesmal traute ich mich nicht, einen Blick zu meinen Eltern, Joki oder Sam zu werfen, also ging ich geradewegs zum Klavier und tat das, was ich am besten konnte.

Obwohl wir unseren Auftritt etliche Male einstudiert hatten, war jetzt alles anders. Es war ein magischer Moment, meine beste Freundin vor all den Menschen singen zu hören. Soweit ich es mitbekam, traf sie jeden einzelnen Ton und ich musste mich krampfhaft auf das Klavierspielen konzentrieren, um sie nicht die ganze Zeit anzusehen.

Lautstarkes Jubeln und stehende Ovation waren die Reaktion auf unsere Performance. Kallie und ich nahmen uns bei den Händen und verbeugten uns wie Profis, während der Beifall noch intensiver wurde. Mein Blick schweifte durch die Reihen. Mom wischte sich Tränen von der Wange und sogar in Dads Augen schimmerte es verdächtig. Sam und Jasper johlten und Joki, wie sollte es anders sein, zwinkerte mir zu. Für diesen einen Moment war alles perfekt.

Die anderen Acts des Abends kamen mit zu uns auf die Bühne und wir verbeugten uns noch einmal zusammen. Ms. Mills trat ans Mikrofon, um ein paar abschließende Worte zu sagen.

»Vielen Dank! Hoffentlich haben Sie das Konzert bis jetzt genossen, doch der Abend ist noch jung! Unser hauseigener DJ wird jetzt ein paar freshe Beats auflegen und das Buffet ist hiermit eröffnet!«

Mit diesen Worten verließen wir die Bühne und ich konnte mich endlich entspannen. Kallie hing an meinem Arm und hüpfte auf und ab.

»Das war besser als Sex!«, quietschte sie aufgeregt.

Da ich das nicht beurteilen konnte, nickte ich nur belustigt. Aber ich konnte mir vorstellen, dass Sex mit Jasper schwer zu schlagen war.

»Hier sind ja unsere Superstars!«

Unsere Eltern und Freunde kamen jubelnd auf uns zu. Mom und Dad beteuerten, wie stolz sie auf mich waren und dass mein Stück natürlich ihr Highlight des Abends gewesen war. Sam starrte mich bewundernd an.

»Martin, das war ein Auftritt, von dem deine Schule noch in Jahren reden wird.«

»Gut, dass ich dann schon lange weg bin«, scherzte ich.

Kallie hatte es ebenfalls geschafft, mit ihrer Gesangseinlage zu beeindrucken.

»Wir hatten keine Ahnung, dass du so gut singen kannst, *agapiméni*.« Jannis und Efthimia Kazokis waren völlig baff und brauchten sicherlich einen Ouzo.

Plötzlich stand Joki neben mir und zog mich von den anderen weg.

»Komm mal kurz mit.«

Er führte mich weiter hinter die Bühne, hinein in eine der Umkleidekabinen, die der Schauplatz meiner längst vergessenen Jasper-Träume gewesen war. Mir schlug das Herz bis zum Hals und ich hatte keine Ahnung, was er vorhatte. Wie immer also.

Er schloss die Tür hinter uns und schaute mich eindringlich an. »Was du da vorhin getan hast. Das war für mich, oder?«

Gespielt gleichgültig zuckte ich mit den Schultern. »Für dich. Für mich. Für Ms. Mills und ihre Lebensgefährtin. Für jeden. Aber in erster Linie für dich, ja.«

»Das war ziemlich mutig. So was hätte ich mich wahrscheinlich nicht getraut.«

»Ach was? Jetzt sollte doch eigentlich der Teil kommen, wo du sagst: *Für dich hätte ich dasselbe getan!*«

»Du hast recht! Ein paar Leute sind noch da, ich springe einfach schnell auf die Bühne und reiße mir die Klamotten vom Leib!«

Bitte tu es.

»Quatsch. Wir wollen ja nicht, dass die Unterstufenmädchen in Ohnmacht fallen.« Oder ich.

»Danke, Marty. Ich meine es ernst. Nicht jeder hätte das getan, nicht mal für seinen besten Freund.«

»Tja, ich bin eben wunderbar.«

»Eigenlob stinkt. Übrigens, Liv hat mir vorhin geschrieben.«

Meine Laune sank blitzartig in den Keller.

»Toll! Und?«

»Sie will mit mir reden. Über die ganze Sache mit meiner Bisexualität. Sie holt mich gleich ab.«

»Super! Hol sie dir, Tiger!«

Tiger!? Vermutlich sollte ich mir die Zunge abschneiden.

Joki hatte mir zum Glück nicht zugehört und schien in Gedanken versunken zu sein.

»Erde an Joki! Worüber denkst du nach?«

Auf seiner Stirn bildeten sich Falten und er schien wirklich angestrengt über etwas nachzugrübeln.

»Keine Ahnung, ob ich wieder mit ihr zusammenkommen möchte.«

Bloß nicht lächeln, Martin. Ernst gucken.

»Nachdem sie letzte Woche einfach abgehauen ist … ich weiß nicht. Die Woche war einfach die Hölle für mich und sie war nicht da.«

»Es war sicher auch nicht einfach für sie«, gab ich halbherzig zurück. Bei den nächsten Worten kam mir ein bisschen Galle mit hoch. »Gib ihr eine Chance.«

Joki nickte. »Vermutlich hast du recht.«

Wohin ich auch ging, an jeder Ecke gratulierte mir jemand zu meinem tollen Auftritt. Auch meine kleine Rede musste einen bleibenden Eindruck hinterlassen haben, denn einige der Schüler, die mich und Joki vor Tagen noch beschimpft hatten, schauten nun reumütig aus der Wäsche.

Um frische Luft zu schnappen, ging ich aus der Halle, bereute diese Entscheidung jedoch sofort. Joki und Olivia lehnten küssend an einer Wand. Sie schienen wieder zusammen zu sein. Sehr zusammen sogar. Eigentlich sollte ich mich für Joki freuen und es war mir auch wichtig, dass er glücklich war, doch so selbstlos war ich nicht, ganz im Gegenteil. Ich war verdammt eifersüchtig.

War er gerade eben nicht noch unschlüssig gewesen? Nun verfingen sich seine Hände in Olivias Haaren und ihre Brust drückte gegen seine.

»Hey, du Berühmtheit!« Jemand legte mir von hinten seine Hände über die Augen. Sam. »Du bist schwerer zu erreichen als der Papst«, sagte er, als ich mich zu sich umdrehte.

Was wollte ich eigentlich mit Joki? Immerhin hatte ich *Sam*. Sam war ein Sechser im Lotto. Mit verdammter Zusatzzahl!

»Weißt du, was der Papst nicht tun würde?«, hauchte ich.

»Seilspringen?«

»Nein. Also ja, aber das meine ich nicht. Am besten ich zeig's dir.« Leidenschaftlich griff ich in Sams dichte Locken und zog sein Gesicht näher heran. Dieses Mal war er der Überrumpelte, das erkannte ich an seinem überraschten Blick. Unsere Lippen näherten sich und ich tat, was er die letzten Male getan hatte. Ich küsste ihn. Ohne dass ich es wollte, stellte ich mir plötzlich vor, wie es sein würde, genau das mit Joki zu tun.

Schweren Herzens löste sich Sam von mir. »Das kam unerwartet.«

Er nahm mich bei der Hand und wir gingen wieder in die Halle zurück. Es war schon nach elf und ich hoffte, dass wir bald nach Hause fahren würden.

Jasper und Kallie winkten uns herbei. »Kommt mal, wir haben euch etwas zu sagen.«

»Kal, wir wissen, dass du schwanger bist. Du musst es nicht jeden Tag verkünden.«

»Lustig, Marty.« Sie streckte mir ihre Zunge entgegen. »Wo ist Joki?«

Er vernascht Olivia auf dem Parkplatz.

»Draußen, glaube ich.«

»Nicht mehr!«

Joki und Olivia schlenderten glückselig lächelnd auf uns zu. Es fehlte nur noch Konfetti, das auf die beiden herunterregnete.

»Gibt's ja nicht! Ihr seid wieder zusammen?«

Kallie umarmte Olivia freudig und ich zwang mich zu einem aufgesetzt fröhlichen Lächeln.

»Ja, wir haben uns ausgesprochen.« Olivia nahm Jokis Hand und lehnte sich an seine Schulter.

»Umso besser!«, begann Jasper. »Denn ich habe eine Überraschung für euch. Mein Dad hat ein Ferienhaus in Bellingham und ich wollte euch über die Weihnachtsferien dorthin einladen.«

Kallie klatschte aufgeregt in die Hände.

»Uns alle?«, wollte ich wissen.

»Ja, wir könnten zu sechst fahren. In dem Haus wäre auch noch mehr Platz. Außerdem sind wir nur ein paar Meter vom Mount Baker entfernt. Das heißt, wir können Skifahren und wandern.«

Das klang ziemlich verlockend. »Also ich bin dabei. Wenn meine Eltern nichts dagegen haben.«

»Oh ja, ich auch!« Joki wippte auf und ab. »Wenn seine Eltern nichts dagegen haben«, fügte er lachend hinzu.

»Sam und Olivia, wie sieht's aus? Wir müssen doch feiern, dass wir jetzt alle eine Clique sind«, sagte Kallie.

»Klar bin ich dabei. So was lasse ich mir doch nicht entgehen.«

Sam und Jasper klatschten sich ab. Insgeheim hoffte ich, dass Olivia ablehnen würde. Unsicher schaute sie Joki an, dann mich.

»Wann würde es denn losgehen?«

»Direkt nach Weihnachten. Und dann für eine Woche, würde ich sagen.«

»Über die Weihnachtsfeiertage fliege ich mit meiner Familie nach Miami, aber danach müsste es klappen. Danke für das Angebot!«

Warum zur Hölle fuhr man über Weihnachten an einen der heißesten Orte des Landes?

»Das wird mega!«, rief Kallie und steckte mich mit ihrer Euphorie an. Eine Woche mit meinen Freunden in den Bergen konnte doch nur fantastisch werden, oder?

»Jingle bells, jingle bells, jingle all the way!«, begann Dad zu singen, während er Glasur über die Plätzchen strich, die Mom gerade aus dem Ofen geholt hatte.

»Oh what fun it is to ride, in a one-horse open sleigh«, stimmte Joki mit ein. Meine Eltern und Joki schauten mich fordernd an. Mein Einsatz war wohl gekommen.

»Hey«, sang ich textsicher und schüttelte belustigt den Kopf.

Heiligabend war immer mein absoluter Lieblingstag im ganzen Jahr. Nichts kam an die Atmosphäre dieses Feiertages heran, es war einfach magisch. Überall roch es nach Plätzchen und Tannennadeln, das ganze Haus und der Garten waren festlich dekoriert und ich hatte endlich einen Anlass, das Weihnachtsalbum von Kelly Clarkson in Dauerschleife zu hören.

Dieses Jahr war vieles anders als sonst. Meine Großeltern hatten eine

Reise nach Mailand gewonnen und würden uns nicht besuchen, wie sonst immer. Dafür war Joki nun bei uns und ein fester Bestandteil unserer Familie. Meine Eltern bereuten ihre Entscheidung, ihn bei uns aufzunehmen, keine einzige Sekunde lang. Er brachte Farbe und Abwechslung in unser Leben und gerade für mich war er wie der Bruder, den ich nie hatte.

Nur, dass man sich in seinen Bruder im Normalfall nicht verliebte. Gut, dass ich ein Meister im Verdrängen war. Meistens jedenfalls.

Joki und ich schauten den ganzen Morgen lang im Fernsehen irgendwelche Weihnachtsfilme und tranken heiße Schokolade. An diesem Tag fühlte ich mich in meine Kindheit zurückversetzt und hatte die ganze Zeit ein warmes Gefühl im Bauch. Vermutlich war ich einfach glücklich. Das Konzert war überstanden, ich hatte vielleicht eine reelle Chance, an meinem Traumcollege aufgenommen zu werden, und meine Freunde und ich hatten vor, zusammen die Ferien zu verbringen. Meine Eltern hatten nicht mal irgendwelche Einwände! Im Moment lief wirklich alles wie geschmiert.

Am Abend packte ich in meinem Zimmer die Geschenke ein, die ich in den letzten Wochen besorgt hatte. Man könnte denken, dass ich durch das Klavierspielen eine gewisse Fingerfertigkeit dafür hätte, doch bei so etwas stellte ich mich an wie ein Goldfisch beim Schuhebinden.

Für meine Eltern hatte ich zwei Karten für einen Fallschirmsprung gekauft, weil ich wusste, dass es ein riesiger Traum von ihnen war. Mich persönlich würde nichts dazu bringen, aus Tausenden Metern Höhe ins Nichts zu springen, aber jedem das seine. Kallie hatte ich eine Tasche besorgt, die ich schon im September hatte reservieren müssen, weil sie so begehrt war. Für das Baby legte ich ihr noch mein Lieblingsstofftier dazu, ohne das ich als kleines Kind nie hatte einschlafen können: ein kleiner Elefant namens Fanti.

Ja, ich weiß.

Sam war ein schwieriger Fall. Leider kannte ich ihn noch nicht gut genug, um zu wissen, was ihm gefallen würde. Letztendlich entschied ich mich für einen ledernen Basskoffer, der innen mit smaragdgrünem Samt ausgepolstert war. Diesen hatte ich günstig in einem Second-Hand-Musikladen erspäht und musste einfach zuschlagen.

Für Joki wollte ich in diesem Jahr Finnland in unser Haus holen.

Der Weihnachtsmorgen begann für mich zu einer unchristlichen Zeit. Bereits um fünf Uhr stand ich in der Küche und balancierte meinen Laptop, auf dem ich unzählige Rezepte geöffnet hatte, in der einen Hand und diverse Küchengeräte in der anderen. Zuvor hatte ich bereits ein Banner mit der Aufschrift *Hyvää Joulua,* was *Frohe Weihnachten* bedeutete, aufgehängt und die *Korvapuusti*, typisch finnische Zimtschnecken, waren im Ofen. *Korvapuusti* bedeutete übersetzt übrigens so viel wie *Ohrfeige* oder *Maulschelle*. Die Finnen schienen echte Komiker zu sein. Meine Internetrecherche hatte ergeben, dass sich das Weihnachtsfest in Finnland gar nicht so stark von dem unseren unterschied.

Das Essen für heute war bis ins kleinste Detail durchgeplant: Zum Frühstück gab es die Korva-Dinger und das Abendessen würde aus einem traditionellen finnischen Weihnachtsschinken bestehen.

»Okay, der Joulukinkku muss um sechs in den Ofen«, sagte ich zu mir selbst, als ich den marinierten Braten in den Kühlschrank schob. Die Küche sah nach drei Stunden aus wie ein Schlachtfeld und ich war völlig fertig mit den Nerven. Wer hätte gedacht, dass es so verflucht anstrengend sein würde, ein finnisches Weihnachtsessen zu zaubern?

Gleich würden Joki und meine Eltern aufstehen, also rührte ich noch schnell die Zutaten für den Glühwein zusammen und beseitigte daraufhin das Chaos. Völlig erschöpft wischte ich mir den Schweiß von der Stirn und ließ mich im Wohnzimmer aufs Sofa fallen.

»Guten Morgen! Was riecht denn hier so gut?« Joki war noch im Pyjama und legte einige Geschenke unter den Weihnachtsbaum.

»Verdammt, die Korvas!« Panisch sprang ich auf, um meine Zimtbrötchen vor dem Verbrennungstod zu retten.

»Die Ohren?«, fragte Joki verwirrt und folgte mir in die Küche.

»Ohrfeigen«, korrigierte ich und zog das Blech aus dem Ofen. Gott sei Dank, sie waren nicht verkohlt.

»Du hast Korvapuusti gemacht!« Joki griff nach einem der Gebäckstücke, doch ich schlug ihm mahnend auf die Finger.

»Wir essen alle zusammen! Außerdem solltest du das noch gar nicht sehen.«

»Warum nicht?«

»Weil das mein Weihnachtsgeschenk für dich ist. Heute Abend gibt es Weihnachtskinkku und alkoholfreien Glögi.«

»Genau wie damals in Finnland!« Joki umarmte mich stürmisch und ich schloss kurz die Augen, um diesen Moment zu genießen.

»Warum ist dir in den letzten siebzehn Jahren nie eingefallen, für uns zu backen?« Mein Dad stopfte sich mittlerweile die vierte Zimtschnecke in den Mund.

»Mom besitzt ein Café und backt jeden Tag«, bemerkte ich.

»Aber nicht so was Feines«, gab mein Vater schmatzend zurück und fing sich einen mörderischen Blick von meiner Mutter ein.

»Martin, du musst mir dringend das Rezept geben. Die werden im Café weggehen wie warme Semmeln«, sagte sie.

»Die schmecken echt unglaublich«, schwärmte Joki.

»Leute, jetzt hört auf mit eurer Lobhudelei. Lasst uns lieber mal die Geschenke öffnen. Es ist schon fast Nachmittag.«

Wir ließen uns wie in einer Familienserie aus den Siebzigern am Weihnachtsbaum nieder und drückten uns gegenseitig die Geschenke in die Hand. Meine Eltern fielen mir um den Hals, als sie die Gutscheine für den Fallschirmsprung sahen. Joki hatte meiner Mutter ein paar Ohrringe besorgt, die sie sich sofort ansteckte, mein Dad bekam ein Aftershave, das wir zusammen ein paar Tage zuvor ausgesucht hatten.

»Jonathan, das riecht besser als alles, was du in den letzten achtzehn Jahren getragen hast«, stellte meine Mutter fest.

Joki drückte mir sein Geschenk in die Hand und grinste nervös. Das Gefühl, wenn man hoffte, das passende Präsent ausgewählt zu haben, kannte ich zu gut. Das Paket war ziemlich flach und ich hatte nicht die leiseste Ahnung, was darin sein könnte.

Sorgfältig löste ich das Geschenkpapier.

»Heilige Mutter Gottes!« Ich war nicht religiös, aber wenn man eine signierte Schallplatte von *Florence + the Machine* in Händen hielt, konnte man schon mal seine Überzeugungen vergessen. »Du bist doch verrückt!« Nachdem ich Joki umarmt hatte, starrte ich ungläubig auf meinen neu errungenen Schatz. »Die ist megaselten! Wen musstest du dafür umbringen?«

»Niemanden.« Er lachte. »Mit ein bisschen Internetrecherche, gepaart mit einem Fünkchen Verhandlungsgeschick, war es gar nicht so schwer, die Platte aufzutreiben.«

»Der Wahnsinn! Danke!«

»So, nun sind wir dran«, begann mein Dad und Mom nickte ihm zu. »Wir haben uns diesmal etwas Besonderes überlegt. Und zwar ist unser Geschenk für euch beide. Wir würden euch gerne den Führerschein bezahlen. Allerdings erst nach den Abschlussprüfungen«, verkündete Mom.

»Das ist nicht euer Ernst.« Joki suchte in den Gesichtern von Mom und Dad nach einem Anzeichen dafür, dass es alles nur ein Scherz von ihnen war. »Ihr seid die Besten!« Er fiel ihnen um den Hals und ich nickte ihnen dankbar zu. Sie waren die großartigsten Eltern, die man sich hätte wünschen können.

»Wir machen den Führerschein!« Joki schüttelte mich.

»Im Gegensatz zu dir muss ich wirklich noch lernen zu fahren«, sagte ich mit einem Grinsen.

»Voilà!« Ganz professionell stellte ich den Braten auf den Tisch und schnitt ihn an. Zu meiner Erleichterung war er auf den Punkt gegart.

»Das ist ein Joulukinkku, der finnische Weihnachtsschinken. Greift zu!«

Joki nahm sich etwas und biss genüsslich ein Stück ab. Langsam schloss er die Augen und stöhnte leicht auf. »Marty, du hast dich wirklich selbst übertroffen.« Zufrieden goss ich uns allen ein Glas von dem Glögi ein. »Danke.«

Meine Eltern beäugten mich völlig verdutzt, so als hätte ich noch nie gekocht. Okay, ich hatte das wirklich noch nie zuvor getan.

Wir schlugen uns die Bäuche voll und ich war noch nie in meinem jungen Leben so dermaßen vollgefressen gewesen. Mom und Dad gingen irgendwann ins Bett und ließen Joki und mich allein.

»Heute habe ich mindestens sieben Kilo zugenommen«, jammerte ich.

»Du warst ohnehin zu schmächtig.«

»Ha! Und dir könnten zwei Kilo weniger nicht schaden.«

Das war eine Lüge, er war perfekt, so wie er war.

»Findest du, ja? Das sind alles Muskeln!« Joki spannte seinen Bizeps an und ich tat unbeeindruckt.

»Das kannst du meiner Oma erzählen. Die hat übrigens mehr Muskeln als du! Das ist doch alles weich wie Pudding.«

»Ach ja?« Mit einem lauten Lachen sprang er auf und nahm mich in den Schwitzkasten. »Pudding, was?«

»Ja!«, brachte ich gequält hervor und versuchte mich aus seinem Griff zu befreien. Wir lachten noch lange und im Laufe des Abends legte ich meine neue Platte auf und wir tranken den restlichen Glögi aus. Es war das beste Weihnachtsfest, das ich jemals hatte.

12

Kuss in der Vorratskammer

»Wo bleiben die denn?« Joki und ich waren mit kiloweise Gepäck beladen und warteten auf Jasper und Kallie, die uns mit dem Van von Jaspers Vater abholen wollten. Just in diesem Moment tauchte der Wagen am Ende der Straße auf. Mit eiskalten Fingern krallte ich mir meine Reisetasche und den Basskoffer, den ich für Sam besorgt hatte. Ich hatte keine Ahnung, ob ich für Jasper und Olivia auch ein Weihnachtsgeschenk hätte kaufen sollen. Ab wann ist man eigentlich verpflichtet, jemandem etwas zu schenken? Manchmal wünschte ich mir, dass es im echten Leben so wäre wie bei den Sims. Da wurde immer haargenau die Beziehung zu dem jeweiligen anderen Sim angezeigt und man wusste, woran man war. Zur Not würde ich einfach sagen, dass ich ihre Geschenke zu Hause hatte und ich sie ihnen später geben würde. Das war vielleicht unhöflich, aber immer noch besser, als zugeben zu müssen, keine besorgt zu haben. Die Tasche für Kallie war ja schließlich auch noch nicht angekommen, weil die italienische Firma Schwierigkeiten bei der Lieferung hatte.

»Steigt ein, bringt Glück herein!« Kallie saß auf dem Beifahrersitz neben Jasper. Joki und ich luden unser Gepäck in den Kofferraum und natürlich entging meiner Freundin nicht der schlecht eingepackte Basskoffer.

»Was ist das denn Phallusförmiges?«

»Du siehst auch überall Geschlechtsteile.«

»*Phalli*«, berichtigte sie.

»Ich *phalli* dir gleich welche. Das ist ein neuer Koffer für Sams Bass.«

»*You know I'm all about that bass, about that bass, no trouble*!«, trällerte sie und wippte so stark mit, dass der ganze Van zu schwanken begann. Obwohl ich das Lied fast so sehr hasste wie Lenny, steckte ihre gute Laune an und ich konnte es kaum erwarten, das Ferienhaus zu beziehen.

»Also, bis nach Bellingham fahren wir knapp fünf Stunden«, erklärte Jasper. »Sam holen wir auf dem Weg ab. Wie sieht es mit Olivia aus?«

»Sie ist gestern Abend wiedergekommen, also können wir sie gleich abholen«, antwortete Joki.

Anscheinend hatten Olivias Eltern nichts dagegen einzuwenden, ihre Tochter mit uns nach Bellingham fahren zu lassen. Wie ich mitbekommen hatte, konnten sie Joki außerordentlich gut leiden. Das wunderte mich nicht, man musste ihn einfach gern haben.

»Dann kann es ja losgehen! Wuhu!«, grölte Kallie und wir fuhren los.

Olivia wartete schon vor der Haustür und hatte zu meiner Überraschung offenbar nicht viel mehr Gepäck dabei als ich. Irgendwie hatte ich gedacht, sie wäre eines dieser Mädchen, die für einen Tagesausflug zwei Koffer mit Klamotten mitschleppten. Als sie zur Seite trat, kam eine weitere Reisetasche zum Vorschein. Hatte ich es doch gewusst.

»Hallo zusammen!« Sie drückte jedem von uns einen Kuss auf die Wange, außer Joki natürlich, der einen Knutscher auf den Mund bekam. Ihr süßes Parfum ließ mich die Nase rümpfen. Schon immer hatte ich mich gefragt, wer diese Zuckerwattendüfte kauft.

Wir fuhren ungefähr eine Stunde, bis wir in dem Ort angekommen waren, in dem Sam wohnte. Mir fiel auf, dass ich noch nie bei ihm zu Hause gewesen war. Er hatte mir erzählt, dass das Verhältnis zu seinen Eltern ziemlich zerrüttet war. Diese hatten nie akzeptieren können, dass ihr Sohn schwul war, und deshalb war er mit achtzehn mit seinen Bandkollegen Tiffany und Jared in eine WG gezogen.

Sam stand bereits an der Straße und wartete, als wir vorfuhren. Er lud seinen Koffer ein und stieg ins Auto. Dass dieser heiße Kerl tatsächlich mein Freund war, konnte ich immer noch nicht glauben. Er begrüßte die anderen jeweils mit einem Handschlag und gab mir einen zärtlichen Kuss auf die Lippen, über den ich beinahe den Missmut über das Geknutsche von Joki und Olivia vergaß.

»Wie ich sehe, sind wir vollzählig!« Er zog eine CD aus der Tasche seiner Lederjacke. »Unser neues Album. Wenn ihr mögt, können wir sie einlegen.«

»Klar!« Kallie griff sich die Disc und ersetzte damit das Mixtape, die sie vorher hatte laufen lassen.

»Endlich! Noch ein Song von Lana Del Rey und ich wäre aus dem fahrenden Auto gesprungen«, bemerkte ich.

»Nichts gegen Queen Lana!«, schimpfte Kallie.

»Alles, was ich will, ist high werden am Strand«, imitierte ich die Sängerin. »Wo ist nur mein Blumenschmuck? Hast du ihn gesehen, Gurl?«, hauchte ich Kallie ins Ohr und spitzte meine Lippen. Es überraschte mich, dass Olivia die Erste war, die losprustete.

»Du bist ein Vollidiot!«, rief Kallie, doch in ihren Augen standen Lachtränen. Es dauerte etwas, bis wir uns alle an die Rockmusik von *Donaghy Drive* gewöhnt hatten, doch schnell grölten wir alle ausgelassen zu den pulsierenden Songs mit.

Am frühen Nachmittag fuhren wir endlich in Bellingham ein. Meine Stimmung ließ zu wünschen übrig, da Joki und Olivia beschlossen hatten, die letzten beiden Stunden damit zu verbringen, ihre Zungen aneinanderzureiben. So langsam fühlte ich mich wie ein Außenseiter, weil ich nicht ununterbrochen an Sams Lippen hing wie ein Blutegel. Wenigstens heiterte mich die wunderschöne Umgebung etwas auf. Die verschneite Stadt hatte einen altmodischen Charme und ich hätte mir kein besseres Urlaubsziel für uns wünschen können.

Das Ferienhaus von Jaspers Eltern lag nicht mitten im Wald, sondern am Stadtrand. Trotzdem war ich sprachlos, denn es sah alles aus wie in einem kitschigen Liebesfilm. Und das war durchaus positiv. An das Haus grenzte ein kleines Waldstück und die hochgewachsenen Fichten bogen sich unter der Last des Schnees.

»Das untere Stockwerk besteht aus dem Wohnbereich mit Kamin, der Küche und diversen anderen Räumen, die nie jemand nutzt. Oben befinden sich sechs Doppelschlafzimmer. Also haben wir mehr als genug Platz«, erklärte Jasper.

Das Innere des Ferienhauses brachte mich erneut zum Staunen. Der Boden und sogar die Wände waren mit hellem Holz verkleidet und der Wohnbereich war einfach riesengroß.

»Olivia?« Die Art, wie ihr Name über Jokis Lippen ging, bereitete mir Kopfschmerzen. Wie Honig zerfloss er auf seiner Zunge. *Oh-Li-Via.*

Sie betrat das Ferienhaus, nachdem Joki und ich vorgegangen waren, um ihr zentnerschweres Gepäck zu tragen. Daraus, dass es mir ziemlich gegen den Strich ging, für Jokis Freundin den Packesel zu spielen, machte ich keinen Hehl. Sie bedankte sich mit einem Lächeln und ich hasste sie dafür. Jedenfalls wollte ich sie hassen.

»Schaut, wie idyllisch es hier ist!«, quiekte sie und mir stellten sich die Nackenhaare auf. Olivias pfirsichartige Haut war von der Kälte gerötet, sodass Jokis Finger weiße Abdrücke auf ihren Wangen hinterließen, als er sie zärtlich streichelte. Sie schloss kurz die Augen und genoss die Berührungen ihres Freundes sichtlich.

»Total!«, antwortete ich mindestens genauso schrill. Mein Sarkasmus blieb leider nicht unerkannt und Olivia schluckte kurz und blickte wie ein verletztes Hündchen aus der Wäsche, woraufhin mir Joki einen bitterbösen Blick zuwarf. Großartig! Sogar Kallie, die gerade mit Jasper das Haus betrat, schaute nur verständnislos.

Genervt schnappte ich meine Tasche und ging in das erste Stockwerk, um für mich und Sam eines der Zimmer auszusuchen. Die Vorstellung, mit ihm das Bett zu teilen. machte mich nervös und ein unbehagliches Gefühl stieg in mir auf. Meine Laune war völlig im Keller und ich hätte lieber einen Ort nur für mich. Isolation war gut. Für mich jedenfalls. Es gefiel mir doch, allein zu sein, und deshalb sollte ich mir eigentlich ein Einzelzimmer nehmen, oder?

Reiß dich zusammen, Martin. Du schläfst mit Sam zusammen und genießt gefälligst den Urlaub mit deinen Freunden!

Also wählte ich den hintersten Raum des Gangs aus und warf mein Gepäck auf das Bett. Seufzend linste ich aus dem Fenster. Die Aussicht war wirklich atemberaubend. Eine weiße Schneedecke hatte das Land überzogen und es kam mir vor, als wäre die Welt eingeschlafen. Alles war ruhig und friedlich. Na ja, bis auf das Gelächter von Kallie und Jasper, die anscheinend spontan beschlossen hatten, eine Schneeballschlacht zu veranstalten. Als ich gerade dabei war, meine Kleidung im Schrank einzusortieren, hörte ich Schritte auf den Holzdielen.

»Was sollte das?«

Joki warf die Tür hinter sich ins Schloss und bei dem Knall machte mein Herz einen Sprung. Er verschränkte die Arme vor der Brust, auf eine Erklärung wartend, die ich ihm nicht geben konnte.

»Was meinst du?« Ich gab mich ahnungslos, als ich dieselbe Hose zum dritten Mal zusammenlegte.

»Weißt du eigentlich«, begann Joki und kam ein paar Schritte auf mich zu, »wie viel Überzeugungskraft es gekostet hat, Liv dazu zu bringen, mitzukommen? Sie war die ganze Zeit besorgt und hatte Angst, dass du sie nicht magst. Und weißt du, was ich ihr dann gesagt habe?«

Sein fordernder Blick zwang mich in die Knie. Schluckend schüttelte ich den Kopf.

»Dass du sie natürlich magst. Weil sie ein wunderbarer Mensch ist und du der Erste sein würdest, der das erkennt. Weil du mein bester Freund bist.«

»Ich mag sie ja.«

»Aber? Warum benimmst du dich dann wie das letzte Arschloch?«

»Vielleicht ist die Situation einfach noch zu ungewohnt. Mit zwei Pärchen und dann der ganze Kram mit Sam. Das ist einfach Neuland für mich. Tut mir leid.«

»Okay.«

Jokis Körperhaltung entspannte sich und seine Lippen, die vorher eine gerade Linie waren, formten sich zu einem Lächeln.

»Sie ist wirklich etwas Besonderes, weißt du? Und es ist mir wichtig, dass du sie auch magst. Mir ist klar, dass es sicherlich nicht einfach ist, jetzt, wo Kallie und Jasper zusammen sind.«

Ich zuckte mit den Schultern. Er dachte wirklich, dass ich noch an Jasper interessiert war.

»Wenn du reden willst, komm einfach zu mir. Okay?«

Nickend zwang ich mich zu einem Lächeln. Natürlich würde ich nicht mit ihm über Jasper reden. Weil es nichts zu reden gab. Er war nicht mein Problem.

Als Joki auf mich zukam, um mich zu umarmen, schaltete ich meinen Körper aus. Auf keinen Fall würde ich die hellen Stoppeln auf seiner Wange anschauen, als wären sie ein faszinierendes Gemälde, und ich würde auch nicht seinen Duft einatmen, der mich an das Meer und die Dünen erinnerte. Jener Geruch, der mich an die einsamen Stunden am Strand zurückversetzte, so als wäre Joki jedes Mal dabei gewesen.

Unter keinen Umständen würde ich mich noch mehr in meinen besten Freund verlieben.

Mit diesem Vorhaben erwiderte ich die Umarmung so, wie es ein bester Freund eben tut. *Wir sind im Urlaub. Meine Freunde und ich.* Wenn dieser Gedanke meine Laune nicht heben würde, was dann?

Zuversichtlich ging ich wieder nach unten, nachdem Joki in seinem Zimmer verschwunden war. Kallie und Jasper waren immer noch draußen, als ich Olivia in einem der Sessel entdeckte. Gedankenverloren blätterte sie in einem Buch herum. Am liebsten hätte ich mich geohrfeigt. Sie war nett, hübsch und las Bücher. Etwas Besseres konnte Joki doch gar nicht passieren.

»Hey«, presste ich hervor.

Olivia drehte sich zu mir um, in ihren Augen lag etwas, das ich nicht deuten konnte. »Hey«, gab sie zurück.

Ich setzte mich auf die Lehne ihres Sessels und atmete tief durch. »Es tut mir leid, dass ich mich dir gegenüber manchmal so blöd verhalte.«

Olivia nickte. »Schon okay.«

»Nein, ist es nicht. Irgendwie habe ich meine persönlichen Probleme auf dich projiziert, das war unfair. Mein Leben war in letzter Zeit nicht wirklich einfach und ich denke, ich habe einen Sündenbock gesucht.«

Dann tat sie etwas, womit ich nicht gerechnet hätte. Sie nahm meine Hand.

»Was du vor deinem Auftritt auf dem Konzert gemacht hast. Was du gesagt hast. Ich bewundere dich, weißt du? Seit ich dich kenne, lange bevor deine Eltern Joki überhaupt aufgenommen haben, hatte ich enormen Respekt davor, wie du in der Schule mit den ganzen Problemen umgegangen bist.«

»Wirklich?«, fragte ich.

»Wirklich. Also, Freunde?«

»Freunde«, bestätigte ich mit einem Lächeln.

Kurz darauf waren wir alle im Wohnbereich versammelt.

»So, ich würde sagen, ich gehe Holz hacken, bevor es dunkel wird. Jungs, helft ihr mir?«, fragte Jasper.

Zwar würde ich mich lieber nackt im Schnee wälzen, als Holz zu hacken, doch das gehörte wohl dazu.

»Eigentlich meinte ich nur Joki und Sam«, sagte Jasper zu mir, als ich auch aufstand. Was sollte das denn jetzt bedeuten?

»Bin ich etwa nicht männlich genug dafür oder was? Ich bin männlicher als ihr alle zusammen.« Meine wilde Gestikulation schien die Aussage leider nicht zu untermauern.

»Das bestreitet ja niemand, aber zu dritt schaffen wir das locker.«

»Dann lass Joki doch hier. Oder Sam. Warum mich? Außerdem bin ich sehr wohl in der Lage, Holz zu hacken. Von mir aus hacke ich dir den ganzen Wald kurz und klein, wenn es sein muss«, brabbelte ich.

Joki prustete los und am liebsten hätte ich ihm eine gescheuert.

»Einverstanden. Wir gehen einfach zusammen und du zeigst uns, was du draufhast.«

Es wäre doch gelacht, wenn ich nicht in der Lage wäre, mit einer Axt auf ein bisschen läppisches Brennholz einzuschlagen. Wir gingen alle nach draußen zu einer kleinen Hütte, in der es gelagert wurde. Jasper legte ein Scheit auf einen Baumstamm.

»Hier.« Er drückte mir die Axt in Hand, mit deren Gewicht ich sofort einsackte.

»Das ist die Axt, was?«, wisperte ich und Jasper nickte amüsiert. Joki und Sam verkniffen sich angestrengt das Lachen, während Olivia und Kallie mich anfeuerten.

Warum musste das Ding so verdammt schwer sein? Entschlossen umfasste ich den Griff mit beiden Händen und hob sie über meinen Kopf. Es war ein Wunder, dass ich nicht auf der Stelle hintenüberfiel oder jemandem die Axt in den Kopf rammte. Meine Arme brannten unter der Belastung und ich versuchte irgendwie zu zielen.

Ich traf mit voller Wucht. Den Boden. Filmreif fiel ich hinterher und landete mit dem Gesicht voran im Schnee, mein Hintern gen Himmel gestreckt. Meine Freunde brachen in schallendes Gelächter aus und ich konnte es ihnen nicht mal übel nehmen. Die Situation war schon verdammt lustig.

»Das war Absicht!« Kallie und Olivia halfen mir auf und ich wischte mir den Schnee aus dem Gesicht. »Aber den Rest überlasse ich euch, ich will euch ja nicht die ganze Arbeit wegnehmen.«

»Wir drei Hübschen erkunden jetzt die Gegend! Viel Spaß noch beim Holzhacken«, rief Kallie.

Noch nie hatte ich mich so sehr wie ein Mädchen gefühlt wie in diesem Moment. Hätte ich dieses blöde Holzstück nicht einfach treffen können?

»Marty, das hätte ich filmen müssen!«, gackerte Kallie. »Wie du einfach wie ein Kartoffelsack in den Schnee geplumpst bist!«

»Die Axt hat mehr gewogen als du!«, verteidigte ich mich.

»Also unsere Jungs scheint das nicht zu stören«, bemerkte Olivia und deutete auf Joki, der gekonnt das Beil schwang, als wäre es federleicht. »Er ist so heiß«, schwärmte sie.

»Wir haben mit unseren Typen echt das große Los gezogen. Oder, Marty?« Langsam kam ich wieder zu mir. Der Holz hackende Joki hatte mich abgelenkt.

»Absolut«, antwortete ich.

»Bist du eigentlich schon aufgeregt wegen heute Nacht?«, fragte Kallie und in ihren Augen blitzte etwas auf. Es ging um etwas Versautes, ganz sicher.

»Was soll heute Nacht sein?«

Kallie und Olivia wechselten einen kurzen Blick miteinander.

»Na, Sam und du. In einem Zimmer. In einem Bett.«

Schockiert riss ich die Augen auf. »Was? Ihr glaubt doch nicht, dass er … mit mir schlafen will?«

»Er ist einundzwanzig, ihr seid ein Paar, schlaft in einem Bett zusammen und ich glaube kaum, dass er *Mensch ärgere dich nicht* spielen will.«

Mir wurde ganz schlecht. Natürlich gab es weitaus schlimmere Vorstellungen, als mit Sam Sex zu haben und ich wusste auch, dass es früher oder später darauf hinauslaufen würde. Aber heute Nacht schon?

»Nicht jeder Junge will gleich das Eine«, warf Olivia ein. »Joki und ich hatten zum Beispiel auch noch keinen Sex.«

Ungläubig starrte ich sie an. Ich hätte erwartet, dass sie es schon längst getan hatten.

»Nicht dein Ernst.« Kallie riss theatralisch den Mund auf. »Jasper und ich können kaum die Finger voneinander lassen.«

»Offensichtlich«, meinte ich und zeigte auf ihren Bauch.

Überfordert ließ ich Kallie und Olivia stehen, dieses ganze Gerede über Sex wurde mir einfach zu viel. Total verunsichert ging ich auf mein Zimmer und lief nervös auf und ab. Was, wenn Kallie recht hatte? Ich war einfach noch nicht bereit, mit Sam zu schlafen. Ich war nicht bereit, mit irgendjemandem zu schlafen. Aber was würde er tun, wenn ich ihn abweisen würde? Es blieb mir nichts anderes übrig, als einfach abzuwarten, was passieren würde.

Als Jasper, Sam und Joki genug Holz beisammen hatten, warfen sie den Kamin an und im ganzen Haus breitete sich eine angenehme Wärme aus.

»Die Korvapuusti waren wirklich das Beste, was ich je gegessen habe«, sagte Joki, als ich in den Wohnraum kam. »Hey Marty, ich erzähle den anderen gerade von deinem fantastischen Weihnachtsessen!«

»So gut war es auch nicht.« Peinlich berührt kratzte ich mich am Kopf. »Sam, kommst du mal kurz mit nach oben?«

Es war Zeit, ihm sein Weihnachtsgeschenk zu überreichen und ich hoffte inständig, dass sein Geschenk für mich nicht in seinen Boxershorts versteckt war.

»Ich habe den hintersten Raum für uns ausgesucht.«

Gemeinsam gingen wir in unser Zimmer. »Den ganzen Tag habe ich gehofft, dass wir mal allein sein können«, flüsterte er und gab mir einen leichten Kuss auf die Wange.

Aufgeregt öffnete ich den Schrank und zog mein Geschenk heraus und gab ihm den Basskoffer. »Frohe Weihnachten! Es ist übrigens *nicht* phallusförmig«, bemerkte ich.

Irritiert schaute er mich an.

Ich musste lachen. »Ach, vergiss es. Mach schon auf!«

Er riss das Geschenkpapier auf, während ich hibbelig zuschaute. »Krass! Ein neuer Koffer für meinen Bass!« Er fuhr mit den Fingern über das Leder und küsste mich dann sanft auf den Mund. »Danke.«

»Öffne ihn mal«, sagte ich. Gehorsam kam Sam der Aufforderung nach und blickte auf den smaragdgrünen Stoff. »Die Farbe ist der Wahnsinn!«

»Dachte ich mir doch, dass sie dir gefallen wird.«

»Das ist wirklich das beste Geschenk überhaupt. Und ich hab auch noch was für dich.«

Er fischte etwas aus seiner Jackentasche und drückte es mir in die Hand. Es waren zwei Karten für ein Konzert von *Donaghy Drive*.

»Du schenkst mir Karten für dein eigenes Konzert?«, lachte ich.

»So sieht es aus. Es sind sogar VIP-Karten. Du hast außerdem die Erlaubnis, mit dem superheißen Bassisten rumzuknutschen.«

»Klingt verlockend«, hauchte ich und küsste Sam zärtlich auf den Mund. Meine Hände fuhren unter sein Shirt und mir wurde gleichzeitig heiß und kalt, als ich seine nackte Haut unter meinen Fingern spürte. »Danke für die Karten«, presste ich zwischen den Küssen hervor.

»Gerne.« Sam zog mir den Pullover über den Kopf und ich war noch nie vor einem anderen Jungen so entblößt gewesen wie vor ihm in diesem Moment. Sam schob mich in Richtung des Bettes, während die Zweifel, die an mir nagten, die Kontrolle übernahmen.

»Warte mal.« Sanft gab ich ihm zu verstehen, dass er aufhören sollte. Fragend schaute er mich an.

Mit ihm könnte alles so leicht und ungezwungen sein. Jetzt und hier hätte ich es zum nächsten Schritt kommen lassen können. In diesem Augenblick hätte ich diese Schwelle überschreiten können, vor der sich jeder Teenager fürchtet, doch so sollte mein erstes Mal nicht ablaufen. Ich wollte keinen Sex mit Sam. Nicht heute und auch nicht irgendwann. Vielleicht war es altmodisch und hoffnungslos romantisch, doch ich wollte mit jemandem schlafen, den ich auch liebte. Wenigstens ein bisschen.

Sam liebte ich nicht und es brach mir das Herz.

Sams Lippen waren vom Küssen geschwollen und sein lockiges Haar stand strubbelig vom Kopf ab.

»Alles in Ordnung? Wir müssen nicht bis zum Äußersten gehen, wenn du nicht willst.«

Nickend drückte ich ihm einen raschen Kuss auf die Lippen. »Ich brauche noch etwas Zeit, denke ich.«

Sam lächelte. »Kein Problem, ich kann warten.«

Jemanden wie ihn hatte ich gar nicht verdient.

»Wollen wir wieder zu den anderen gehen?«, fragte ich und zog mir mein Shirt wieder an.

»Klar.«

Kallie, Jasper, Joki und Olivia saßen am Tisch im Wohnzimmer und diskutierten über das Essen.

»Da anscheinend niemand Lust hat, etwas zu kochen, können wir auch einfach was bestellen«, kam es von Jasper.

»Sushi!«, rief Kallie und Olivia nickte zustimmend.

»Nein, ich esse keinen Fisch«, bemerkte Joki mit angewidertem Gesicht.

»Wie, du isst keinen Fisch? Was für ein Finne bist du eigentlich?«

»Leute, ich bin für Pizza«, warf ich ein.

»Da sind ja unsere Turteltäubchen! Also von mir aus, dann bestellen wir eben Pizza. Es ist ja nicht so, als würde ich nicht ohnehin schon fett genug werden«, lamentierte Kallie.

»So eine spontane Entscheidung hätte ich dir gar nicht zugetraut«, flüsterte Sam mir zu.

»Was meinst du?« Skeptisch zog ich eine Augenbraue hoch.

»Dass du alles immer zu Tode denkst, anstatt einfach mal was aus dem Impuls heraus zu tun. Aber genau das mag ich an dir.«

Wo kam das denn plötzlich her? Zugegeben, ich war nicht der Typ, der auf einem Konzert einen Siebzehnjährigen abfüllte und küsste. Aber ich konnte sehr wohl spontan sein. Fast hätte ich ihm von Lennys Fuß erzählt, doch das war etwas, was ich nicht an die große Glocke hängen wollte, und außerdem rühmte man sich mit solchen Sachen nicht, selbst wenn Lenny das riesigste Arschgesicht war, das es gab.

Trotzdem gab mir Sams Bemerkung zu denken. Da hatten wir es wieder: denken, denken, denken! War ich wirklich so zögerlich?

»Ich bin spontaner, als du glaubst«, sagte ich nur und suchte mir eine Pizza aus. Ganz spontan. Denn ich hatte mächtigen Kohldampf.

Vollgestopft breitete ich mich auf der Couch aus und lauschte dem Knistern des Kamins. Kallie lag neben mir und strich über ihren Bauch.

»Er wird immer größer«, sagte sie.

»Er?«

»Neulich meinte ich doch, dass ich mir einen Jungen wünsche und ich habe gehört, dass ein heißes Bad vor dem Sex die männlichen Spermien abtötet. Und Jas hatte kein heißes Bad, das weiß ich.«

»Na, dann muss es ja ein Junge werden.«

»Es wird ein Humphrey, glaub mir.«

In solchen Situationen wünschte ich mir, den Mund voll mit Wasser zu haben, um es vor lauter Schock ausspucken zu können, als wäre ich in einer schlechten Sitcom.

»Humphrey?«, fragte ich entgeistert.

»Humphrey Martin«, sagte Kallie stolz.

»Du verarschst mich! Du nennst ihn wirklich mit zweitem Namen Martin?«

Kallie nickte. Vor Rührung hätte ich losheulen können.

»Wir brauchen Wein zum Anstoßen!«, rief ich. Jasper hatte vorhin erzählt, dass es im Ferienhaus Unmengen an Alkohol gab.

»Zwei Dumme, ein Gedanke«, antwortete Jasper. »Sam ist gerade losgegangen, um welchen zu holen.«

Olivia und Joki waren nicht zu sehen, sie hatten sich sicher in ihr Zimmer zurückgezogen. Bevor mir der Gedanke daran sauer aufstoßen konnte, beschloss ich Sam zu zeigen, dass ich sehr wohl spontan und impulsiv sein konnte.

Entschlossen sprang ich auf und lief den Gang entlang. Jasper hatte uns gezeigt, wo der winzige Vorratsraum war, und genau hier würde ich Sam von meiner Spontanität überzeugen. Die Tür fiel gerade hinter ihm zu, also schlich ich mich auf Zehenspitzen heran. Lautlos öffnete ich sie und schob meinen Körper in den stockdunklen Raum. Mit einem leisen Klicken schloss ich die Tür.

»Pscht, sag kein Wort«, hauchte ich und tastete nach Sam. Es war totenstill, als ich sein Gesicht in die Hände nahm. Dann ließ ich meine Lippen auf seine prallen und küsste ihn so, wie auch ich gerne geküsst werden wollte. So, als würde ich nie etwas anderes tun wollen. Tatsächlich war dieser intime Moment unbeschreiblich und völlig anders als sonst. Es fühlte sich weicher und zarter an. Wahrscheinlich war es der Nervenkitzel oder die Dunkelheit, die den Kuss so atemberaubend gemacht hatten.

»Sag nie wieder, dass ich nicht spontan bin«, wisperte ich und huschte aus dem winzigen Raum. Mein Herz schlug so schnell, dass ich kurz verschnaufen musste.

Als ich den Wohnbereich betrat, entgleisten meine Gesichtszüge. Sam stand dort, *vor mir*, und öffnete eine Weinflasche. Atemlos drehte ich mich um.

»Sam, wo kommst du her?« Meine Stimme bebte.

»Aus dem Weinkeller. Auch ein Glas?«

»Weinkeller?« Meine Knie drohten nachzugeben.

Dann räusperte sich jemand hinter mir und mir fiel es wie Schuppen von den Augen. Ich hatte nicht Sam geküsst, sondern Joki. *Oh mein Gott.*

13

Pärchenurlaub mit Rebecca Black

Jokis Gesicht war feuerrot. Die Scham wurde zu viel, also rannte ich an ihm vorbei, hinauf in mein Zimmer.

»Ogottogottogott!« Zitternd verschloss ich die Tür hinter mir und lehnte mich gegen die Wand. Meine Lippen kribbelten, als hätte sich ein ganzer Bienenschwarm in ihnen eingenistet. Wie hatte das nur passieren können? Überwältigt rutschte ich auf den Boden und vergrub mein Gesicht in den Händen und wollte mich einfach nur in Luft auflösen. Als es plötzlich klopfte, zuckte ich zusammen.

»Marty?«

Natürlich war es Joki. Es war immer Joki.

»Bitte geh einfach.«

»Du weißt genau, dass ich nicht gehen werde. Also mach die Tür auf.«

»Nein.«

Er lachte.

»Worüber lachst du? Bist du blöd?«

Sein Lachen wurde lauter und ich verstand die Welt nicht mehr.

»Du musst doch zugeben, dass es verdammt lustig ist.«

»Das sehe ich anders.«

»Komm schon, mach die Tür auf.«

Seufzend streckte ich meinen Arm nach dem Schlüssel aus und drehte ihn um.

»Geht doch.«

Joki kam ins Zimmer und ich wagte es nicht, ihn anzusehen. Diese ganze Situation war so unfassbar peinlich. Er setzte sich neben mich auf den Boden.

»Marty, das muss dir nicht unangenehm sein.«

Mein Blick traf seinen und ich bereute es sofort. Bei dem Gedanken, soeben diesen Jungen geküsst zu haben, wurde mir schwindelig.

»Ist es aber. Und du kannst nichts sagen, was die Situation irgendwie weniger peinlich macht. Also versuch es gar nicht erst.«

»Du bist ein toller Küsser«, sagte er und brachte damit meinen Herzschlag außer Kontrolle.

»Was?«

»Ja, wirklich.« Er grinste. »Es hätte schlimmer kommen können. Stell dir vor, Jasper wäre reingekommen und hätte mich geküsst.«

Joki verzog sein Gesicht und entlockte mir damit ein Lächeln.

»Hey, du kannst noch lachen! Hör zu, wir behalten es einfach für uns, okay?«

»Okay.«

»Übrigens, wenn du Sam auch so küsst, wirst du ihn nie wieder los.«

Zum Glück stellten die anderen keine Fragen, was meinen merkwürdigen Abgang anging. Mein Plan war, diese Situation in den endlosen Tiefen meines Unterbewusstseins zu vergraben und nie wieder herzuvorholen. Nur ich konnte so dämlich sein, meinen besten Freund, in den ich zu allem Überfluss auch noch verliebt war, aus Versehen zu küssen. Aber hey, es hätte auch noch viel schlimmer kommen können. Wäre ich so verrückt wie Kallie, hätte ich mich wahrscheinlich splitternackt zu Joki in den Vorratsraum geschlichen. Wenigstens ging er gelassen mit der Sache um.

Nachdem ich mich zu einigen Gläsern Wein hatte hinreißen lassen, beruhigte sich mein Gemüt langsam wieder und ich ging irgendwann ins Bett. An meiner Seite lag Sam, nur mit einer Unterhose bekleidet, was mich ganz schön nervös machte. Und es turnte mich auch ziemlich an.

Doch mehr als Küssen war nicht drin, denn ich wollte Sam keine falschen Hoffnungen machen.

Die Morgensonne, die in das Zimmer schien, zog mich langsam aus dem Schlaf. Sam schlief immer noch an meiner Seite und zeigte keine Anzeichen, in nächster Zeit aufzuwachen. Sein Arm lag auf mir und wurde langsam zu einem Störfaktor, denn ich konnte mich so gut wie nicht bewegen. Sachte versuchte ich ihn wegzuschieben, ohne Sam zu wecken, was mir leider nicht gelang. Er blinzelte mich aus verschlafenen Augen an.

»Morgen.« Er gähnte und gab mir einen Kuss auf den Mund. Sein lockiges, braunes Haar war ein einziger Wirrwarr.

»Morgen«, antwortete ich. Schnell zog ich mich zurück, denn ich hatte sicher widerlichen Mundgeruch.

Rasch kletterte ich über Sam hinweg. »Die Dusche ruft.« Ich flitzte aus dem Raum und eilte zum Badezimmer. Natürlich klopfte ich nicht an.

Wozu auch, wenn man mit fünf anderen Jugendlichen zusammenwohnte und dies das einzige Bad auf dieser Etage war?

Leider hörte ich das Geräusch der Dusche erst, als ich schon halb eingetreten war. Erschrocken sprang ich ein paar Schritte zurück. Der Spanner in mir warf einen flüchtigen Blick in Richtung Dusche. Joki stand, von mir abgewandt, unter dem Wasserstrahl und schäumte sich ein. Meine Augen wanderten über seinen Rücken immer weiter hinab, bis zu seinem Hintern. Selten hatte ich etwas so Rundes und Wohlgeformtes gesehen.

Meine Schnappatmung unterdrückend, schloss ich die Tür wieder und wusste, dass sich dieses Bild von nun an für immer in mein Gehirn gebrannt hatte. Und ich hatte nicht mal was dagegen.

»Morgen!«, kreischte jemand und ich bekam einen halben Herzinfarkt. Kallie stand nur wenige Zentimeter hinter mir und grinste mich an. Sie hatte diesen Ich-weiß-genau-was-du-getan-hast-du-Lümmel-Blick und tänzelte vor mir herum.

»Schleichst du dich immer so an andere Leute heran?«

»Du hast Jokis Hintern abgecheckt!«

»Pscht! Hab ich nicht, du Irre! Die Schwangerschaftshormone steigen dir wohl zu Kopf«, flüsterte ich aufgebracht.

»Wenn du das sagst.« Sie lachte und ging weiter.

Gerade als ich mich von dem Schrecken erholt hatte, trat Joki nur mit einem Handtuch um die Hüfte gewickelt aus dem Bad.

»Oh, guten Morgen«, sagte er fröhlich.

In den vergangenen Monaten hatte ich Joki oft ohne Shirt gesehen. Er war nicht so muskelbepackt wie Jasper oder hochgewachsen wie Sam, doch gerade das gefiel mir. Seine Haut war gleichmäßig, auf seiner Brust war ein heller, beinahe unsichtbarer Flaum, über den ich zu gerne meine Finger hätte wandern lassen. Ein einzelner Wassertropfen fiel von seinem Ohrläppchen auf seine breite Schulter und holte mich in die Realität zurück.

Die Erinnerungen an gestern Abend kamen hoch und ich wich seinem fragenden Blick aus. »Morgen«, sagte ich kurz angebunden und verschwand im Bad. Nun brauchte ich dringend eine kalte Dusche.

»Leute, wie ihr wisst, ist heute Silvester! Morgen beginnt ein neues Jahr und das sollten wir gebührend feiern.«

Jasper stand vor uns und hatte anscheinend irgendetwas ausgeheckt. Seufzend ließ ich mich auf die Couch plumpsen. Der Alkohol gestern hatte seine Spuren hinterlassen und ich wollte einfach nur schlafen. Joki und Olivia waren mal wieder im Kuschelmodus und ich bereute es, überhaupt aufgestanden zu sein.

»Heute machen wir einen Dare Day!«, verkündete er und bekam als Antwort eine Reihe fragender Gesichter.

»Was soll das sein?«, raunte ich.

»Zuerst werde ich drei Zweierteams auslosen. Jedes der Teams bekommt einen Umschlag. In diesem Umschlag findet ihr einen Stadtplan. Ihr begebt euch zu zweit zu dem ersten markierten Ort auf der Karte und sucht dort einen roten Zettel. Auf der Vorderseite steht dann der erste Teil eurer Aufgabe. Danach dreht ihr den Zettel um und lest den zweiten Teil der Aufgabe, die ihr erfüllen müsst. Es kann immer nur eine Person die jeweilige Aufgabe absolvieren, der andere filmt alles mit dem Handy. Sobald die Sonne untergeht, treffen wir uns hier wieder und das Team, welches die meisten Aufgaben gemeistert hat, hat gewonnen.«

Eigentlich hatte ich keine Lust, stundenlang durch die Weltgeschichte zu rennen, um irgendwelche Aufgaben zu lösen, doch es klang irgendwie ziemlich spaßig. Auch die anderen schienen einverstanden zu sein, also begann Jasper die Teams auszulosen.

»Alles klar, Team 1 besteht aus …« Er fischte den ersten Zettel aus einem Becher. »Meiner Wenigkeit! Und … Sam!«

Der schien gehofft zu haben, mit mir in ein Team zu kommen. Insgeheim war ich froh, nicht den ganzen Tag mit ihm verbringen zu müssen, trotzdem warf ich ihm ein aufmunterndes Lächeln zu. Mein schlechtes Gewissen war einfach zu groß und ich konnte mich partout nicht wohl in seiner Nähe fühlen, egal wie sehr ich es auch wollte.

»Nun zu Team 2.« Jasper schüttelte den Becher und zog den nächsten Namen. »Martin!«, rief er.

Er sollte Spielshow-Moderator werden. Ich betete, dass Kallie meine Teampartnerin sein würde. Mit ihr konnte ich immer und überall Spaß haben, ohne mir großartig den Kopf zerbrechen zu müssen. Ein Tag mit ihr allein wäre eine willkommene Ablenkung für mich gewesen. Jasper zog einen weiteren Zettel heraus.

»Joki!«

Das durfte doch nicht wahr sein. Joki zwinkerte mir zu, während Olivia etwas bedröppelt dreinschaute.

»Dann bleiben nur noch Kallie und Olivia übrig und bilden somit Team 3.«

Jasper händigte mir den Umschlag mit der Zahl 2 aus.

»Möge das beste Team gewinnen.«

Joki hielt die Karte ausgebreitet vor sich und studierte sie fachmännisch. Wie in so vielen anderen Dingen auch war ich eine Niete im Kartenlesen und Orientierungssinn suchte man bei mir sowieso vergeblich.

»Okay, die erste Markierung ist zwei Querstraßen entfernt«, sagte Joki und ging voran. Nach einigen Minuten standen wir vor einer urigen Konditorei und der Geruch von frisch gebackenen Brötchen stieg mir verführerisch in die Nase und benebelte meine Sinne.

»Hoffentlich steht auf dem Zettel, dass wir hier frühstücken sollen.«

»Erst mal müssen wir den finden.« Joki schaute sich auf der Straße um, vergeblich.

»Warte mal!« Mir war ein Baum am Wegesrand aufgefallen, in dem ein fußballgroßes Loch klaffte. Mutig griff ich hinein und zog einen roten Umschlag heraus.

»Tada!«, rief ich triumphierend und wedelte damit herum.

»Genial!« Joki klopfte mir auf die Schulter. Mir war es immer noch unangenehm, nach dem Kuss mit ihm allein zu sein, doch ich konnte nicht mein Leben lang peinlich berührt sein, wenn er in meiner Nähe war. Also setzte ich ein motiviertes Gesicht auf und würde alles tun, was auf diesem verdammten Zettel stand.

»Das mache ich auf keinen Fall!«, rief ich empört, als Joki beide Teile der Aufgabe vorgelesen hatte. Auf der Vorderseite stand: »Gehe in die Konditorei und bestelle eine Torte.« Damit konnte ich leben. Torte war schließlich immer eine gute Idee.

»Eine Torte in Penisform«, wiederholte Joki den 2. Teil und schüttelte amüsiert den Kopf.

»Das ist sicher auf Kallies Mist gewachsen! Sie hat mich ja schon wegen des Basskoffers so aufgezogen. Sie hat nur Schweinereien im Kopf.«

»Wenn du nicht willst, mach ich es.«

Kurz dachte ich darüber nach und nickte schließlich. So was konnte ich beim besten Willen nicht tun.

»Feigling! Dafür machst du aber die nächste Aufgabe.«

»Ja, ja, alles ist besser als das hier.«

Unauffällig ging ich vor und setzte mich an einen der Tische. Nachdem ich eine heiße Schokolade bestellt hatte, holte ich mein Handy heraus. Kurz darauf kam Joki herein und begab sich an den Tresen und ich startete die Aufnahme. Die rotwangige Konditorin begrüßte ihn freundlich.

»Guten Tag, ich würde gerne eine Torte für den Geburtstag meines besten Freundes bestellen«, erklärte Joki.

Ich verdrehte die Augen. Natürlich sollte die Penistorte für mich sein.

»Gerne, was soll es denn für eine Torte sein?«

Joki grübelte. »Also, er liebt Erdnussbutter. Vielleicht irgendwas damit und eventuell Schokolade?«

»Das ist gar kein Problem. Wie soll die Torte denn aussehen?«

Joki zögerte und ich presste meine Lippen aufeinander. »Falls möglich, sollte sie die Form eines Penis haben.«

Die rundliche Frau gaffte Joki entgeistert an. »Was sagten Sie?«

Joki räusperte sich. »Die Form … eines Penis.«

Das Gesicht der armen Frau wurde immer roter. »Hören Sie mal! Das ist doch kein Sexshop hier! Raus, aber schnell!«

Das ließ sich Joki nicht zwei Mal sagen. Er grinste in die Handykamera und streckte beide Daumen nach oben.

»Wenn Sie nicht wissen, wie einer aussieht, kann ich Ihnen auch gerne meinen zeigen!«, rief er beim Rausgehen.

Die Konditorin schüttelte aufgebracht den Kopf und auch die anderen Gäste, die im Laden waren, starrten Joki hinterher.

»Die heiße Schokolade war köstlich, vielen Dank«, sagte ich und legte Geld auf den Tresen.

»Aufgabe Nummer eins wäre geschafft!« Joki hob beide Hände zum High Five – oder High Ten in diesem Fall – und ich schlug ein.

»Unglaublich, dass du das wirklich getan hast.« Mir tat immer noch der Bauch weh vor unterdrücktem Lachen.

Ein erneuter Blick auf die Karte zeigte uns unsere zweite Anlaufstelle, die wir sofort ansteuerten. Es war eine Einkaufstraße voller Menschen.

»Wie sollen wir hier bitte den Aufgabenzettel finden?«

Ratlos schauten wir umher.

»Hey, ihr! Blondie und Bohnenstange!«

Ein offensichtlich obdachloser Mann humpelte auf uns zu. »Sucht ihr das hier?« Er holte einen roten Umschlag hervor. »Das hat mir heute Morgen so ein Rotschopf in die Hand gedrückt.«

»Ja, danach haben wir tatsächlich gesucht! Danke!« Joki griff nach dem Umschlag, doch der Mann zog ihn schnell zurück. Er öffnete seine freie Hand und zeigte uns ein zahnloses Grinsen.

»Natürlich.«

Um fünf Dollar ärmer und einen Umschlag reicher, riss Joki diesen auf und fischte den Zettel mit der Aufgabe heraus. »Zeige deinen Mitmenschen, wie sehr du dich über den heutigen Wochentag freust«, las er vor.

Ich zog eine Augenbraue hoch. Heute war Freitag, na und?

»Bereit für die Rückseite?«

Nein.

»Ja.«

»Laufe durch die Einkaufstraße und lasse den Kultsong *Friday* von Rebecca Black wieder aufleben, indem du ihn lauthals singst.«

In meinen Ohren begann es zu dröhnen.

»Bitte nicht *das*.«

Lieber hätte ich mich an tibetanischem Kehlkopfgesang versucht, als dieses Lied in aller Öffentlichkeit zum Besten zu geben. Doch Joki hatte seine Aufgabe auch erfüllt, also lag es nun an mir.

»Sing laut genug, damit die Kamera auch alles einfängt.«

Er schien jedenfalls seinen Spaß zu haben.

Ein paar Schritte ging ich die Straße entlang und schaute in die Gesichter der Leute. Sie waren alle mit sich selbst beschäftigt und mit den Gedanken weit weg.

Ich schluckte.

»*Seven a.m., waking up in the morning, gotta be fresh, gotta go downstairs*«, begann ich beinahe lautlos zu singen. Joki machte eine auffordernde Handbewegung.

Vielleicht sollte ich einfach zum Refrain übergehen.

»*It's Friday, friday, gotta get down on friday! Everbody's looking forward to the weekend, weekend*«, sang ich, diesmal lauter.

Die überwiegend alten Menschen schauten mich verständnislos an und dachten wahrscheinlich, ich würde aus der Irrenanstalt kommen. Ganz unrecht hätten sie damit ja nicht. Am liebsten wäre ich im Erdboden versunken.

»*Yesterday was thursday, thursday. Today i-is friday, friday.*«

Wer auch immer diesen Text geschrieben hatte, gehörte gesteinigt.

»*Tomorrow is saturday and sunday comes afterwards.*«

Mit schwingenden Hüften tanzte ich eine ältere Frau an, die mich daraufhin beinahe mit ihrer Handtasche verprügelte.

»Das reicht doch jetzt, oder?«, rief ich Joki zu, dessen Gelächter die ganze Straße beschallte.

»Ja okay, das genügt«, antworte er atemlos. Sein Gesicht war rot wie eine Tomate.

»Das war der peinlichste Moment in meinem ganzen Leben«, jammerte ich.

Dann kam die Erinnerung an gestern Abend zurück und ich korrigierte meine Aussage in Gedanken: Es war der zweitpeinlichste Moment in meinem ganzen Leben.

»Jetzt bin ich wirklich gespannt, was die anderen machen müssen«, meinte Joki.

Eine dritte Aufgabe stand uns nun bevor. Ich wollte gar nicht wissen, was sich Jasper noch ausgedacht hatte. Die letzte Markierung führte uns die Einkaufstraße hinunter, direkt zu einem riesigen Kaufhaus.

»Hier finden wir den Umschlag nie. Und ein Penner ist auch nicht in Sicht«, bemerkte ich.

»Marty, positiv denken! Bis jetzt kamen sie uns auch immer irgendwie zugeflogen.«

Er hatte recht, denn ich entdeckte den Umschlag im Schaufenster des Kaufhauses. Eine Schaufensterpuppe mit totem Blick hielt ihn in ihrer synthetischen Hand. Sollte ich so tun, als hätte ich ihn nicht gesehen? Letztendlich entschied ich mich dagegen. Bis jetzt hatte der Tag erstaunlicherweise wirklich Spaß gemacht. »Da ist er!« Ich deutete auf die Schaufensterpuppe.

»Wer sagt's denn?« Joki und ich betraten das Bekleidungsgeschäft. Diskret griff ich in das Schaufenster und schnappte mir den Umschlag.

»*Such dir ein paar hübsche Klamotten aus und probiere sie an*«, las ich von der Vorderseite der Karte vor und ahnte Schlimmes, als ich sie umdrehte. »*In der Damenabteilung, versteht sich. Führe im Laden eine kleine Modenschau auf.*«

Seufzend warf ich meinen Kopf in den Nacken.

»Es wird immer schlimmer.«

Joki schaute sich im Laden um und nahm ein petrolfarbenes Kleid von einem Ständer.

»Steht mir die Farbe?«, fragte er und hielt sich den Fetzen vor den Körper.

»Die Farbe macht dich etwas blass. Nimm lieber so was«, schlug ich vor und hielt ihm eine dunkelblaue Bluse hin, die er skeptisch entgegennahm.

»Dir würde lila stehen«, meinte er.

»Mir steht alles!«

Kurze Zeit später stand ich in der Umkleidekabine und zwängte mich in eine Strumpfhose.

»Diese Klamotten sind nicht testikelfreundlich«, rief Joki aus der Nebenkabine.

In der gleichen Sekunde zog ich die Strumpfhose ganz hoch und wusste sofort, was er meinte. Ein Bulle bei seiner Kastration musste sich genauso fühlen.

Mein Outfit bestand aus einem fliederfarbenen Kleid, der engen Strumpfhose und High Heels, auf denen ich mir sicher den Hals brechen würde.

»Bereit?«, fragte ich Joki.

»Bereiter werde ich nicht mehr, also los.«

Wir traten beide aus der Kabine und brachen zeitgleich in Gelächter aus.

»Du siehst aus, als könntest du bei *McLeods Töchter* mitspielen!«, prustete ich. Er trug einen karierten Rock und eine weit ausgeschnittene Bluse.

»Danke für das Kompliment.« Joki griff sich seine nicht vorhandene Oberweite und lief ohne Hemmungen quer durch den Laden. Es war relativ voll, da wir in einem der wenigen Geschäfte waren, die heute geöffnet hatten.

In Frauenkleidern herumzulaufen war überraschenderweise nicht annähernd so blamabel wie meine Gesangseinlage vorhin. Wie eine Lady stolzierte ich durch den Laden und drehte mich gelegentlich um meine eigene Achse wie ein Victoria's Secret Model.

Wir filmten uns gegenseitig und hatten somit auch die dritte und letzte Herausforderung gemeistert. Mit solch einem großartigen Tag konnte das Jahr doch ruhig enden, oder?

Später fanden wir uns im Ferienhaus wieder zusammen. Joki und ich waren ziemlich siegessicher, immerhin hatten wir alle drei Herausforderungen mit Bravour gemeistert.

»Her mit den Videos, Jungs«, forderte Kallie auf und mir fiel auf, dass ihr etwas in den Haaren klebte.

»Igitt, was ist das denn?« Angewidert deutete ich auf das komische Zeug.

»Oh Gott, wie eklig.« Sie würgte und wischte sich mit einem Papiertaschentuch die Haare ab.

Olivia begann zu lachen.

»Das, mein lieber Freund, ist euer Untergang!«, vermeldete Kallie stolz.

»Davon träumst du wohl, Kal.«

Jasper verband sein Handy mit dem Fernseher, um die Beweisvideos in Vollbild abspielen zu können.

Das erste zeigte Sam. Er trug eine Sonnenbrille und hatte einen Stock in der Hand.

»Ist das ein Blindenstock?«, wunderte sich Joki.

Jasper nickte grinsend. Sam sprach verschiedene Leute an und fragte sie, ob sie ihm über die Straße helfen würden.

Kallie stieß einen empörten Laut aus.

»Das war eure erste Aufgabe? Man tut nicht so, als wäre man blind, das ist respektlos.«

Natürlich war es ihr völlig egal, ob die Aktion moralisch vertretbar war oder nicht, ihr stieß es lediglich sauer auf, dass Team 1 die erste Herausforderung bestanden hatte.

»Ist da etwa jemand angepisst, weil wir ein besseres Team sind als ihr?«, stichelte Jasper. Wow, er kannte sie echt verdammt gut. Kallie funkelte ihren Freund bitterböse an, doch ich wusste, dass sie es beide nicht ernst meinten.

»Nun zu unserer zweiten Aufgabe.« Sam startete den nächsten Clip.

Jasper stand vor einem ziemlich asiatisch aussehenden Restaurant. Mit angewidertem Blick hielt er eine kleine Schale in der Hand. Die Kamera zoomte heran und ich erkannte geröstete Heuschrecken. Jasper steckte sich eine nach der anderen in den Mund und verspeiste die Insekten, während er unentwegt herumjammerte.

»Also echt mal! Was ist das denn für eine Aufgabe? Wir Griechen essen Oktopus und andere Meeresviecher, dagegen sind diese knusprigen Dinger wie Kartoffelchips!«, zeterte Kallie und wir alle begannen zu lachen.

»Okay, dann mal her mit dem letzten Video.«

Joki machte eine auffordernde Handbewegung.

»Das war alles.« Sam zuckte mit den Schultern.

Kallie grölte.

»Ihr habt nur zwei Aufgaben geschafft?«

Olivia räusperte sich und schaute verlegen an die Decke.

»Wie viele habt ihr denn geschafft?«

Jasper stemmte seine Hände an die Hüften.

»Das tut jetzt gar nichts zur Sache.« Kallie verschränkte die Arme vor der Brust.

»Eine«, wisperte Olivia kleinlaut.

Jasper hob seine Augenbrauen.

»Dann liegen Sam und ich wohl vorne, mein Schatz.«

Noch, dachte ich und wechselte einen wissenden Blick mit Joki. Unfassbar, dass wir das einzige Team waren, welches die volle Punktzahl erreicht hatte.

Joki und ich waren dran, unsere Videos vorzulegen.

»*Die Form … eines Penis*«, kam es aus dem Fernseher. Wir konnten uns vor Lachen kaum auf unseren Plätzen halten.

»Wartet, bis ihr Martys Aufgabe seht.«

Dann sah ich mich selbst, wie ich singend die Einkaufsstraße hinunterlief.

»Das ist das Beste, was ich je gesehen habe!«

Olivia schlug lachend die Hände vors Gesicht.

Sam öffnete eine Flasche Wein und wir stießen an – Kallie trank natürlich nur Orangensaft – und schon bald sangen wir alle lauthals *Friday*.

Unser letztes Video zeigte Joki und mich in unseren sexy Frauenklamotten.

»Joki, du siehst in dem Outfit aus wie ein Countrygirl!«, johlte Kallie.

»Hab ich doch gesagt!«, rief ich.

»Wie ihr gesehen habt, außer ihr seid blind wie Sam, haben wir, Team 2, alle Aufgaben erfüllt und somit gewonnen! Ihr Loser!«

Joki und ich klatschten uns jubelnd ab.

»Ja, okay, ihr habt gewonnen. Aber ich möchte mir gerne noch die Aufgabe von Kallie und Olivia anschauen.«

Jasper grinste seine Freundin an, welche resigniert den Kopf in den Nacken warf.

»Ja, ja, alles klar«, raunte sie und stöpselte das Verbindungskabel des Handys in den Fernseher.

Kallie stand vor einer riesigen Mülltonne und hatte ihren Todesblick aufgesetzt. »*Jasper, dafür bringe ich dich um!*«

Meine beste Freundin stieg tatsächlich in den Container. Ich traute meinen Augen nicht.

»Was zum Teufel war denn die Aufgabe?«, fragte ich verwirrt.

Kallie zog einen kleinen, roten Ball aus ihrer Hosentasche.

»*Finde den roten Ball*«, stand auf der Vorderseite. »*Im Müll*«, stand auf der Rückseite.«

Sie funkelte ihren Freund an. Auf dem Bildschirm wühlte sie energisch im Abfall herum. »*Da, ich hab ihn!*«, brüllte sie und hüpfte aus der Tonne heraus.

»Nach dieser Aufgabe war ich bedient und wir sind wieder zum Haus zurückgegangen«, erklärte sie.

»Außerdem kann ich nicht glauben, dass ich nach der Dusche vorhin immer noch Dreck in den Haaren habe.«

Als Gewinner durften Joki und ich den ganzen Abend über bestimmen, welche Musik gespielt wurde. Zum Essen machten wir Mini-Hamburger, die unglaublich gut schmeckten, und je weiter der Abend voranschritt, desto leerer wurden auch die Weinflaschen. Das neue Jahr rückte immer näher und ich ließ die letzten zweieinhalb Monate noch einmal Revue passieren. In dieser Zeit war mehr passiert als in den siebzehn Jahren zuvor.

Alles hatte mit dem Nagel begonnen, den ich in Lennys Fuß gerammt hatte, darauf waren drei Wochen in Westbrooke gefolgt, wo ich Joki kennengelernt hatte. Das Halloween-Wochenende, an dem ich meinen ersten richtigen Kuss bekommen hatte und zum ersten Mal wirklich betrunken gewesen war. Ich dachte an den Abend mit Joki auf dem Leuchtturm und das Weihnachtskonzert zurück. Das Jahr war nicht perfekt gewesen, doch ich war zufrieden. Endlich war ich ein Teil von etwas, gehörte dazu, und genau das hatte ich die letzten Jahre vermisst, ohne es zu wissen.

14

Blödes neues Jahr

»Zehn! Neun! Acht!«

Jasper zündete eine Rakete an, die mit einem lauten Zischen in den schwarzen Nachthimmel schoss und verschwand.

»Sieben! Sechs! Fünf!«

Es knallte und kunterbunt leuchtende Funken sprühten und erhellten das Firmament.

»Vier!« Olivia küsste Joki.

»Drei!« Sam küsste mich und mir wurde klar, dass ich mit einer Lüge in das neue Jahr starten würde.

»Zwei! Eins! Frohes neues Jahr!«

Wir umarmten uns alle gegenseitig und stießen auf das neue Jahr an.

Sam hielt mich die ganze Zeit in seinem Arm und drückte mich fest an sich, so als fürchtete er, ich würde jeden Moment davonrennen. Ich wusste ihn gar nicht zu schätzen. Oder warum spielte ich ständig mit dem Gedanken, mit ihm Schluss zu machen? Unter keinen Umständen konnte ich länger so tun, als würde ich etwas für ihn empfinden, was über Freundschaft hinausging.

Da ich keine Ahnung hatte, wie ich an die Sache herangehen sollte, musste ich dringend mit jemandem darüber reden. Joki schied aus, da er ja Teil meines Problems war, also beschloss ich, Kallie zurate zu ziehen. Als wir zurück im Haus waren, wartete ich einen stillen Moment ab, um mir meine beste Freundin zu schnappen. Während die anderen im Wohnbereich weiterfeierten, setzte ich mich mit Kallie auf die Treppe, die zum Obergeschoss führte, um ungestört reden zu können.

»Wo drückt der Schuh, Marty Farty?«

Kallie hatte trotz ihrer temperamentvollen Art ein ziemlich ausgeprägtes Einfühlungsvermögen.

»Keine Ahnung, wo ich anfangen soll.«

»Am Anfang?«

Ratlos zuckte ich mit den Schultern und ließ den Kopf hängen. »Ach, ich weiß auch nicht. Es geht um Sam. Mir ist klar, dass er der perfekte Freund ist. Er ist aufmerksam, lustig und klug.«

»Und sexy as hell.«

»Ja, das auch. Aber ich bin einfach nicht verliebt in ihn.«

Kallie schwieg einen Augenblick, bevor sie antwortete.

»Dann musst du ihm das sagen.«

»Aber ich will ihn nicht verletzen. Mich hat noch nie jemand so gemocht wie er.« Ich merkte erst, dass mir Tränen die Wange herunterliefen, als Kallie sie wegwischte.

»Oh, Marty.«

»Vielleicht lerne ich noch, ihn zu lieben?«, schluchzte ich, doch Kallie schüttelte den Kopf und zerstörte so die letzte Hoffnung, dem Gespräch mit Sam zu entgehen.

»Marty, je länger du wartest, desto schmerzlicher wird das Ganze für Sam.«

Erschöpft vom Weinen legte ich meinen Kopf an ihre Schulter. Kallie strich mir durch die Haare und ich war froh, dass ich sie hatte.

Später lag ich in unserem Zimmer und zerbrach mir den Kopf. Ein Blick aus dem Fenster verriet mir, dass es angefangen hatte zu schneien. Kurz verlor ich mich im friedlichen Anblick der weißen Flocken, als Sam schließlich hereinkam.

»Wo warst du denn die ganze Zeit?«

Ich schluckte den Kloß aus Nervosität und Angst herunter.

»Hier. Mir war plötzlich schlecht. Bestimmt wegen des Weines. Sind die anderen im Bett?«

Sam nickte und setzte sich zu mir.

»Bist du sicher, dass alles in Ordnung ist? Nicht dass das Fleisch verdorben war oder so.«

»Keine Sorge, mir geht's wieder gut.«

Los Martin, raus damit. Jetzt oder nie.

Sam berührte meine Wange mit seinen Fingern und ich wich zurück. Er zog die Hand weg und sein verdutzter Blick riss mein Innerstes in Stücke.

»Sam, ich muss dir was sagen«, presste ich mit bebender Stimme hervor.

Er schluckte.

»Diese Worte bedeuten nie was Gutes.«

»Du bist wirklich toll, aber ich habe dich gar nicht verdient. Du bist wie der Geldpreis in einer Spielshow, bei der man sonst nur billige Haushaltsgeräte gewinnen kann«, sprudelte es aus mir heraus.

Was zum Teufel quatschte ich da?

»Aber ich bin nicht in dich verliebt. Es tut mir leid.«

Er sagte kein Wort und starrte auf den Boden. Gerne hätte ich nach seiner Hand gegriffen, hatte aber Angst, dass er sie wegschlagen würde.

»Scheiße«, sagte er schließlich. »Aber ich hab es mir schon gedacht.«

»Bist du jetzt sauer?«

Mir war bewusst, dass es eine bescheuerte Frage war, aber ich wusste nicht, was ich sonst sagen sollte.

»Nein. Ich hatte selten so viel Spaß wie mit dir und deinen Freunden. Wir kennen uns zwar noch nicht so lange, aber ich weiß, dass du selbst nicht siehst, wie absolut super du bist. Stell dein Licht nicht immer so unter den Scheffel.«

Seine liebevollen Worte gaben mir den Rest und Sam streckte mir ein Taschentuch entgegen.

»Eigentlich müsste ich dir doch die aufmunternden Worte sagen«, flennte ich.

»Keine Sorge, ich werde es überleben.«

Behutsam nahm er meine Hand.

»Freunde bleiben wir aber, oder?«

Sam blieb einen Moment lang still und schien über meine Frage nachzudenken.

»Keine Ahnung, ob ich das kann. Es wird wohl etwas dauern, bis ich das verdaut habe.«

Er drückte mir einen Kuss auf die Stirn und verließ das Zimmer. So schnell, wie meine erste Beziehung gekommen war, war sie auch schon wieder vorbei.

Sam ging hinunter, um auf der Couch zu schlafen und ich war vom ganzen Feiern und anschließendem Heulen so erschöpft, dass ich schnell wegdöste. Schon zwei Stunden später riss mich ein lautes Wortgefecht aus dem Schlaf. Es kam aus Jokis und Olivias Zimmer. Schlaftrunken schlich ich auf den Gang, um verstehen zu können, worüber sie diskutierten. Noch nie hatte ich mitbekommen, dass sich die beiden gestritten hatten.

Hinter einer Ecke, die sich zwischen ihrer Zimmertür und der Treppe befand, versteckte ich mich.

»Es gibt nichts mehr zu reden, Joki.«

Olivias Stimme bebte. Meinen Körper dicht an die Wand gedrückt, lauschte ich weiter.

»Du kannst doch nicht deswegen jetzt einfach mit mir Schluss machen!«

Schluss machen? Schockiert schlug ich die Hand vor den Mund. Was war heute nur los?

»Ich liebe dich, Joki! Du hast selbst den Schlussstrich gezogen, als du mir nicht geantwortet hast. Vier kleine Worte: *Ich liebe dich auch.* Mehr verlange ich doch gar nicht.«

»Bitte! Lass uns morgen darüber reden, ich bin jetzt einfach betrunken.«

Die Stimmen kamen näher, sie waren jetzt auf dem Flur.

»Du bist nicht betrunken, sondern ein Feigling! Sag mir doch einfach, dass du mich nicht liebst.«

Die Luft war zum Zerbersten gespannt. Es war eine ganze Weile lang ruhig, bis Joki die Stille durchbrach.

»Liv, ich liebe dich. Aber nicht so, wie du es willst. Entschuldigung.«

»Alles klar, danke für deine Ehrlichkeit.« Olivia schluchzte. »Am Ende der Straße ist ein Hotel, dort bleibe ich bis morgen und lasse mich dann von meinem Dad abholen. Sag den anderen, dass es zwei sehr tolle Tage waren und dass sie nicht sauer sein sollen, weil ich mich nicht verabschiedet habe.«

»Du musst doch jetzt nicht gehen.«

»Doch. Alles Gute, Joki.«

Sie lief direkt auf mich zu, ihren Koffer rollte sie hinter sich her. Joki schlug die Tür hinter sich zu und begann lautstark zu fluchen. Als sie mich hinter der Ecke entdeckte, fuhr sie kurz zusammen.

»Wie lange stehst du schon da?«

Sie funkelte mich an, doch ich konnte aus ihrem Blick nichts deuten.

»Eine Weile. Ich wollte mir einen Joghurt holen«, log ich.

Sie atmete tief ein. »Du liebst ihn, oder?«, fragte sie und legte den Kopf schräg.

Perplex starrte ich sie an. »Den Joghurt?«

Sie ignorierte meine lächerliche Gegenfrage.

»Du siehst ihn genauso an wie ich. Genauso wie Sam dich ansieht. Und Jasper und Kallie sich gegenseitig ansehen. Tu mir nur einen Gefallen. Zerbrich nicht daran.«

Innerhalb weniger Stunden lagen zwei Beziehungen in Trümmern. Meine eigene, um die ich nicht wirklich trauern konnte, da sie viel zu kurz gewesen war und die Gefühle meinerseits fehlten, und die von Joki.

Noch lange zerbrach ich mir wegen ihrer Worte den Kopf und wurde aus ihnen einfach nicht schlau. Woran sollte ich nicht zerbrechen? Wollte sie mich vor irgendetwas warnen oder sprach da einfach nur der Schmerz aus ihr?

Sehnsüchtig wünschte ich mich in die Zeit zurück, in der dieser ganze Kram noch keine Bedeutung hatte. Vor zwei Jahren noch waren meine größten Probleme, Klavier zu spielen, ohne auf die Tasten zu schauen, und mich auf dem Schulhof vor Lenny zu verstecken.

Ich erwachte am Morgen als Erster und als ich die Treppen hinunterging, war Sam bereits verschwunden. Auch er hatte sich nicht damit aufgehalten, sich von den anderen zu verabschieden. Dass der Urlaub so eine Wendung nehmen würde, hatte ich absolut nicht erwartet.

Ratlos ließ ich mich auf der Couch nieder, wickelte mich in eine Decke und starrte eine Weile aus dem Fenster. Der Schnee fiel jetzt so stark, dass man nur weiße Fäden erkennen konnte, die vom Himmel herunterströmten.

»Frohes neues Jahr«, sagte ich sarkastisch zu mir selbst.

»Dir auch.« Jokis Stimme ließ mich herumfahren. »Ist darunter noch Platz?« Er deutete auf die Decke. Nickend schlug ich sie auf und er kroch zu mir. Seine Augen waren geschwollen und ich wusste nicht, was ich sagen sollte.

»Liv und ich haben uns getrennt.«

»Ja, ich weiß. Tut mir leid.«

Joki schaute mich verwirrt an.

»Es war nicht wirklich zu überhören«, erklärte ich. Er rückte näher heran und die Wärme, die von ihm ausging, elektrisierte meinen Körper.

»Ich habe wirklich geglaubt, dass ich sie liebe. Aber in den letzten Tagen ist mir klar geworden, dass sie nicht die Person ist, mit der ich jede freie Minute verbringen möchte. Dass ich mich nicht jedes Mal freue wie ein Kleinkind, wenn sie mich anlächelt. Und so sollte Liebe doch sein, oder?«

»Da fragst du den Falschen.«

»Sam?«, fragte Joki und ich hatte keine Ahnung, was ich darauf entgegnen sollte.

»Probier's mit der Wahrheit.«

Joki hatte sofort gemerkt, dass ich darüber nachgedacht hatte, was ich am besten antworten sollte.

»Vorhin habe ich gesehen, dass er gegangen ist, Marty. Was ist los?«

»Anscheinend sind Winterurlaube totale Beziehungskiller«, witzelte ich halbherzig.

Dieser Tag war ohne Zweifel der trostloseste des ganzen Urlaubs. Ohne Olivia und Sam erschien das Ferienhaus noch größer und auch noch leerer. Nachdem wir Kallie und Jasper die Situation erklärt hatten, wurde die Grundstimmung nicht besser. Kurz spielte ich mit dem Gedanken, einfach nach Hause zu fahren. Doch das Wetter würde mir einen gewaltigen Strich durch die Rechnung machen und ich wusste ohnehin nicht, wie ich hier wegkäme. In der Nacht und auch am Morgen hatte es solch massive Schneefälle gegeben, dass wir auf dem Hügel völlig eingeschneit waren. Zum Glück hatten wir Unmengen an Vorräten und ich hatte sowieso keine Lust, das warme Haus zu verlassen.

»Jetzt habt ihr genug Trübsal geblasen!«

Kallie biss sich kurz auf die Lippen, um ein Lachen zu unterdrücken. Wahrscheinlich, weil sie gerade das Wort *geblasen* verwendet hatte.

»Wie wäre es, wenn ich uns Lesbisches Lama koche?«

Ohne unsere Antwort abzuwarten, verschwand sie in der Küche.

»Lesbisches Lama?«, hakte Joki verwirrt nach.

»Reisauflauf mit Feta und Kreuzkümmel. Schmeckt besser, als es klingt. Keine Ahnung, warum sie es so nennt.«

Joki und ich befanden uns noch immer unter der Decke und ich sah, wie sehr ihm die Trennung von Olivia zu schaffen machte. Ständig seufzte er schwer oder schloss gequält die Augen, als könne er noch gar nicht fassen, was passiert war. Meine Gedanken schweiften zu Sam und ich spürte größtenteils nur Erleichterung. Erleichterung darüber, ihm endlich die Wahrheit gesagt zu haben.

Während Kallie in der Küche rumorte und Jasper sich dazu bereit erklärt hatte, das Bad zu putzen, begann es fürchterlich zu stürmen. Nie zuvor hatte ich einen richtigen Schneesturm miterlebt und ich fand diese Naturgewalt faszinierend und beängstigend zugleich.

»Am liebsten würde ich da rausgehen und mich vom Wind forttragen lassen«, wisperte Joki.

»Einfach loslassen«, ergänzte ich. »Nichts fühlen und nichts denken müssen.« Joki nickte und schaute mir in die Augen. Wir waren uns in diesem Moment so nah und plötzlich überkam es mich. Gesteuert von diesem intimen Augenblick, rückte ich näher an meinen besten Freund heran. Zu gerne wollte ich ihn küssen. Genau jetzt.

»Ich kann nicht atmen.«

Kallie stand nach Luft ringend im Zimmer. Eine Hand lag auf ihrem Bauch, mit der anderen lehnte sie am Türrahmen.

»Irgendwas stimmt nicht mit dem Baby … es … es tut so weh«, krächzte sie und sackte zu Boden.

Joki und ich sprangen zeitgleich auf. »Oh Gott!« Voller Panik eilte ich zu meiner besten Freundin, die zitternd und weinend am Boden saß. Krank vor Sorge kniete ich mich zu ihr herunter und merkte erst dann, wie das Blut ihre Jeans langsam rot verfärbte. Mir drehte sich der Magen um. Erst Lenny, dann Ashlee und nun Kallie. Blut schien mich zu verfolgen.

»Joki!«, brüllte ich. »Ruf sofort einen Krankenwagen!«

»Das Baby …«, wimmerte Kallie.

»Alles wird gut«, redete ich auf sie ein.

»Was ist denn lo- Verdammt! Kal!« Jasper raste die Stufen hinunter und nahm das Gesicht seiner schwangeren Freundin in beide Hände. Kallies Atmung ging immer schneller, Schweißtropfen perlten ihre Stirn hinunter.

»Hast du einen Krankenwagen gerufen?«, hakte ich hektisch nach.

»Klar, aber wie lange sollen wir denn bitte warten? Hast du mal aus dem Fenster geschaut?« Joki deutete hinaus zum Schneetreiben.

»Ich fahre sie mit meinem Van ins Krankenhaus«, japste Jasper und trug seine Freundin hinaus. Ihre Augen flatterten stetig auf und wieder zu, aber wenigstens war sie noch bei Bewusstsein.

»Wir kommen mit«, sagten Joki und ich wie aus einem Mund.

Wir kämpften uns durch den kniehohen Schnee und hievten sie auf die Rückbank von Jaspers Van. Er hüpfte auf den Fahrersitz, während Joki und ich bei ihr blieben und versuchten sie zu beruhigen.

»Ich bin zu jung, um zu sterben«, keuchte sie, während ich ihr die Haare aus dem Gesicht strich.

»Du wirst 102 Jahre alt, Kal. Genau wie deine Uroma.«

Joki drückte ihre Hand. »Genau, du bist robust. Du wirst uns alle überleben.«

Wir kamen nicht besonders schnell voran. Zwar hatten die Räumungsdienste die Hauptstraßen schon vom Schnee befreien können, doch alle Seiten- und Querstraßen waren praktisch nicht passierbar.

»Halt durch, wir sind gleich da, Schatz!«, rief Jasper und drückte auf das Gas.

Minuten, die sich wie Jahre anfühlten, vergingen. Endlich war das Krankenhaus in Sicht. Jasper hielt mitten auf der Straße, was für ein wütendes Hupkonzert sorgte.

»Haltet die Fresse!«, brüllte ich den ungeduldigen Menschen zu und merkte erst jetzt, wie sehr ich zitterte. Die Sorge um Kallie und das Baby brachte mich fast um.

Joki flitzte voraus, um Bescheid zu geben. Kallie konnte nicht allein laufen, also trug Jasper sie, während ich nicht wirklich etwas tun konnte. Noch nie zuvor hatte ich mich so nutzlos und hilflos zugleich gefühlt.

Ein junger Arzt eilte zum Eingang und zwei Krankenschwestern halfen Jasper, Kallie auf eine Trage zu legen.

»Sie ist … schwanger, ähm … Anfang des fünften Monats«, stammelte Jasper.

Der Arzt nickte. »Sie müssen hier warten, Ihre Freundin ist bei uns in guten Händen.« Daraufhin verschwanden sie mit Kallie.

Nun stand ich hier, auf dem leeren Krankenhausflur, an einem eisigen Winterabend.

»Leute, ich muss kurz raus. Haltet ihr die Stellung?«

Jasper war so blass, dass ich fast auch für ihn einen Arzt holen wollte.

»Klar, geh frische Luft schnappen.«

Joki klopfte ihm auf die Schulter.

Mir wurde schwindelig. Er nahm mich am Arm und schaute mir tief in die Augen.

»Denk dran, alles wird wieder gut. Okay?«

Benommen nickte ich. »Ja. Okay.«

Kallie wurde gerade untersucht und ich konnte rein gar nichts tun, um ihr zu helfen, konnte ihr nicht beistehen, so wie sie es die letzten Jahre für mich getan hatte. Das Gefühl, sie im Stich zu lassen, zerriss mich innerlich.

»Ich habe solche Angst um sie und das Kind, Joki. Sie ist wie meine Schwester.«

Ich begann zu weinen und er nahm mich in den Arm. Einerseits wollte ich sein Shirt nicht vollheulen, doch von ihm lösen konnte ich mich auch nicht.

»Wir haben beide keine Geschwister und haben früher immer so getan, als wären wir Bruder und Schwester«, plapperte ich.

Wortlos drückte er mich noch enger an sich, bis seine Atmung und mein Schluchzen im gleichen Rhythmus waren. Bis ich mich wieder beruhigt hatte. In mir keimte die romantische Vorstellung auf, dass er mich ewig so im Arm gehalten hätte, wenn ich ihn nur darum gebeten hätte.

Eine viertel Stunde war vergangen. Die spitzbrüstige Schwester an der Rezeption hatte mir ein Klemmbrett in die Hand gedrückt, da ich ein Patientenformular für Kallie ausfüllen sollte. Natürlich rief ich auch

Jannis und Efthimia an, um sie über das Geschehene zu informieren. Sie waren krank vor Sorge, doch viel zu weit weg, um etwas ausrichten zu können.

Weitere fünf Minuten später kam Jasper zurück. Seine Augen waren gerötet und zu meiner Überraschung umarmte er mich.

»Sie wird das Baby nicht verlieren, oder?«, flüsterte er mir ins Ohr.

Keine Ahnung.

»Bestimmt nicht.«

In Worte zu fassen, wie sehr ich die Warteräume in Krankenhäusern hasste, würde eine Aufgabe von Monaten sein. Es gab einfach kaum einen Ort, in dem so viel Anspannung und Furcht steckte. Eltern von Kindern, die gerade im Operationssaal lagen. Angehörige von Unfallopfern, die gerade um ihr Leben kämpften. Und der schwule beste Freund einer vorlauten, schwangeren Griechin, die vielleicht ihr Kind verloren hatte. Ich wollte es nicht glauben, doch die Blutungen und Krämpfe, die sie gehabt hatte, ließen mich zweifeln.

Ein Husten von Jasper. Ein Blick von Joki. Das Ticken der Uhr. Gerade, als ich es nicht mehr aushalten konnte, betrat eine Krankenschwester das Wartezimmer. »Miss Kazokis ist auf Zimmer 117 gebracht worden, Sie können gleich zu ihr.«

Der Stein, der mir von Herzen fiel, war schwerer als Marcus und Melvin zusammen.

»Geht es ihr gut? Was ist mit dem Baby?«

Jasper war aufgesprungen und wartete auf eine Antwort.

»Beiden geht es gut. Der Arzt sollte jeden Moment zu sprechen sein«, erklärte die Schwester beim Rausgehen.

Beiden geht es gut. Instinktiv griff ich nach Jokis Hand, als die Anspannung der letzten Stunden von mir abfiel. Der grinste mich an, als hätte er die ganze Zeit über gewusst, dass alles gut werden würde. Jasper wischte sich eine Träne von der Wange, diesmal waren es Freudentränen.

Eilig gingen wir zum genannten Raum.

»Leider kann ich nur Angehörige zu ihr lassen«, meinte der Arzt, der laut Namensschild *Eli Majorino, M.D.* hieß.

»Das Kind ist von mir, ich bin ihr Freund. Sagen Sie uns bitte, was mit ihr ist«, flehte Jasper.

Dr. Majorino warf mir und Joki einen flüchtigen Blick zu.

»Wenn das so ist, mache ich bei Ihnen eine Ausnahme. Aber Ihnen beiden darf ich keine Auskunft geben.«

Das konnte doch nicht sein verdammter Ernst sein.

»Wir sind ihre Brüder«, log ich und einmal mehr war meine Zunge schneller als mein Gehirn. Jeder, der nicht gerade blind war, konnte sehen, dass der blonde Finne nicht mit der rassigen Griechin verwandt sein konnte. Der Arzt zog eine Augenbraue nach oben.

»Ich bin adoptiert«, fügte Joki hinzu. Es war offensichtlich, dass Dr. Majorino uns kein Wort glaubte, trotzdem schien er nun weichgekocht zu sein. Er seufzte.

»In Ordnung. Miss Kazokis hatte, was wir pränatale Blutungen nennen. Oftmals gehen diese, so wie bei ihr, mir Krämpfen einher. Wir werden sie zur Beobachtung hierbehalten. Sollten in den nächsten zwei Tagen keine weiteren Blutungen auftreten, kann sie nach Hause. Allerdings sollte sie sich den Rest der Schwangerschaft dringend schonen. Also keinen Sport, keine wilden Tanzeinlagen oder etwas anderes in dieser Richtung.

Dem Baby geht es übrigens hervorragend. Sie ist kerngesund.«

»Sie?«, fragten wir alle gleichzeitig und mussten lachen. Kallie ging es gut und sie würde in einigen Monaten eine Tochter bekommen. In diesem Augenblick hätte ich am liebsten vor Freude geweint, doch ich hatte schon genug Tränen für einen Tag vergossen.

Part III:

Gezeiten

15

Das Vorspielen

Die letzten Wintermonate vergingen wie im Flug und langsam öffneten sich die Knospen an den Bäumen. Meine Gefühle Joki gegenüber machten mir immer noch zu schaffen, aber ich gab mir Mühe, mich so gut es ging mit den Vorbereitungen auf meine Abschlussprüfungen abzulenken. Olivia und Sam waren kein Bestandteil meines Lebens mehr. Auch wenn ich mir vorgenommen hatte, eine Freundschaft mit Sam aufzubauen, hatten wir keinen Kontakt mehr. Wir wussten wohl beide, dass es nur bedeutungslose Floskeln gewesen waren, die dazu dienen sollten, uns nach der Trennung besser zu fühlen. Wir hatten uns kaum gekannt und schon bald würde er für mich nur noch eine Erinnerung an einen winzigen Abschnitt meines Lebens sein. So hart es auch war, ich musste realistisch sein und durfte nicht an einer Freundschaft festhalten, die es im Grunde gar nicht gab.

Olivia tat ihr Bestes, sich von uns allen fernzuhalten. Zwar hatten sie und Kallie noch sporadischen Kontakt, aber davon bekam ich so gut wie nichts mit.

Kallie hatte sich nach ihrem kurzen Krankenhausaufenthalt schnell wieder erholt. Dieser Schock hatte sie und Jasper noch mehr zusammengeschweißt, sofern das überhaupt möglich war.

Lenny war nach der Flyer-Aktion tatsächlich suspendiert worden. Sein Vater hatte einen ziemlichen Aufstand gemacht, aber die Schule konnte sich nicht mehr erlauben, einen Unruhestifter, der unentwegt negativ aufgefallen war, weiterhin zu unterrichten. Seine Abwesenheit machte mir das Leben erheblich leichter. Ich fokussierte mich auf den Stoff und verbrachte jede freie Minute damit, für die Prüfungen zu lernen.

Dass Genevieve Day, Leiterin des Colleges und Lebensgefährtin meiner Musiklehrerin Ms. Mills, mich nach dem Weihnachtskonzert in die Universität eingeladen hatte, vesuchte ich immer noch zu verdauen. Ich sollte ihr tatsächlich noch mehrere meiner Stücke vortragen. Nur leider hatte ich bis dato nur ein wirklich fertiges Lied, also verbrachte ich die wenigen Momente, die ich nicht lernte, mit komponieren.

Obwohl diese Wochen die stressigsten und arbeitsintensivsten meines Lebens waren, ging es mir blendend. Mein Gefühlschaos stellte ich hinten an und konnte mein Augenmerk ganz und gar auf meine Zukunft legen. Der Traum, einmal ein richtiger Pianist zu werden, der auf riesigen Bühnen auftrat und ein ganzes Publikum verzauberte, manifestierte sich in meinem Kopf.

Der Tag, an dem ich nach Los Angeles fliegen würde, rückte in großen Schritten näher. Mittlerweile hatte ich einen ganzen Katalog an Songs geschrieben, von denen ich wahrscheinlich nur die wenigsten würde darbieten können. Genny Day hatte mich in einer Mail darüber aufgeklärt, dass es sich um eine offizielle Veranstaltung handeln würde, bei der sich Anwärter aus verschiedensten Staaten vorstellten, um eines der begehrten Stipendien zu bekommen. Und ein solches war notwendig, da ich mir niemals die Schulgebühren leisten könnte, die höher waren als das Jahreseinkommen meines Dads.

»Soll ich morgen mitkommen?«, fragte Joki am Frühstückstisch. Meine Eltern waren schon aus dem Haus.

»Verpasst du dann nicht deine Sportprüfung?«, hakte ich nach und biss von meinem Brötchen ab.

»Nicht so wichtig«, nuschelte er mit vollem Mund und erntete ein rigoroses Kopfschütteln von mir.

»Joki, das ist eine Abschlussprüfung. Deine Note hängt davon ab. Das lässt du bestimmt nicht sausen, um mit mir nach L.A. zu fliegen.«

Joki nickte. Mir war klar, dass er sich von Olivia ablenken wollte, selbst wenn die Trennung nun schon einige Monate zurücklag. Aber ein Trip nach Kalifornien würde das Vergangene auch nicht ungeschehen machen. Außerdem brauchte ich alle sieben Sinne beisammen, um mich in der Universität nicht völlig zum Affen zu machen. Mit Joki wäre ich verloren, schließlich gab es niemanden auf der Welt, der mich derart aus dem Gleichgewicht brachte wie er.

Der Flug nach L.A. verlief ruhig und friedlich. Draußen begann alles langsam zu ergrünen und ich stellte mir vor, wie großartig es wäre, den Sommer in Kalifornien zu verbringen, wo der Frühling jetzt schon atemberaubend war.

Zu Hause hatte ich mir einen Plan ausgedruckt, auf dem detailliert eingezeichnet war, wie ich vom Flughafen am besten zur Universität gelangen würde. Mit zugekniffenen Augen studierte ich die Karte und verfluchte meinen nicht vorhandenen Orientierungssinn.

Noch nie in meinem Leben war ich allein in eine Großstadt gefahren und irgendwie wünschte ich mir Joki herbei, der wenigstens in der Lage gewesen wäre, die Karte zu entschlüsseln. Generell wollte ich in seiner Nähe sein. Es hatte sich in Bezug auf ihn in den letzten Monaten nichts geändert, ich lernte nur, besser damit umzugehen. Außerdem war ich Olivia unglaublich dankbar, dass sie mein Geheimnis für sich behielt.

Kopflos folgte ich der Straße und versuchte, nicht von den Eindrücken dieser Metropole erschlagen zu werden. Hier waren die Häuser höher als der Leuchtturm in Wallis Grove. Schlanke Palmen standen aufgereiht am Straßenrad und der Strand lugte einladend hinter ihnen hervor. Knapp eine halbe Stunde irrte ich in der riesigen Stadt herum, bis ich endlich ein Schild entdeckte, auf dem ein Straßenname stand, den ich auch auf meiner Karte wiederfand. Also musste ich ganz in der Nähe der Universität sein. Einige Querstraßen weiter überwand ich meine Schüchternheit und fragte ein Pärchen nach dem Weg. Die beiden verwiesen mich auf die U-Bahn. Zwei Stationen, dann war ich meinem Traum zum Greifen nah.

An der richtigen Haltestelle angekommen, nahm ich mir einige Augenblicke, um das College aus der Ferne zu bewundern, denn ich lag noch gut in der Zeit. Der Campus war riesengroß und das Schulgebäude bestand aus insgesamt drei Häusern, die durch gläserne Innenhöfe miteinander verbunden waren. Völlig begeistert ließ ich alles auf mich wirken. Die Studenten sahen alle genauso aus, wie ich sie mir vorgestellt hatte. Alternativ und künstlerisch. Ich malte mir aus, wie ich als einer von ihnen über dieses Gelände laufen würde. Irgendetwas in mir schrie, dass ich hierhergehörte.

Noch völlig von der Atmosphäre verzaubert spürte ich, wie mein Handy in der Tasche vibrierte. Jokis grinsendes Gesicht strahlte mich vom Display aus an, als ich abnahm.

»Hey, Joki! Wie lief die Prüfung?«

»Ganz gut, ich bin gerade nach Hause gekommen. Viel wichtiger: Wie ist es in L.A.? Schon irgendwelche Stars getroffen?«

»Kurz dachte ich, Kelly Osbourne gesehen zu haben, bis mir aufgefallen ist, dass hier jede dritte Frau lilafarbene Haare hat. Also nein.«

»Denk dran, du wirst sie heute von ihren Stühlen fegen!«

»Hoffentlich. Am besten ich geh jetzt mal rein, ich melde mich nachher.«

»Alles klar. Viel Glück!«

Jokis Stimme zu hören gab mir einen unglaublichen Aufschwung und ich ging schnurstracks auf den Eingang des riesigen Institutes zu. Die schweren Türen aufstoßend, blinzelte ich in die beeindruckende Eingangshalle. Einen Vergleich mit Hogwarts konnte ich mir nicht verkneifen, da, bis auf die modernen Innenhöfe, das Gebäude einem in die Jahre gekommenen Schloss glich. Mit offenem Mund stand ich da und ließ alles auf mich wirken.

»Martin! Wie ich sehe, hast du gut hergefunden?«

Genny Day kam flinken Schrittes auf mich zu. Sie trug ein grünes Cape, welches hinter ihr her wehte und sie aussehen ließ wie eine Superheldin mittleren Alters. Die burschikose Frisur tat ihr Übriges.

»Miss Day! Ja, ich habe trotz mangelnder Ortskenntnis ohne Probleme den Weg in diese atemberaubende Universität gefunden.«

Warum ich plötzlich den Drang verspürte, so geschwollen zu reden, war mir selbst ein Rätsel. Anscheinend wollte ich Eindruck schinden. Genny Day sah mich belustigt an.

»Ich finde es selbst ziemlich geil hier«, meinte sie zu meiner Überraschung. »Vor zwanzig Jahren habe ich einen Haufen Kohle von meiner Mutter geerbt und konnte somit meinen Traum verwirklichen. Schon immer hatte ich vor, zu unterrichten und zu musizieren. Hier habe ich den perfekten Mittelweg gefunden.«

Ich nickte ehrfürchtig.

»Jedenfalls habe ich dann meine Roberta, also Ms. Mills, kennengelernt. Sie treibt mich an, weißt du?«

Abermals nickte ich und war total fasziniert von ihrer Erzählung. Sie war eine von drei Personen, denen ich gerne beim Reden zuhörte. Joki und Kallie waren die anderen beiden.

Genny Days Ausstrahlung war nicht in Worte zu fassen. Sie hatte eine dermaßen warme Präsenz, dass ich mich sofort wohl in ihrer Nähe fühlte. Der Wunsch, von ihr unterrichtet zu werden und mich in die unergründeten Tiefen der Musik ziehen zu lassen, wurde immer größer. Doch ob sie mich oder einen der anderen hundert Bewerber unter ihre Fittiche nahm, stand noch in den Sternen.

»In einer halben Stunde beginnt der Vorstellungsmarathon. Leider entscheide ich nicht allein, wer das Stipendium bekommt, aber wenn du so ablieferst wie auf dem Weihnachtskonzert, rechne ich dir hohe Chancen aus.«

»Das hoffe ich. Auf diese Universität zu gehen war schon immer mein Traum«, gab ich zu.

»Und Träume darf man nie aus den Augen verlieren. Und auch, wenn es heute nicht klappt, darfst du niemals aufhören, deine Ziele zu verfolgen. Verstanden?«

»Verstanden!«, bestätigte ich.

Genny Day verabschiedete sich von mir und wünschte mir viel Glück. Laut der Website des Colleges würden nur zwei Anwärter ein Stipendium bekommen, einer aus dem Bereich Tanz und darstellende Kunst und ein anderer aus dem Bereich Musik. Bei der Menschenmenge, die sich vor dem Saal versammelt hatte, sah ich meine guten Chancen immer weiter schrumpfen.

Diesmal hatte ich keinen freien Blick auf die anderen Performer. Alles, was ich mitbekam, waren ihre provisorischen Übungsversuche im Gang, wo wir alle warten mussten. Ein Breakdancer machte mich mit seinen hektischen Bewegungen fast wahnsinnig und gerade als ich mir überlegte, wie ich ihn am besten umbringen könnte, wurde er aufgerufen.

Die Nervosität stieg ins Unermessliche. Anders als beim Konzert damals war es heute eine andere Art von Anspannung, die meinen Körper beinahe lahmlegte. Diesmal sahen mir nur eine Handvoll Leute zu und sie waren nicht da, um sich unterhalten zu lassen, sondern um mich zu bewerten. Um abzuwägen, ob ich gut genug war, an der Universität aufgenommen zu werden, ohne einen müden Cent dafür bezahlen zu müssen.

Ich kam mir vor, als würde ich mich vor ein Rudel hungriger Wölfe begeben müssen und einzig allein ein perfektes Stück, welches zudem noch makellos vorgetragen werden musste, konnte sie mir vom Hals halten.

Die Lieder, die ich geschrieben hatte, handelten von allem, aber gleichzeitig auch von nichts. Beunruhigt überlegte ich, welches der neuen Stücke wohl am meisten beeindrucken würde. Tatsächlich gab es eines, welches ich in den Tiefen meines Gehirns in einer winzigen Schublade verschlossen hatte. Eine Stimme in mir sagte aber, dass genau dieses Stück das richtige wäre, um es hier und heute zu spielen. Dass es dafür prädestiniert war, meine Zukunft an dieser Schule zu besiegeln.

Der Song trug den Namen *The River*. Es war kein Zufall, dass sein Titel dieselbe Bedeutung hatte wie Jokis Name. *Fluss*. Mir fiel damals einfach nichts anderes ein, denn immer, wenn ich das Stück spielte, musste ich an

Joki denken und den Abend, den wir auf dem Leuchtturm verbracht hatten. An seine Augen und das merkwürdige Gefühl in meiner Magengegend, wenn er in meiner Nähe war.

Die Stimme aus den Lautsprechern riss mich aus dem Gedanken.

»Martin Bledsoe.«

Wie angewurzelt blieb ich auf der Stelle stehen. Die anderen schauten sich fragend an und wunderten sich wohl, wer dieser Martin Bledsoe war und warum er seinen Hintern nicht bewegte. Ohne Mut, den ich hätte zusammennehmen können, ging ich schließlich zitternd auf die Tür zu, aus der gerade ein dunkelhaariges Mädchen kam. Sie war sichtlich aufgewühlt, als sie sich ihre schwitzigen Hände an der Jeans abwischte.

»Viel Glück«, wisperte sie mir zu.

»Danke«, gab ich zurück und trat in den Saal. Die Bühne war viel riesiger als die provisorische Holzkonstruktion in unserer Sporthalle. Wie in einem Theater befanden sich vor mir etliche rote, gepolsterte Sitze, doch nur drei davon waren besetzt. Eine ältere Frau mit ergrauten Haaren saß links, Genny Day in der Mitte und neben ihr ein Mann, der ungefähr Ende zwanzig sein musste.

Mit schlotternden Knien trat ich in die Mitte der Bühne an das Mikrofon. Die nächsten drei Sätze hatte ich in den letzten Wochen fast mehr geübt als das Lied, das ich spielen wollte.

»Guten Tag. Mein Name ist Martin Bledsoe, ich bin siebzehn Jahre alt und gehe auf die Wallis Grove High School in Oregon. Ich habe für Sie ein Klavierstück vorbereitet, welches ich selbst geschrieben habe. Es trägt den Titel *The River*.«

Genny Day nickte mir zuversichtlich zu und ich machte eine kaum wahrnehmbare Verneigung. Dann trat ich an den Flügel, der auf der rechten Seite der Bühne stand. Es war bis dato das schönste Klavier, das ich je gesehen hatte. Mein eigenes liebte ich zwar, aber es war schon ziemlich in die Jahre gekommen. Das in Westbrooke sah so ähnlich aus wie dieses hier. Es war ebenfalls weiß und der Flügeldeckel war hinten wie ein S geschwungen.

Achtsam nahm ich auf dem Hocker Platz und positionierte meine Füße auf den Pedalen, atmete tief ein und spielte die ersten Töne. Die Akustik des Saals war einfach hervorragend. Dank der hohen Decke und des Gemäuers klang alles noch viel schöner und imposanter. Fast wie in einer Kirche. Viereinhalb Minuten dauerte mein Stück und es war somit eines der längsten, die ich je komponiert hatte. Komischerweise hatte ich nicht ein einziges Mal Probleme damit gehabt, mir die Tastenfolge zu merken. Meine Finger glitten einfach über die Tasten, ich hatte das Lied im Blut. Es war, als wäre ich darauf programmiert worden, dieses Stück tadellos zu spielen.

Zufrieden stand ich auf und begab mich zurück vor das Mikrofon.

»Danke schön, Mr. Bledsoe. Wenn alle Anwärter aufgetreten sind, verkünden wir, wer das Stipendium bekommt«, meinte die Grauhaarige mit einem undefinierbaren Gesichtsausdruck.

Jetzt hieß es hoffen und bangen. Zwei Stunden dauerte es, bis alle meine Konkurrenten ihren Teil vor der Jury abgeliefert hatten. Alles erinnerte an eine Castingshow, doch hier ging es um viel mehr als Bekanntheit, zwei Monate in den Charts oder einen Plattenvertrag. Hier ging es um meine Zukunft. Darum, ob ich mein Leben lang das tun dürfte, was ich am meisten liebte. Mir war bewusst, dass es nicht jedem vergönnt war, sich künstlerisch ausleben zu dürfen, ohne sich einen konventionellen Job zu suchen. Die Genny Day School war eine Künstlerschmiede sondergleichen. Kein anderes Musikcollege hatte solch ambitionierte und talentierte Absolventen und ich wollte einer von ihnen werden.

Gerade als ich mich im Gang auf den Boden setzen wollte, weil ich zu erschöpft war, um länger dumm herumzustehen, kamen Genny Day und ihre beiden Kollegen aus dem Saal. Sie hatten sich wahrlich Zeit für ihre Entscheidung gelassen.

»Danke, dass ihr alle hier wart. Leider gibt es nur zwei Stipendien, die ich vergeben kann«, erklärte die Leiterin.

»Im Bereich Tanz heiße ich herzlich Elliott Palmer willkommen. Wir sehen uns im nächsten Semester!«, verkündete der junge Lehrer.

Ein Junge mit karamellfarbenem Haar jubelte lautstark. Der Glückliche. Mein Körper spannte sich immer mehr und ich hielt die Luft an, als die ältere Frau zu sprechen begann.

»In meinem Bereich, der Musik, darf ich herzlich Temby Rain Johnson begrüßen! Herzlichen Glückwunsch!«

Ich hatte es nicht geschafft. Mechanisch zog ich meine Jacke über und nahm meine Tasche. Das Mädchen mit den schwarzen Locken, welches mir vorhin noch Glück gewünscht hatte, schlug die Hand vor den Mund und schien es gar nicht fassen zu können. Mein Traum zerplatzte mit einem Knall, der den Boden unter meinen Füßen zum Wanken brachte. Fassung bewahren stand nun auf dem Plan. Sicherlich würde ich mir nicht die Blöße geben und in Tränen ausbrechen.

Ich wollte einfach nach Hause und mich in meinem Zimmer verbarrikadieren. Am Boden zerstört drängte ich mich an den verbliebenen Teilnehmern vorbei.

An der Eingangstür zur Universität angekommen, wagte ich es nicht, noch einmal zurückzublicken. Mir anzusehen, was ich versäumen würde. Vermutlich müsste ich eine meiner Nieren verkaufen, um mir das Schulgeld leisten zu können, denn trotz eines College-Fonds würden es meine Eltern für höchstens ein halbes Semester aufbringen können. Es war zum Durchdrehen.

»Martin, warte mal!«

Das Büro von Genevieve Day war mit den kuriosesten Dingen vollgestopft. Auf ihrem Schreibtisch stand ein Bild von einer breit grinsenden Ms. Mills. Es war das erste Mal, dass ich sie sah, ohne unter ihrem anstrengenden Gequassel leiden zu müssen.

»Martin, ich würde gerne noch einmal mit dir sprechen. Dein Stück hat mich wirklich sehr beeindruckt. Hätte ich die Entscheidung allein getroffen, hättest du auf jeden Fall den Platz bekommen.«

Ich zuckte lediglich mit den Schultern, so als wäre es nicht so wichtig. Dass es das natürlich doch war, ließ ich mir nicht anmerken.

»Das Gute an der Sache ist, dass mir diese schnuckelige kleine Universität gehört. Deshalb möchte ich dir gerne doch ein Stipendium anbieten.«

Genny Day lächelte mich an.

Das konnte nicht wahr sein.

»Ist das Ihr Ernst?«

Mein Mund war sperrangelweit geöffnet.

»Mein voller Ernst. In dir steckt so viel, das noch herausgelockt werden möchte, und ich sehe sehr großes Potenzial in dir«, sagte sie.

»Mir fehlen gerade die Worte.«

Ms. Day winkte ab.

»Reden ist Silber und das ganze Gedöns. Aber eins würde mich doch interessieren: Was war deine Intention hinter diesem Song? Beim Hören habe ich mir überlegt, was wohl in dir vorgegangen war, als du ihn komponiert hast. Manche Stellen waren so sehnsüchtig, dass ich fast vom Sitz aufgesprungen wäre. Andere wiederum hatten solch eine zarte Wärme wie die ersten Sonnenstrahlen an einem Frühlingstag.«

Verblüfft starrte ich sie an. Bis jetzt hatte noch niemand versucht, meine Musik zu analysieren, doch sie traf den Nagel auf den Kopf.

»Nun ja, es geht im Großen und Ganzen um meinen besten Freund«, gab ich zu.

»Deinen besten Freund. So, so.« Sie zog eine Augenbraue hoch.

»Ich bin in ihn verliebt«, stieß ich hervor und biss mir daraufhin auf die Zunge. Doch irgendwie tat es gut, es laut auszusprechen. Nicht einmal Kallie hatte ich dieses Geheimnis verraten. Manchmal ist es einfacher, sich vor fremden Menschen zu offenbaren.

»So etwas habe ich mir schon gedacht.«

Genny Day legte eine Hand auf meine Schulter.

»Du hast eine Gabe, die viele andere nicht haben. Alle Emotionen, egal ob gut oder schlecht, sitzen hier.« Sie legte einen Finger an meine Stirn. »Und hier.« Einen anderen Finger platzierte sie auf meiner Brust. »Der Kopf und das Herz. Aber du hast noch etwas anderes: deine Hände. Sie sind dein Ventil. Mit ihnen und mithilfe des Klaviers kannst du diese ganzen Emotionen verarbeiten und dabei kommt dann ein wunderschönes Lied heraus. Verrückt, oder?«

»Total«, bestätigte ich und kam ins Grübeln.

War es wirklich so einfach? War die Musik meine Art, die Dinge zu verarbeiten, die mich beschäftigten? Hatte ich deshalb so viel von Joki in meine Stücke einfließen lassen, weil der Gedanke an ihn mich in den letzten Monaten kaum losließ?

Als ich am späten Abend wieder in Wallis Grove ankam, warteten meine Eltern und Joki schon auf der Veranda auf mich. Während des Fluges hatte ich versucht zu realisieren, dass ich tatsächlich ein Stipendium bekommen hatte. Dass ich in Kalifornien Musik studieren würde. Ms. Day würde mir noch schriftlich die Bestätigung zuschicken, aber ihr Wort reichte mir.

»Und?«, rief mein Dad.

Auch Joki hatte ich noch nichts von dem Ausgang des heutigen Tages erzählt. Die erwartungsvollen Augen vor mir wurden immer größer. Schließlich nickte ich und brach dann, in guter alter Martin-Bledsoe-Manier, in Tränen aus. Die enorme Anspannung fiel mit einem Mal von mir ab und ich konnte das erste Mal seit Wochen richtig durchatmen.

»Wusste ich es doch!« Joki umarmte mich als Erster, dann kamen meine Eltern dazu und sagten mir, wie stolz sie auf mich waren. Und ich war es auch, das erste Mal in meinem Leben. Stolz auf mich.

16

Anruf mit Folgen

Die Zeit bis zum Prozess war in Windeseile vergangen und so sehr ich auch versuchte, Joki Mut zuzusprechen, stand ihm die Nervosität deutlich ins Gesicht geschrieben, als der Richter sich zur Urteilsverkündung erhob. Wir taten es ihm gleich.

Die Verhandlung war unglaublich nervenzehrend für mich, ich konnte mir nicht vorstellen, wie es dann erst für Joki sein musste. Da unsere Aufnahmen heimlich gemacht wurden, konnten sie nicht berücksichtigt werden. Joki konfrontierte seine Stiefmutter dennoch damit, was seinen Anwalt ziemlich ins Schwitzen brachte, doch zum Glück war der Richter ein geduldiger Mann. Vanessa Sobieski verlor daraufhin völlig die Fassung und verstrickte sich immer mehr in Widersprüche. Ihr Komplize blieb derweil still und rührte sich kaum. Vermutlich schwante ihm schon, dass sein Plan, sich mit dem Geld von Jokis Vater ein schönes Leben zu machen, gehörig nach hinten losging.

»Die Jury ist zu einem eindeutigen Urteil gekommen: Vanessa Sobieski und Duncan Litwood sind schuldig in allen Anklagepunkten, bestehend aus Betrug und Urkundenfälschung. Mrs. Sobieski wird eine Geldstrafe in Höhe von fünfzehntausend Dollar auferlegt. Zudem muss das Erbe unverzüglich an ihren Stiefsohn, Joki Sobieski, beziehungsweise an seine Vormunde, bestehend aus den Eheleuten Bledsoe, ausgehändigt werden.

Mr. Litwood wird mit sofortiger Wirkung die Anwaltslizenz entzogen und zu einer Geldstrafe von zwanzigtausend Dollar verurteilt. Die Verhandlung ist hiermit geschlossen. Innerhalb von zwei Wochen kann Revision eingelegt werden.«

Jokis Stiefmutter machte ein Gesicht, als hätte sie gerade siebzehn Zitronen gegessen. Sie rückte sich ihre Sonnenbrille zurecht und stand auf, um mit schnellen Schritten den Gerichtssaal zu verlassen. An ihrer Seite war der schmierige Anwalt, den wir damals im Haus der Sobieskis gesehen hatten.

Als Vanessa an ihrem Stiefsohn vorbeiging, streckte ihr dieser den Mittelfinger entgegen. Ich musste mir das Lachen verkneifen, als unser Anwalt Dr. Houston Joki daraufhin ermahnte.

Zum Glück hatten wir es geschafft zu beweisen, was für eine falsche Schlange Vanessa war. Mom und Dad hatten vereinbart, dass Joki das Geld seines Vaters an dem Tag bekommen würde, an dem er die Highschool abschloss. Das bedeutete, dass er seinen Plan, in den Sommerferien nach Finnland zu fliegen, um seine Mutter zu suchen, verwirklichen könnte. Die Tatsache, dass er im Sommer achtzehn werden würde, bestärkte sein Vorhaben noch mehr und mir war überhaupt nicht wohl bei dem Gedanken, ihn gehen lassen zu müssen.

»Danke, dass ihr mich in der Sache so unterstützt habt«, meinte Joki zu meinen Eltern, als wir das Gerichtsgebäude verließen.

»Keine Ursache.« Mein Dad klopfte ihm auf die Schulter und mir fiel auf, wie normal die Situation mittlerweile war. Mom, Dad, Joki und ich waren eine Familie.

»Heilige Scheiße! Wie viel?«

Kallie hatte die Augen so weit aufgerissen, dass ich befürchtete, sie könnten gleich wie Murmeln aus den Höhlen kullern.

»Zweihunderttausend«, wiederholte Joki mit einem Grinsen und ich schüttelte ungläubig den Kopf.

»Ich hatte selbst keinen blassen Schimmer, wie viel er gespart hatte. Kein Wunder, dass Vanessa sich das Geld unter den Nagel reißen wollte. Damit hätte die sich mit ihrem Schleimbolzen von Anwalt ein schönes Leben machen können.«

»Und was machst du mit der ganzen Kohle? Falls du was zu verschenken hast, weißt du ja, wo du mich findest«, scherzte meine beste Freundin.

»Auf jeden Fall werde ich erst mal nach Finnland fliegen. Dort habe ich noch einiges zu erledigen. Und dann, keine Ahnung. Mal sehen, wo die Reise mich hinführt.«

Weg von mir, dachte ich bitter.

Als Joki sich verabschiedete, um ins Bett zu gehen, war ich froh, mit Kallie allein zu sein. Den Schock ihrer Beinahefehlgeburt und die Angst, sie verlieren zu können, hatte ich noch nicht vergessen. Das Leben war einfach zu kurz und ich nahm mir vor, jeden Moment mit ihr wertzuschätzen.

»Herzlichen Glückwunsch noch mal zum Stipendium«, begann sie. »Du hast es verdient.«

»Danke, Kal. Wie fühlst du dich heute?«

»Rund. Aber gesund. Die Kleine wird mir hoffentlich bis zur Geburt keine Probleme mehr machen.« Sie klopfte auf meinen Kopf, da kein Holz in der Nähe war.

»Gott sei Dank.« Dann passierte etwas, was zwischen mir und Kallie sonst nie vorkam: Eine merkwürdige Stille breitete sich aus. Es fiel ihr genauso auf wie mir, das wusste ich.

»Marty, kann ich ganz offen zu dir sein?«, fragte sie zögerlich.

»Klar.« Ihr Tonfall machte mich nervös. Als würde sie ein Thema ansprechen wollen, welches sie schon seit Ewigkeiten beschäftigte.

»Was hältst du eigentlich von Jokis Plänen?«

»Was soll ich davon halten? Selbstverständlich freue ich mich für ihn, weil er endlich genug Geld hat, um nach Finnland zu gehen.«

»Du bist in ihn verliebt, hab ich recht?«

Kallie legte eine Hand auf mein Knie und wartete auf eine Antwort, doch ich konnte nicht sprechen, nicht denken. Erneut hatte ich meine beste Freundin maßlos unterschätzt, indem ich glaubte, sie hätte nichts bemerkt. Sie kannte mich eben doch besser als jeder andere Mensch auf der Welt.

»Kallie, du redest Unsinn«, flüsterte ich schließlich und hoffte, sie würde vom Thema ablassen. Ich war nicht bereit darüber zu reden. Schon gar nicht, wenn Joki im Nebenzimmer lag und unsere Wände dünner waren als ein Magermodel auf der Fashion Week.

Kallie kramte ihr Handy heraus, tippte kurz darauf herum und hielt es mir vors Gesicht. Das Bild, welches darauf zu sehen war, raubte mir den Atem.

»Das hab ich an dem Tag geschossen, als wir aus Portland zurückgekommen sind.«

Das Foto zeigte mich und Joki, wie wir zusammen in meinem Bett lagen und schliefen. Sein Kopf lag auf meiner Schulter und seine Hand lag auf meiner. Damals hatte ich gar nicht mitbekommen, dass wir uns wirklich so nah gewesen waren.

Ich schluckte. »Und was soll das jetzt beweisen? Wir haben geschlafen. Warum fotografierst du überhaupt schlafende Leute, du Irre?«

Kallie lächelte. »Es ging nicht anders, ihr saht einfach so süß aus. Und wenn du mir weismachen willst, dass du nichts für den heißen Finnen im Nebenzimmer empfindest, dann musst du schon früher aufstehen.«

Obwohl ich es nicht wollte, wurde ich allmählich wütend. Was dachte sie sich denn? Dass ich es zugeben würde, sie mich mit Joki verkuppeln könnte und wir alle bis an unser Lebensende glücklich zusammenleben würden? Sorry, aber so würde es nicht laufen.

»Du hast natürlich wieder den totalen Durchblick! Kallie Kazokis, das Mädchen, das schon alles gesehen und alles erlebt hat und natürlich immer genau weiß, was im Kopf der anderen vorgeht«, spie ich aus.

Sie schüttelte mit dem Kopf. »Marty, ich meine das doch nicht böse, das ist jetzt kein Grund, sauer zu sein.«

»Weißt du was? Vielleicht ist es so, wie du sagst. Vielleicht bin ich in meinen besten Freund verliebt, will ihm die Klamotten vom Leib reißen und mit ihm Dinge tun, die anderen Leuten die Schamesröte ins Gesicht treiben würden.«

Kallies Augen weiteten sich.

»Und es ist das beschissenste Gefühl der Welt, jemanden auf diese Art zu mögen, wenn derjenige einen nur als besten Freund ansieht. Aus der Friend-Zone kommt man nämlich nie wieder heraus. Aber es ist egal, er ist bald 4933 Meilen weit weg und ich bin dann sowieso in L.A.«

»Marty, du bist der verkorksteste Mensch, den ich kenne.«

»Nun, immerhin bin ich Musiker. Die sind anscheinend alle so.«

Ich lachte halbherzig.

Kallie rutschte näher zu mir heran und blickte mir tief in die Augen. »Egal, was du suchst, du wirst es finden. Irgendwann. Vielleicht nicht in Joki oder in Sam. Aber irgendjemand wird dich mal so sehr lieben, wie du es verdienst.«

Ich wäre nicht Martin Bledsoe, wenn ich nach diesen Worten nicht mal wieder ein paar Tränen verdrückt hätte.

»Du bist viel zu tiefgründig für eine Siebzehnjährige.«

»In unserem Alter ist man wohl am tiefgründigsten.« Kallie streichelte über ihren Bauch. »Wir nennen sie übrigens Marta. Marta Louisa Morelli.«

Die letzten Abschlussprüfungen forderten mich ungemein heraus. Mathematik war noch nie meine Stärke gewesen und auch in allen naturwissenschaftlichen

Fächern war ich eher im unteren Mittelmaß. Natürlich, ich hatte das Stipendium in der Tasche, doch das Abschlusszeugnis war ein Dokument, welches man immer wieder in seinem Leben benötigte, und ich wollte nicht, dass es vor schlechten Noten nur so wimmelte.

Auch Kallie war froh, dass die Schulzeit in riesigen Schritten dem Ende zuging. Nachdem sie es irgendwann nicht mehr geschafft hatte, ihren Babybauch zu verbergen, wurde ihre Schwangerschaft zum heißesten Thema der ganzen Schule. Sie ließ natürlich keine negative Energie an sich heran und wehrte alle blöden Sprüche gekonnt ab. Sie war siebzehn, erwartete ein Kind und war glücklich damit.

Den Namen Marta liebte ich sofort. Zum einen war Marta die weibliche Variante meines Namens, zum anderen hieß auch Jaspers Großmutter so. Deshalb hatten sich Kallie und er auf diesen Namen geeinigt.

Eine Sache hatte ich bisher allerdings erfolgreich verdrängt: Mit jedem Abschluss eines Jahrgangs ging auch ein Ball einher. Natürlich war mir von vornherein klar, dass ich dort nicht aufkreuzen würde, schließlich hatte ich kein Date. Ohne Begleitung zu erscheinen wäre ein Armutszeugnis, welches ich nicht gebrauchen konnte. Ich war sowieso einer der unbeliebtesten Schüler, da würde ich mir bestimmt nicht auch noch diese Blöße geben.

»Wir gehen auch nicht hin«, erzählte Jasper, als wir in der Cafeteria der Schule saßen.

»Keine Lust auf dieses traditionelle Geheuchel«, fügte Kallie hinzu. »Außerdem ist mir dieses ganze Spektakel zu stressig. Immerhin bin ich hochschwanger.«

»Es wird erzählt, dass es so was wie einen alternativen Abschlussball geben soll«, warf Joki ein.

»Ja! Ihr kennt doch alle Francine Beauxforêt, oder?«

Natürlich kannten wir sie. Sie war eines der beliebtesten Mädchen der Schule und Jaspers Ex-Freundin. Warum gerade Kallie ihre verhasste Vorgängerin ansprach, war mir ein Rätsel.

»Blöde Frage, selbstverständlich kennt ihr sie. Jedenfalls schmeißt sie in der Nacht vor dem eigentlichen Abschlussball einen AlternaProm! Dort gibt es Alkohol, in dessen Genuss ich ja leider nicht kommen werde, und coole Musik. Habt ihr schon mal ihr Haus gesehen? Der Geräteschuppen ihres Vaters ist größer als unsere Wohnung!«

»Hast du Francine nicht letztens noch als froschfressende Franzosenfrikadelle bezeichnet?«, hakte ich grinsend nach. Joki verschluckte sich, als er losprustete. Kallie warf die Hände in die Luft.

»Mein Gott, man kann ja wohl seine Meinung ändern. Außerdem will ich ihr unter die Nase reiben, was ihr durch die Lappen gegangen ist.«

Jasper verdrehte die Augen, doch ihm schien es ziemlich gleich zu sein, dass Kallie seiner Ex-Freundin zeigen wollte, wie glücklich sie waren.

»Also, kommt ihr mit?«, fragte Kallie an Joki und mich gerichtet. Meine Augen wurden zu Schlitzen, als ich sie skeptisch musterte. Seitdem sie sicher wusste, dass ich in Joki verliebt war, witterte ich ständig irgendwelche Verkupplungsversuche und ich hatte keinen blassen Schimmer, ob dies einer sein sollte. Schließlich warf ich Joki einen fragenden Blick zu.

Er zuckte mit den Schultern. »Warum eigentlich nicht?«

»An mir soll es nicht scheitern«, meinte ich dann und hoffte inständig, dass der Abend nicht in einem Fiasko enden würde. Bis jetzt entpuppten sich Kallies glorreiche Einfälle meist als Schnapsideen.

»Leute, mehr Begeisterung bitte! Es wird die letzte Party sein, bevor die Sommerferien beginnen und ihr euch nach L.A. und Finnland verpisst«, jammerte Kallie.

So hatte ich das noch gar nicht gesehen. Kallie und Jasper würden bald ihre Tochter bekommen und somit blieb ihnen die Chance verwehrt, direkt nach der Highschool ein College zu besuchen. Jasper hatte zwar ein Stipendium an einer nahe gelegenen Sportuniversität ergattert, doch im ersten Jahr nach der Geburt wollte er nur für Kallie und das Kind da sein. Nicht jeder würde so eine großartige Gelegenheit aufschieben und ich hatte riesigen Respekt vor dieser Entscheidung.

»Okay, dann werden wir den alternativen Abschlussball crashen!«, rief ich und wir stießen mit Orangensaft an.

»Was machen wir nur, wenn du aus dem Haus bist?«

Mein Dad stocherte beim Abendessen deprimiert in seiner Lasagne herum, während Mom ihm einen mitleidigen Blick zuwarf. Nachdem klar war, dass ich nach Kalifornien gehen würde, wurden meine Eltern ganz rührselig und merkwürdig sentimental. Ich war ihr einziges Kind und konnte mir nicht vorstellen, was für ein Gefühl es wohl war, dieses nach achtzehn Jahren ziehen zu lassen. Dass Joki auch in wenigen Wochen das Weite suchen würde, kam noch erschwerend dazu. Er war in den letzten Monaten wie ein eigener Sohn für meine Eltern.

»Ihr schafft euch einen Hund an«, scherzte ich.

»Das ist nicht dasselbe«, schmollte Dad und Mom und ich lachten los. Er war manchmal so ein Kind.

Nachdem wir gegessen hatten, machten sich meine Eltern auf den Weg ins Theater. Einmal in der Woche abends auszugehen war eine Tradition von ihnen.

Joki hörte in seinem Zimmer laut Musik, als ich den Tisch abräumte.

Das Klingeln unseres Telefons riss mich unsanft aus den Gedanken. Ich hasste es zu telefonieren, dennoch nahm ich den Hörer ab.

»Bledsoe, hallo?«

»Hallo, es tut mir leid, sie um diese Uhrzeit noch zu stören«, erklang eine helle Frauenstimme am Ende der Leitung und ich meinte einen leichten Dialekt herauszuhören.

»Wohnt bei Ihnen ein Joki Sobieski?«

Beinahe hätte ich den Hörer vor Schreck fallen lassen.

»Wer spricht da?«, wisperte ich.

»Ich bin Jokis Mutter.«

»Soll das ein Scherz sein? Verarschen Sie jemand anderes!«

Atemlos ließ ich den Hörer zurück auf das Telefon fallen und schlug die Hände vor den Mund.

Das war nicht seine Mutter, sagte ich mir in Gedanken immer wieder auf. Warum jetzt? Nach zwölf Jahren? Woher wollte sie überhaupt wissen, wo er jetzt lebte? Es *musste* ein schlechter Scherz gewesen sein. Vielleicht steckte Lenny dahinter, schließlich hatte er schon einmal in Jokis Vergangenheit gewühlt.

Ganz egal, wie oft ich mir einredete, der Anruf sei ein geschmackloser Witz gewesen, die Zweifel wurden immer größer. Was war, wenn die Frau die Wahrheit gesagt hatte? Und ich Vollidiot hatte einfach aufgelegt. Hektisch tippte ich auf unserem Telefon herum, doch die Nummer der Anruferin schien unterdrückt gewesen zu sein.

»Ist noch was von der Lasagne übrig?«

Einen mädchenhaften Schreckensschrei unterdrückend fuhr ich herum und starrte in Jokis fragendes Gesicht.

»Warum muss sich eigentlich jeder immer so an mich heranschleichen?«, motzte ich ihn an.

Er kam zwei Schritte auf mich zu.

»Du siehst aus, als hättest du einen Geist gesehen. Alles in Ordnung?«

Ich atmete tief ein und kniff die Augen zu.

»Gerade hat eine Frau angerufen.«

»Und?«

»Sie meinte, sie sei deine Mutter«, stieß ich zwischen zusammengepressten Lippen hervor.

Joki blickte mich fassungslos an. »Was hat sie gesagt?«

»Ich habe aufgelegt«, wisperte ich fast tonlos.

Sein Atem stockte. »Wie war das?«

Leise wiederholte ich meine Worte. »Es tut mir leid, ich dachte, es wäre ein schlechter Scherz oder so was.«

»Unglaublich!«

Wutentbrannt stürmte er nach oben und ich hechtete ihm hinterher.

»Zwölf Jahre habe ich auf diesen verdammten Anruf gewartet und du legst einfach auf!«

Er warf sich seine Jacke über und drängte sich auf der Treppe an mir vorbei.

»Verdammt, ich habe nicht geglaubt, dass es wirklich sie war! Sie hat mich völlig überrumpelt! Du musst doch jetzt nicht abhauen.«

»Martin, lass mich in Ruhe.«

Martin.

»Lass mich dir helfen, sie zu finden!«, rief ich ihm nach.

»Auf deine Hilfe kann ich verzichten!«

Dann war er verschwunden. Gratulation, Martin. Du hast es versaut.

Der Abend schritt voran und ich beschloss Joki Zeit zu geben, um sich zu beruhigen. Er war noch nie so sauer auf mich gewesen, aber immerhin hatte er heute auch einen guten Grund.

Mom und Dad kamen gegen halb zwölf wieder nach Hause. Ihnen erzählte ich nichts von dem Anruf und Jokis kleinem Ausraster. Das musste ich mit ihm allein klären. Mitten in der Nacht, nachdem meine Eltern schon lange schliefen, wachte ich auf und ein Blick auf die Uhr verriet mir, dass es halb drei war. Auf Zehenspitzen schlich ich über den Gang zu Jokis Zimmer. Leise klopfte ich an und öffnete die Tür behutsam einen Spalt. Er war nicht da und sein Bett schien völlig unberührt zu sein.

Ein ungutes Gefühl beschlich mich. Joki hatte, bis auf ein paar Mal, als er noch mit Olivia zusammen war, noch nie die Nacht woanders verbracht. Wo auch? Er hatte zwar einige Freunde in der Schule, aber eigentlich verbrachte er seine meiste Zeit mit Kallie und mir. Bei ihr war er bestimmt nicht, so sauer, wie er auf mich war. Ich dachte an den Tag zurück, an dem Lenny die Flyer in der Schule verteilt hatte. Danach hatte ich Joki auf dem Leuchtturm gefunden. Ob er jetzt auch dort war?

In den letzten Monaten hatte ich vieles zu der Liste *Dinge, die Martin Bledsoe zum ersten Mal tut* hinzugefügt. Heute kam der Punkt, sich mitten in der Nacht aus dem Haus zu schleichen, dazu. Kurz spielte ich mit dem Gedanken, das Auto meiner Eltern zu nehmen, aber trotz der bestandenen Fahrprüfung traute ich mich noch nicht in den Straßenverkehr. Auch nicht um drei Uhr nachts. Außerdem könnte das Starten des Motors meine Eltern aufwecken. Oldschool wie ich war, schwang ich mich also auf mein Fahrrad. Es war merkwürdig, so spät durch Wallis Grove zu fahren. Einige Menschen waren zwar noch unterwegs, aber im Dunkeln sahen sie für mich alle wie Serienkiller aus.

Den Weg kannte ich mittlerweile recht gut, doch es war stockfinster, also benutzte ich mein Handy als Taschenlampe.

Irgendwann erreichte ich endlich den Leuchtturm und anders als beim letzten Mal war diesmal kein Fahrrad an der Fassade angelehnt. Die Hoffnung, Joki hier zu finden, wich immer mehr der Angst, dass er gar nicht von mir gefunden werden wollte.

Ein paar Mal brüllte ich seinen Namen nach oben, doch es war zwecklos, er war nicht hier. Es blieb mir nichts anderes übrig, als wieder zurückzufahren.

Als ich am Morgen aufwachte, war ich allein. Meine Eltern waren bei der Arbeit und Joki war immer noch nicht aufgetaucht. Keine Ahnung, ob ich ihn jemals wiedersehen würde. Es bereitete mir beinahe physische Schmerzen, als ich mir ausmalte, meinen besten Freund verloren zu haben.

Als ich gerade zurück in mein Bett gehen wollte, um in Selbstmitleid badend dahinzuvegetieren, zeigte mir ein Vibrieren meines Telefons, dass ich eine Nachricht bekommen hatte. Ich blinzelte auf das Display, was meine müden Augen zum Brennen brachte. Kallie.

Marty, einige Typen aus Jaspers Team haben sich am alten Bunker getroffen. Joki ist auch hier und benimmt sich merkwürdig. Ist irgendwas vorgefallen? Kal x

Einerseits war ich erleichtert, dass Joki wohlauf zu sein schien, auf der anderen Seite wusste ich nicht, was Kallie mit merkwürdigem Verhalten meinte. Rasch tippte ich eine Antwort und teilte ihr mit, dass ich in wenigen Minuten da sein würde.

Als ich die letzten Schritte zum Bunker ging, wurde ich immer nervöser, denn ich wusste selbst nicht, was ich mir beweisen wollte. Von Weitem erkannte ich, dass sich an dem beliebten Treffpunkt, wo sich meine Mitschüler am helllichten Tag regelmäßig die Kante gaben, fast der ganze Jahrgang zusammengefunden hatte. Es war ein herrlicher Tag. Die Sonne strahlte beinahe unbarmherzig herab und der wolkenlose blaue Himmel lud dazu ein, stundenlang im Sand zu liegen und nach oben zu starren.

Kurz hielt ich inne, als ich Kallie sah, die lachend und albernd einen Bumerang zu Jasper warf. Dieser sprang hoch, um ihn zu fangen und schaute ziemlich verdutzt aus der Wäsche, als dieser sich drehte und zu Kallie zurückflog.

»Das ist ein Bumerang, du Idiot! Die fliegen zurück!«, kreischte Kallie und hielt sich vor Lachen den runden Bauch. Ein leichtes Lächeln konnte ich mir nicht verkneifen. Jasper tat ihr gut und umgekehrt war es genauso. Das konnte jeder sehen. Gerade wollte ich auf sie zugehen, als ich Joki einige Meter weiter erspähte.

Sein blondes Haar schimmerte beinahe golden in der Sonne und er trug einen hellblauen Pullover, der ihm etwas zu klein zu sein schien. Lenny stand neben ihm, nahm einen großzügigen Schluck aus einer Bierflasche und reichte sie Joki, der sie in einem Zug leerte. Humpty und Dumpty waren auch von der Partie. Großartig.

Die Jungs schienen sich prächtig zu verstehen. Lenny sagte irgendetwas, das ich durch die Entfernung nicht verstehen konnte. Joki lachte. Alles in mir zog sich zusammen, als ich sah, wie seine Augen zu Schlitzen wurden und sich kleine Fältchen darum bildeten.

Entgeistert wurde ich Zeuge dieser surrealen Szene und ich spürte, wie mein Herz immer langsamer schlug. Am besten es würde einfach stoppen.

Kallie entdeckte mich und kam auf mich zu.

»Marty! Kannst du mir mal erklären, was mit Joki los ist? Bis auf ein flüchtiges Hallo hat er uns gar nicht beachtet. Und seit wann hängt er mit dieser Scheißhausbazille rum?«

Völlig durch den Wind schüttelte ich lediglich den Kopf und beobachtete Joki weiter. Er war sichtlich angetrunken und konnte sich kaum noch auf den Beinen halten. Lenny und seine Zwillingsaffen reichten ihm amüsiert die nächste Bierflasche.

»Ich hab Mist gebaut.«

Kallie musterte mich. »Hast du es ihm gesagt?«

»Um Himmels willen, nein! Gestern Abend hat eine Frau bei uns angerufen und behauptet, Jokis Mutter zu sein. Jedenfalls war ich total vor den Kopf gestoßen und habe aufgelegt.«

»Scheiße.« Meine beste Freundin massierte ihre Schläfe. »Soll ich mit ihm reden?«

»Danke, aber das muss ich selber machen.«

Zielstrebig ging ich auf Joki zu, dessen neu gewonnene Freunde mich spöttisch begutachteten.

»Verpiss dich, Bledsoe! Schwuchteln wie du sind hier nicht erwünscht«, grunzte Lenny.

Ich ignorierte ihn und schaute Joki direkt ins Gesicht. Statt mich zu verteidigen, wie er es sonst immer getan hatte, blieb er heute stumm. Es war wie ein Schlag ins Gesicht.

»Joki, können wir kurz reden?«

Sein gleichgültiger Gesichtsausdruck ließ nicht viel Raum für Hoffnung auf ein klärendes Gespräch.

»Hast du nicht gehört? Verpiss dich, du Schwuchtel«, lallte er.

Ich blinzelte zweimal. Fassungslos starrte ich ihn an, konnte nicht glauben, was ich gerade gehört hatte. Bitte nicht. Nicht aus seinem Mund.

Vor meinen Augen begann sich die Szene des Weihnachtskonzertes abzuspielen, in der ich auf der Bühne stand. Das Wort stand in schwarzen Buchstaben auf meinem Shirt. Für ihn. Dann zerliefen die Bilder zu einem alarmierenden Rotton. So war es also, rotzusehen. Wut und Enttäuschung kochten in mir hoch und vereinten sich zu einer explosiven Mischung.

»Wie kannst du so was sagen?«, brüllte ich und stieß den Jungen, den ich liebte, mit voller Wucht gegen die Außenwand des Bunkers. In seinen Augen funkelte für den Bruchteil einer Sekunde wieder die Wärme auf, die mir so vertraut war. Doch schnell schlich sich wieder die ausdruckslose Leere in seine Züge.

»Martin, geh einfach«, knurrte er, als er sich wieder aufrappelte.

»Fahr zur Hölle.«

17

AlternaProm

Keine Ahnung, wann ich endlich aufhören konnte, zu weinen. Vermutlich in dem Moment, als ich Joki nebenan hören konnte. Er packte gerade seine Sachen, das wusste ich. Kallie hatte mich nach meinem Abgang angerufen und geschildert, was noch passiert war. Sie hatte sich Joki anscheinend zur Brust genommen und dafür gesorgt, dass er erst mal im Haus von Jaspers Eltern unterkam. Es war auch wirklich besser so, denn ich hatte nicht das Verlangen, noch eine Minute länger mit ihm unter einem Dach zu wohnen.

Als er sang- und klanglos wieder verschwunden war, musste ich meinen Eltern erklären, was überhaupt los war. Ich erzählte ihnen von dem Anruf, dem Streit und warum Joki nun vorerst bei Jasper wohnte. Es machte mich wütend, dass er nicht selbst mit Mom und Dad geredet hatte, nach allem, was sie für ihn getan hatten.

Genervt beschloss ich, mich nicht länger fertigzumachen. Am Abend kam Kallie vorbei und obwohl ich nicht in der Stimmung für ausgelassene Stunden mit ihr war, entpuppte sich ihre Gesellschaft dennoch als eine willkommene Ablenkung.

»Der kriegt sich wieder ein«, nuschelte sie und hatte bereits die halbe Packung meiner Schokoladenkekse weggefuttert.

»Lässt du mir auch noch welche übrig? Wenn du so weitermachst, siehst du bald aus wie die Mutter von Honey Boo Boo«, neckte ich sie.

»Du bist gemein!«, schmollte sie und leckte sich die Krümel von den Fingern. »Pass auf, ich hab die Idee! Wir suchen dir jetzt was zum Anziehen für den AlternaProm!«

»Du glaubst doch nicht ernsthaft, dass ich da jetzt noch hingehe, oder?«

»Und wie du hingehen wirst! Keine Widerrede.«

Kallie hievte sich von meinem Bett und öffnete meinen Schrank. Ein Teil nach dem anderen segelte zu Boden.

»Zu formal. Zu spießig. Oh, das ist perfekt!«

Sie hielt ein nachtblaues Hemd in die Höhe. Gleichgültig zuckte ich mit den Schultern.

»Dazu die schwarze Jeans! Und deine Haare übernehme ich auch.«

Natürlich war ich nicht bei der Sache. Joki schwirrte in meinen Gedanken herum und ich konnte immer noch nicht so recht glauben, was heute passiert war. Ununterbrochen versuchte ich all die Erinnerungen an die Dinge, die wir zusammen schon durchgemacht hatten, zu verdrängen. Trotz allem hasste ich ihn nicht. Dazu war ich gar nicht fähig. Meine Abscheu galt einzig und allein Lenny. Alles, was er anfasste, ging zu Bruch, er war wie ein schwarzer Fleck auf einem weißen, jungfräulichen Blatt Papier.

Oder besser noch: Er war die Vogelscheiße auf der Windschutzscheibe meines Lebens.

Joki erwies sich als äußerst stur. Er meldete sich in den nächsten Tagen kein einziges Mal. Zwar hielt mich Jasper auf dem Laufenden und Joki schien sich wirklich schlecht zu fühlen, doch das reichte mir nicht. Verdammt, ich wollte eine Entschuldigung. Eine Erklärung. Und ich würde sicherlich nicht derjenige sein, der den ersten Schritt machte.

Selbstverständlich hatte ich auch Schuld an unserem Streit, aber ich hatte niemals die Absicht, ihn zu verletzen. Anscheinend beruhte dies nicht auf Gegenseitigkeit, denn er hatte mir verdammt wehgetan. Im Laufe meines Lebens wurde ich schon öfter als Schwuchtel bezeichnet, als ich hätte zählen können, doch es kam immer von namenlosen Leuten, von unwichtigen Personen, deren Worte ich mir nicht zu Herzen nahm. Doch Joki bedeutete mir mehr, als mir lieb war, und genau das war der Punkt.

»Das ziept!«, rief ich, als Kallie meine Haare bürstete, als würde es um ihr Leben gehen.

»Wann hat dieses Gestrüpp das letzte Mal eine Bürste oder einen Kamm gesehen? Da sind ja die Schamhaare eines Schimpansen gepflegter.«

»Meine Haare sind gepflegt, sie haben nur Angst vor dieser durchgeknallten Griechin und ihrer Hundebürste! Sag mal, sind das Stahlborsten?«

»Sei ein Mann, keine Memme. Du willst doch zum Anbeißen aussehen, wenn ich mit dir fertig bin, oder?«

»Ist ja gut. Nur lass mir bitte noch ein bisschen Kopfhaut dran, ja?«

Der Tag des alternativen Abschlussballs war gekommen. Eigentlich war es nur ein stinknormales Besäufnis im Haus des beliebtesten Mädchens der Schule.

Kallie hatte sich in ein fliederfarbenes Kleid geschmissen, das perfekt ihren Babybauch umschmeichelte. Ihr langes, dunkles Haar trug sie glatt und offen. Lustlos zog ich die Klamotten an, die sie ein paar Tage zuvor für mich herausgesucht hatte, und versuchte meinem Gehirn zu befehlen, sich gefälligst zu freuen. Vergeblich. Weder war ich ein Partygänger, noch hatte ich Lust, überhaupt jemals wieder das Haus zu verlassen.

Vermutlich sollte ich wirklich über meinen Schatten springen und das Beste aus meinen letzten Wochen in Wallis Grove machen, bevor ich nach den Sommerferien in einen neuen Staat ziehen würde.

»Joki kommt auch«, nuschelte Kallie beiläufig.

Das war doch wieder auf ihrem Mist gewachsen. Er hatte bestimmt genauso wenig Lust auf diese behämmerte Feier wie ich.

»Ist mir egal«, log ich und fixierte meine Frisur mit Haarspray. Es ließ mich natürlich nicht kalt, zu wissen, dass Joki nachher da sein würde, und ein kleiner Teil in mir freute sich, ihn wiederzusehen. Nur war ich immer noch nicht bereit, den Vorfall am Bunker ad acta zu legen.

Das Haus von Francine Beauxforêt stand auf einem Hügel in der Nähe des Strandes. Es war sogar noch größer, als ich es mir vorgestellt hatte, und glich beinahe einer Villa. In Wallis Grove lebten einige reiche Leute in dekadenten Häusern, Jaspers und Lennys Eltern waren nur zwei Beispiele, doch dieses übertraf alles bisher von mir Gesehene.

Mit Kallie am Arm ging ich die Einfahrt hinauf. Aus dem Haus drang schon irgendein Ariana Grande Song, den ich nicht kannte. Die Party hatte also schon begonnen. Kallie meinte, dass es gang und gäbe wäre, etwas später zu kommen. Jasper wartete vor der Eingangstür und hatte Joki mit im Schlepptau. Obwohl er einmal mehr total heiß aussah, zwang ich mich, ihn keines Blickes zu würdigen. Weder würde ich ein Wort mit ihm wechseln, noch auf irgendetwas eingehen, was er sagte.

»Schatz!« Kallie drückte ihrem Freund einen Kuss auf den Mund und umarmte Joki freundschaftlich.

Ich konnte schlecht von ihr verlangen, dass sie ihn anders behandeln sollte als sonst, trotzdem sank meine Laune ab diesem Moment immer tiefer.

Jasper und ich machten unseren obligatorischen Handschlag.

»Hey Martin.«

»Jasper«, gab ich nickend zurück.

Joki lächelte gequält zu mir herüber, doch mein Gesicht blieb ungerührt. Auf keinen Fall wollte ich durchscheinen lassen, dass ich auf ihn zurennen wollte, um ihn zu umarmen. So einfach würde ich es ihm nicht machen.

Kallie bemerkte die eisige Stimmung zwischen uns und klatschte in die Hände. »Na, dann wollen wir mal! Unsere letzte Party, bevor wir außer Landes, auf der Uni oder frischgebackene Eltern sind. Nach dieser Nacht beginnt der Ernst des Lebens!«

Jasper war der Erste, der auf die wuchtige Eingangstür zuging und klingelte. Nach einigen Sekunden öffnete uns ein bildhübsches Mädchen. Francine trug ein weißes Spitzenkleid, welches wohl ihre Unschuld repräsentieren sollte. Gut, dass ich es besser wusste.

Überschwänglich begrüßte sie uns.

»Hallo! Marc, richtig?«, zirpte sie mir mit glockenklarer Stimme entgegen.

Um meinen guten Willen zu zeigen, setzte ich mein Superstarlächeln auf. »Martin«, korrigierte ich sie mit einem Lachen und trat ein.

Kallie hing an Jaspers Arm und nickte enthusiastisch. »Nicht schlecht, Herr Specht«, sagte sie und beäugte den schicken Eingangsbereich.

»Danke. Meine Eltern sind Innenarchitekten«, erklärte Francine.

»Das sieht man«, meinte Joki freundlich.

Lautlos äffte ich ihn nach, was er natürlich bemerkte. Er bemerkte alles. Obwohl ich ihn nicht ansah, spürte ich seinen bösen Blick und komischerweise tat das gut. Er sollte wissen, wie sauer ich auf ihn war.

Es fühlte sich seltsam an, auf einer Party zu sein, die vom Who is Who von Wallis Grove veranstaltet wurde. Doch Francine schien trotz all des Reichtums und der Beliebtheit ein ziemlich geerdetes Mädchen zu sein. Zu ihren Ex-Freunden zählten übrigens alle beliebten Jungs der Schule, sogar Lenny. Während ihrer kurzen Beziehung war es mir sogar so vorgekommen, als würde er sich zum Positiven verändern. Jedenfalls hatte er mich während dieser Zeit vor circa zwei Jahren in Ruhe gelassen. Doch dann hatte sich die honigblonde Französin einen neuen Leckerbissen geangelt: Jasper. Verständlich. Ohne oberflächlich klingen zu wollen, doch Jasper sah tausendmal besser aus und auch Lennys Charakter stank gegen den seines Konkurrenten gnadenlos ab.

»So, bald ist es wohl so weit, was?«, kam es von der Gastgeberin, die auf Kallies Bauch deutete. In ihrer Stimme lag keinerlei Verbitterung, doch ich war mir auch nicht sicher, ob sie Kallie und Jaspers Beziehung so wohlgesonnen war, wie es den Anschein machte.

»Ein klein wenig Zeit bleibt uns noch.« Kallie lächelte zuckersüß. »Erst war ich völlig schockiert, als ich davon erfahren habe, aber weißt du was,

Francine? Wenn man die große Liebe gefunden hat, gibt es nichts Schöneres, als sie mit einem Baby zu krönen.«

Meine beste Freundin nahm Jaspers Hand in ihre und hielt sie an ihren Mund, um sie zu küssen.

Nun brauchte ich dringend einen Drink. Wenn der ganze Abend so verlaufen sollte, musste ich mich ordentlich mit Alkohol eindecken. Warum auch nicht? Schließlich war ich nur ein Mal jung. Unwillkürlich musste ich an Sam denken und wünschte mir, er wäre hier. Mit ihm war alles so ungezwungen und unkompliziert gewesen. Jedenfalls bevor ich es kompliziert gemacht hatte.

Ich schaute mich im weitläufigen Wohnbereich um. Der AlternaProm war nobler, als ich vermutet hatte. Das Buffet sah aus wie das auf einer royalen Hochzeit und ich traute mich fast nicht, etwas davon zu essen, so edel war es. Dennoch schnappte ich mir ein Kanapee, welches mit irgendeinem dunklen Zeug bestrichen war, und schob es mir in den Mund.

»Du weißt schon, dass das Kaviar ist, oder?«

Joki stand plötzlich neben mir und ich machte ein selbstbewusstes Gesicht.

»Natürlich weiß ich das«, flunkerte ich mit vollem Mund. Ich bereute sofort, mir etwas von diesem ekelhaften Zeug genommen zu haben. Hastig würgte ich die halbzerkauten Fischeier herunter und entfernte mich vom Buffet. Von Joki.

Es war kurz nach neun, als ich den ersten Jell-O-Shot in die Finger bekam. Dieses Zeug war eine geniale Sache: Man vermischte einfach Wackelpudding mit Hochprozentigem und schon hatte man die Garantie, sich ohne Mühe total abschießen zu können.

Mein Blick wanderte über die ganzen kleinen Gläser, die wie eine Pyramide auf einem Tisch aufgestellt waren. Die Shots schimmerten in allen möglichen Farben und ich entschied mich für einen grünen.

Kallie eiste sich von ihrer Konversation mit Francine los und kam zu mir.

»Weißt du, was das Erste ist, was ich mache, wenn das Baby da ist?«

Sie schaute sehnsüchtig zu all dem Alkohol.

»Dich betrinken?«

»Der Kandidat bekommt hundert Punkte!«

»Wie läuft deine Ich-mache-Francine-eifersüchtig-Mission?«

»Ach, keine Ahnung. Falls sie eifersüchtig ist, lässt sie es sich nicht anmerken.«

Die Französin war tatsächlich schwer einzuschätzen. Sollte ich sie als Engel oder Blondes Gift einstufen? Vielleicht war sie auch beides.

»Ist doch auch eigentlich egal, oder? Jasper kann froh sein, dich zu haben, Kal. Du bist wunderbar.«

»Danke, Marty. Obwohl ich weiß, dass die Jell-O-Shots da aus dir sprechen.«

Schulterzuckend nahm ich mir dieses Mal einen hellblauen und kippte ihn herunter. Ich spürte, wie sich meine Glieder immer mehr entspannten und auch in meinem Kopf wurde es irgendwie leicht. Fast, als würde ich über dem Boden schweben. Alkohol war wie Magie, stellte ich verblüfft fest.

»Liebe Leute, hört mal alle her!«

Francine stand mitten im Zimmer und versuchte die Aufmerksamkeit der Partygäste auf sich zu lenken. Sie schaffte es kaum, mit ihrer hellen Stimme den nervigen Disco-Song zu übertönen.

»Mitchell, verdammt! Mach mal den Lärm aus!«, zischte sie. Ihre Fassade begann merklich zu bröckeln. Ein dicker Junge mit fettigen Haaren rückte sich erschrocken die Brille zurecht und drückte auf einige Knöpfe, woraufhin die Musik verklang.

So lief das hier also. Dem Jungen war vermutlich nur erlaubt worden, zum AlternaProm zu kommen, wenn er sich den ganzen Abend um die musikalische Unterhaltung kümmern würde. Außer ihm sah ich hier nämlich nur die High Society unserer Schule und ich selbst war nur geduldet, weil ich mich in Jaspers Dunstkreis befand. Wäre er nicht mit Kallie zusammen und sie nicht meine beste Freundin, würde ich heute Abend zu Hause sitzen und mir Wiederholungen von Being Erica anschauen oder mich irgendeiner anderen Aktivität widmen.

»Geht doch, meine Fresse. Also, heute Abend wird es einige Partyspiele geben, bei denen natürlich ordentlich getrunken werden darf! In zehn Minuten finden sich bitte alle, die Lust haben, in der Küche zusammen. Es geht los mit *Ich habe noch nie*. Das werdet ihr wohl alle kennen. Also bis gleich.«

Normalerweise würde ich mich niemals dazu bereit erklären, bei einem dämlichen Partyspiel mitzumachen, aber was war schon normal? In den letzten Monaten gar nichts, also ließ ich mich heute dazu hinreißen, aus meiner Rolle zu fallen. Dies war zum Teil den sieben Jell-O-Shots zuzuschreiben, die ich getrunken, oder besser gesagt, geschlürft hatte.

Kurz bevor wir mit dem Spiel beginnen wollten, entdeckte ich Olivia am anderen Ende des Raumes. Als hätte ich es geahnt, war Lenny an ihrer Seite und mir drehte sich beim Anblick seiner selbstgerechten Fratze der Magen um. Es tat mir leid, dass sie noch immer mit ihrem hartnäckigen Verehrer zu kämpfen hatte. Joki, der am anderen Ende des Raumes dieselbe Szene beobachtete, sah aus, als wollte er am liebsten auf ihn losgehen.

Die zehn Minuten waren flott vergangen und ungefähr zwanzig Leute standen in der Küche, um *Ich habe noch nie* zu spielen. Jemand offenbarte etwas, das er noch nie getan hatte, und alle, bei denen es nicht zutraf, mussten trinken.

Ich ging relativ sicher in das Spiel, da selbst die Jungfrau Maria mehr sexuelle Erfahrungen hatte als ich, und hier ging es hauptsächlich um Sex und alles, was damit zusammenhing.

Zu meinem Missfallen nahmen auch Joki, Olivia und Lenny teil. Jasper und Kallie waren auch mit von der Partie, wobei Kallie nur als Zuschauerin dabei war.

»Sind eure Gläser voll?«, hakte Francine nach und fing an. »Ich habe noch nie … sexuelle Fantasien von einem Lehrer gehabt!«

Na prima. Schlagartig musste ich an meinen Sportlehrer aus der achten Klasse denken und die engen Shorts, die er immer trug. Seufzend leerte ich mein Glas. Zum Glück war ich nicht der Einzige, selbst Olivia, Joki und Lenny tranken. Als Letzterer meinen Blick bemerkte, prostete er mir zu und mir wurde plötzlich übel.

»Liv als Nächstes!«, bestimmte Francine.

»Oh, okay«, begann Olivia. »Ich war noch nie mit einer Person zusammen, die ich nicht geliebt habe.«

Mein Herz blieb stehen, als sie Joki einen kurzen, verletzten Blick zuwarf. Dieser schüttelte kurz mit dem Kopf und trank.

Nachdem ich mit einem bitteren Gedanken an Sam ebenfalls meinen Shot heruntergekippt hatte, war ein dunkelhaariger Typ an der Reihe, den ich nicht kannte.

»Ich habe noch nie meinen Intimbereich rasiert.«

Dass ich an diesem Abend so lange durchgehalten hatte, ohne die Augen zu verdrehen, kam einem Wunder gleich. Erneut trank ich, genauso wie ausnahmslos alle anderen Mitspieler auch. Auch wenn es nicht stimmte, würde sicherlich niemand offen zugeben, sich untenrum noch nie seiner Bewucherung entledigt zu haben.

»Okay, ich bin dran!«, klinkte sich Lenny ein und das ungute, beinahe ekelhafte Gefühl in meiner Magengegend wurde mit dem Klang seiner Stimme noch intensiver.

»Ich habe …« Er ließ seinen Blick durch die Runde schweifen und blieb schließlich an mir hängen. Dann lächelte er schief. »… mich noch nie in meinen besten Freund verliebt.«

In solchen Momenten wünscht man sich, sich einfach in Luft auflösen zu können. Oder zu verpuffen, wie in einem schlechten Science-Fiction-Streifen.

Olivia schloss die Augen und Kallie schüttelte beinahe unmerklich dem Kopf. Sie wollte mir damit bedeuten, bloß nicht zu trinken. Doch was hatte ich zu verlieren? Lenny wusste es sowieso irgendwoher, also würde es nur noch eine Frage der Zeit sein, bis mein kleines Geheimnis ans Licht kam. Überrascht stellte ich fest, dass ich sogar etwas erleichtert war, dass es endlich herauskommen würde, denn ich musste Joki nun nichts mehr vorspielen. Die Karten würden auf dem Tisch liegen und wie er sie spielte, lag allein an ihm.

Also trank ich und warf Lenny ein zufriedenes Lächeln zu. Vermutlich hatte er gedacht, ich würde mal wieder anfangen zu heulen oder fluchtartig aus der Küche stürmen.

Tatsächlich war ich der Einzige, der getrunken hatte. Kallie presste ihre Lippen aufeinander und auch Jasper warf mir einen mitleidigen Blick zu. Aus dem Augenwinkel sah ich, wie Joki mich anstarrte und langsam begann ich zu bereuen, was ich gerade getan hatte. War es der Alkohol, der mich so furchtlos gemacht hatte, oder lag es daran, nicht mehr Lennys Marionette sein zu wollen?

»Ich bin raus. Viel Spaß euch noch.«

Geräuschvoll stellte ich mein Glas auf den Tresen und ging in den Wohnbereich zurück. Meine Hände zitterten und egal, was ich anstellte, um sie ruhig zu bekommen, es klappte nicht.

»Marty, warte mal!«

Seufzend drehte ich mich um. Joki stand vor mir und versuchte in meinem Gesicht irgendetwas zu lesen. Doch diesmal war ich der Ausdruckslose. Der Unlesbare. Auch wenn es schwerfiel, die Fassade aufrechtzuerhalten.

»Was willst du?«, fragte ich kühl.

»Es tut mir leid. Wegen der Sache am Bunker.«

»Du musst wohl konkreter werden. Was tut dir leid? Dass du mich Schwuchtel genannt hast? Oder dass du dich mit dem Typen, der mich jahrelang gequält hat, zusammengetan hast?«

Joki schaute auf den Boden und dann wieder zu mir.

»Beides. Außerdem habe ich mich nicht mit Lenny zusammengetan, wir haben nur was getrunken.«

»Kommt jetzt der Teil, wo du mir verklickern möchtest, dass er gar kein so schlechter Kerl ist? Falls ja, dann können wir diese Unterhaltung sofort beenden. Hast du etwa vergessen, was er dir angetan hat?«

»Nein, ich war einfach sauer, verstehst du?«

Beim Anblick seiner flehenden Miene gab ich mich geschlagen.

»Ja. Tut mir leid, dass ich aufgelegt habe. Die Situation hat mich einfach überfordert. Sie hat übrigens nicht noch mal angerufen.«

Joki nickte und kam einen Schritt auf mich zu, sodass mir sein Aftershave in die Nase stieg. Mein Herz fing an zu rasen.

»Und nun? Wieder Freunde?«

Sein hoffnungsvoller Blick zerriss mich. Zu gern hätte ich Ja gesagt. Es herausgebrüllt oder von den Dächern geschrien. Doch ich war gerade dabei, mich von Joki zu distanzieren, und ihn nun wieder mehr an mich heranzulassen würde den Abschied in wenigen Wochen noch schlimmer machen. Schweren Herzens musste ich das tun, was auf lange Sicht gesehen das Beste für mich war.

»Es ist besser, wenn wir das mit der Freundschaft lassen.«

»Was? Wieso?« Seine grünen Augen weiteten sich schockiert.

Ich wollte zurückrudern und sagen, dass ich es nicht so gemeint hatte und ich sah ihm an, dass er dies auch hoffte.

»Joki, ich brauche Freunde, die mehr sind wie ich«, log ich. »Künstler, weißt du? Kreative Köpfe, mit denen ich mich austauschen kann. Und diese werde ich auf der Universität finden.«

Wann hörte endlich dieses Zittern auf?

Joki schluckte und schaute auf der Suche nach Worten im Raum umher.

»Okay. Verstehe.«

Er ließ mich stehen und ich hätte es ihm nicht übel nehmen können, wenn er mich jetzt hasste.

Joki

Martins Worte waren wie ein Messerstich ins Herz. Mein bester Freund hatte mich abserviert. Natürlich hatte ich Scheiße gebaut, aber ich hätte niemals geahnt, dass es mit einer simplen Entschuldigung nicht getan wäre. Aber so war ich nun mal. Egal wohin ich ging, die Leute wandten sich von mir ab. Früher wollte ich nichts mehr, als davonzuschweben. Wie ein Geist oder eine verlorene Seele, ohne Rast und ohne Ziel. Doch Martin hatte mich eingefangen. Er hatte mir eine Familie gegeben. *Seine* Familie gegeben. Doch offensichtlich war es an der Zeit, weiterzuziehen, meine eigenen Wurzeln zu suchen. Meine Mutter.

Nachdem das bescheuerte Partyspiel beendet war, schlich ich in die mittlerweile leere Küche und griff hinter der Theke nach einer halb vollen Wodkaflasche und setzte zum Trinken an, als sich eine weibliche Stimme hinter mir erhob.

»Durstig?«

Der Raum war wohl doch nicht so verwaist, wie ich gedacht hatte. Francine kam um mich herum und als sie direkt vor mir stand, blitzten ihre Augen auf.

»Tut mir leid«, entschuldigte ich mich und wollte den Wodka wieder an seinen Ursprungsort stellen, doch die blonde Französin griff meinen Arm. Sie ließ ihre Finger zart bis zu meiner Hand streichen, bevor sie sich die Flasche schnappte. Ihre pinken Lippen umspielte ein verführerisches Lächeln, als sie den ersten Schluck nahm.

»Du bist dran, Blondschopf.«

Sie reichte mir das Getränk und ich nahm gehorsam einen Schluck. Der hochprozentige Alkohol brannte wohltuend in meiner Kehle, mein Kopf wurde leichter und meine Gedanken verschwammen. Fast so, als würde sich ein Nebelschleier darüber legen.

»Um ehrlich zu sein, kann ich es Martin nicht verübeln, sich in dich verliebt zu haben«, säuselte sie und verringerte den Abstand zwischen unseren Körpern. Verwirrt starrte ich sie an und dachte an das Spiel zurück. Martin hatte getrunken, doch war wirklich ich damit gemeint? Wohl kaum.

»Martin ist nicht …«, begann ich, doch Francine legte mir einen Finger auf den Mund.

»Psst.«

Sie fuhr mir der Hand über mein Gesicht und ließ mich dabei nicht aus den Augen. Sie war heiß. Nicht so eine unschuldige Schönheit wie Olivia, sondern fordernder. Heißer. Kurz schämte ich mich dafür, so von meiner Ex-Freundin zu denken, doch viel Zeit ließ mir Francine dafür nicht. Sie presste ihre Lippen auf meine und fuhr mit den Fingern durch mein Haar.

Sie schmeckte nach Wodka und Erdbeeren, als meine Zunge auf ihre traf. Die Lust durchfuhr mich und schon bald hatte ich meine Hände unter ihrem Kleid. Als ich mit meinen Fingern ihre Beine entlangfuhr, wimmerte sie leise. Sie begann meinen Hals zu küssen und ich spürte, wie sie dabei meinen Geruch einatmete. Sie wollte mich. Hier und jetzt.

Plötzlich tauchte ein anderes Gesicht vor meinen Augen auf und ich stellte alles infrage, was ich je gefühlt hatte.

Wer war ich überhaupt? Warum war alles so verdammt kompliziert?

»Wir könnten raufgehen. Mein Zimmer ist leer.« Francine biss sich leicht auf die Lippe und zog mich mit ihren Blicken aus. Die untere Hälfte meines Körpers wäre sofort mitgegangen, doch weder mein Kopf noch mein Herz hielten dies für eine gute Idee. In den zwei Monaten meiner Beziehung mit Olivia hatte ich nicht einmal mit ihr geschlafen. Es erschien mir irgendwie falsch, mit Francine ins Bett zu steigen, die ich kaum kannte.

»Geh schon mal vor, ich komme gleich nach.«

Keine Ahnung, was ich damit bezwecken wollte.

»Okay, ich mach es mir dann schon mal bequem. Lass dir nicht zu viel Zeit«, hauchte sie und tänzelte aus der Küche. Ich atmete tief durch und griff noch einmal nach der Wodkaflasche.

Jeden Tag wurde die Frage größer, was zum Teufel mit mir los war. Ich kannte mich selbst kaum noch, doch ich verbot es mir, mich in irgendeine Richtung zu entwickeln, bevor ich nicht meine Mutter gefunden hatte. Ich musste mich vergewissern, dass es ihr gut ging. Nachdem mein Dad gestorben war, hatte ich niemanden mehr, an dem ich mich orientieren konnte. Natürlich waren Martys Eltern großartig und waren zu so etwas wie meiner Ersatzfamilie geworden, doch zu wissen, dass meine Mutter noch irgendwo in Finnland war, ließ mir keine Ruhe.

Kallie und Jasper fand ich eng umschlungen im Wohnbereich vor und fragte mich, ob es mir wohl jemals vergönnt sein würde, so glücklich mit jemandem zu sein. Olivia schaute mich aus einer anderen Ecke des Raumes an. Ich wusste, dass sie mich vermisste. Sie trauerte unserer gemeinsamen Zeit hinterher, obwohl ich ständig abwesend gewesen war. Nie bei der Sache, immer auf der Suche nach mir selbst. Sie hatte es hingenommen und ich hatte sie zum Dank belogen, ihr etwas vorgespielt. Die Beziehung zu ihr war das Stück Normalität, das ich mir immer gewünscht hatte. Doch nachdem Lenny die Flyer aufgehängt hatte, wurde mir immer bewusster, dass ich nie normal sein würde. Es würde es immer diesen Teil in mir geben, der anders war, und er wuchs stetig weiter und ließ kaum noch Platz für etwas anderes.

Sex mit Francine würde nichts daran ändern, dass ich auch auf Männer stand. Ich wollte mir lediglich selbst beweisen, dass dieser heterosexuelle Teil in mir noch existierte.

Deshalb ging ich die Stufen hinauf in den ersten Stock. Nervös versuchte ich mich mental darauf vorzubereiten, mit ihr zu schlafen, als mich ein dumpfes Geräusch aus den Gedanken riss. Lauschend hielt ich einen Moment inne, doch die Musik im Erdgeschoss war zu laut, um etwas ausmachen zu können. Gerade als ich weitergehen wollte, nahm ich abermals einen merkwürdigen Laut wahr. Ich starrte den dunklen Flur hinab und wusste, dass hier etwas nicht stimmte. Ganz und gar nicht.

18

Und alles wird schwarz

Martin

Mir war zum Heulen zumute. Mal wieder. Verzweifelt hielt ich nach Kallie Ausschau und entdeckte sie mit Jasper knutschend in einer Ecke. Für mich war in ihrer Welt in diesem Moment kein Platz. Immer mehr fühlte ich mich von meinen Freunden abgekapselt, aber ich war selbst schuld. Vielleicht sollte ich mich in L.A. wirklich auf die Suche nach Leuten machen, die besser zu mir passen würden. Gleichzeitig dachte ich an Joki und das unerträgliche Gefühl, ihn als Freund verloren zu haben, schnürte mir die Kehle zu.

Schließlich beschloss ich, mir noch ein paar quietschbunte Jell-O-Shots zu genehmigen, bevor ich diesen Reinfall von einer Party verließ. Es war schon fast Mitternacht. Mehr konnte Kallie wirklich nicht von mir erwarten.

»Heute läuft auch alles schief!«, zeterte ich beim Blick auf den leeren Tisch, auf dem vorhin noch die Pyramide aus Shotgläsern gestanden hatte. Frustriert machte ich mich auf den Weg in die Küche, in der Hoffnung, dort noch etwas zu finden, um meinen Durst zu stillen.

Als ich durch den Türspalt sah, fiel mein Blick tatsächlich zuerst auf eine Wodkaflasche. Joki hielt sie in der Hand, während er dem blonden Biest Francine an die Wäsche ging. Diese stöhnte auf und die schmatzenden Geräusche ihrer Küsse waren wie Schläge in mein Gesicht. Langsam begriff ich, was Olivia damals meinte. *Zerbrich nicht daran.*

Nur leider war ich es schon längst.

Ich presste meine Hand gegen meine Brust, um meinen pochenden Herzschlag zu beruhigen. Mir war speiübel und ich wusste nicht, ob es dem Alkohol oder der Szene, die ich gerade beobachtet hatte, geschuldet war. Da ich keinen blassen Schimmer hatte, wo sich das Bad befand, ging ich nach oben. Der erste Stock war so finster, dass ich kaum die Hand vor Augen sehen konnte. Auf der ersten Tür im Gang stand in verschnörkelten Lettern *Francine.* Zuerst fragte ich mich, ob sie nicht zu alt war, um ihren Namen an der Zimmertür stehen zu haben, doch im Grunde war es mir scheißegal. Sie war mir scheißegal. Auch das, was Joki und sie gerade in der Küche veranstalteten, war mir so was von scheißegal. Mehr ging gar nicht.

Orientierungslos tastete ich nach einem Lichtschalter, doch bekam nur einen Knauf zwischen die Finger. Die Tür führte zu einem weiteren Schlafzimmer. Als ich sie wieder schließen wollte, beschlich mich das merkwürdige Gefühl, nicht mehr allein zu sein. Tatsächlich vernahm ich einen Luftzug an meinem Hinterkopf. Halb vermutete ich, Jokis Gesicht zu sehen, als ich mich umdrehte, doch ich hatte mich geirrt.

Der Schlag kam schnell und unerwartet. Ein stummer Schrei verließ meine Kehle, als der Boden immer näher kam. Dann war alles schwarz.

Ein säuerlicher Geschmack lag auf meiner Zunge und ich hatte fürchterliche Kopfschmerzen. Ich wollte meine Hände bewegen, doch ich war gefesselt. Panisch riss ich die Augen auf und versuchte mich loszureißen. Vergeblich.

Völlig bewegungsunfähig lag ich auf einem Bett in dem Schlafzimmer, das ich irrtümlicherweise geöffnet hatte, bevor … Was war danach passiert? In meinem Kopf war nichts als Schwärze.

»Dornröschen ist endlich aufgewacht!«

Die Stimme, die aus einer dunklen Ecke des Raumes drang, erkannte ich auf der Stelle. Lenny trat in den Lichtkegel, der von einer winzigen Nachttischlampe ausging. In seiner Hand war ein Baseballschläger und ich fragte mich, warum es in jedem verdammten Haushalt so ein Ding gab, obwohl die wenigsten dieses Spiel wirklich spielten.

Lenny schlug damit bedrohlich in seine Handfläche, als würde er sich darauf vorbereiten, mich gleich windelweich zu prügeln. Vermutlich hätte ich schreien müssen, doch es kam kein Ton aus meinem Mund.

Wenn man sich Filme ansieht, in denen das Opfer irgendwo gefesselt daliegt, fallen einem als Zuschauer hundert Dinge ein, die man besser machen würde. Doch befindet man sich einmal selbst in der Situation, ist man wie gelähmt. Würde ich jetzt in Panik verfallen, konnte es fatal für mich werden, also zwang ich mich dazu, Ruhe zu bewahren. Keine Ahnung, wozu Lenny fähig war.

»Wenn du schreist, bring ich dich um. Verstanden?«

Schluckend nickte ich. Unauffällig versuchte ich mich aus den Fesseln zu befreien, doch es war zwecklos. Lenny schaute mich grinsend an und ich fragte mich, wie lange er schon auf diesen Moment gewartet hatte.

»Was willst du von mir?«, presste ich mit heiserer und zittriger Stimme hervor.

»Was ich will?«

Er lachte und schüttelte dem Kopf, so als könnte er kaum glauben, welch törichte Frage ich soeben gestellt hatte.

»Ich will Rache, Martin.«

In meinem Gehirn begann es zu arbeiten. Natürlich hatte Lenny durch seine Aktionen in den letzten Monaten viel einstecken müssen, aber das war ja wohl seine eigene Schuld.

»Zwei Wochen lag ich im Krankenhaus!« Er deutete auf seinen rechten Fuß. »Ich hatte monatelang Probleme, zu laufen. Und Olivia. *Meine* Olivia. Ich liebe sie und deinetwegen wird sie mich nie mehr beachten. Weil du diesen Typen hier angeschleppt hast. Du glaubst nicht, wie sehr ich dich hasse. So sehr.«

Lenny wirkte völlig abwesend, als würde er mehr zu sich selbst sprechen als zu mir.

»Bitte mach mich los«, flehte ich und versuchte irgendwie zu ihm durchzudringen.

Er fixierte mich plötzlich mit den Augen und mir lief ein kalter Schauer über den Rücken.

»Niemals.«

Mit aller Macht hielt ich die Tränen zurück.

»Los, Martin. Heul dich aus. So wie du es immer tust. Doch ich habe kein Mitleid mit dir, das hatte ich nie.«

Er setzte sich auf das Bett, an das ich gefesselt war.

»Deinetwegen bin ich von der Schule geflogen. Weißt du, was ich nach den Sommerferien mache? Nichts. Kein College nimmt mich ohne richtigen Abschluss. Mein Dad war ziemlich sauer. Weißt du, was mein Dad mit mir tut, wenn er wütend ist?«

Ängstlich schüttelte ich mit dem Kopf.

»Ich zeig es dir«, meinte Lenny mit einem Lächeln und rammte mir dem Stiel des Schlägers in den Magen. Für einen kurzen Moment konnte ich nicht atmen und hoffte, dass er wenigstens kurzen Prozess mit mir machen würde.

»Du bist eindeutig zu laut. Wir wollen ja nicht, dass dich jemand hört.«

Lenny stopfte mir eine Tennissocke in den Mund und band sie mit einer der Strumpfhosen, mit denen er mich auch gefesselt hatte, fest. Als er sich über mich beugte, roch ich die penetrante Alkoholfahne. Er war sturzbetrunken und wusste wahrscheinlich gar nicht, was er tat, und ich sah die Chancen, einigermaßen heil hier rauszukommen, immer weiter schwinden.

»Es wird Zeit, dir zu zeigen, was mein Dad noch tut, um mich zu bestrafen. Er ist ein sehr strenger Mann, weißt du?«

Lenny zog ein Taschenmesser aus seiner Hosentasche und ich schloss die Augen. Überraschenderweise weinte ich nicht und verspürte nicht einmal besonders viel Angst. Es sollte einfach vorbei sein. Alles.

Er brachte mich nicht um, zumindest noch nicht. Er schnitt lediglich die Fesseln durch und für einen winzigen Augenblick war ich wieder zuversichtlich, diesem Horror doch noch entkommen zu können. Wer weiß, vielleicht wurde er langsam nüchtern. Vielleicht kam er tatsächlich zur Besinnung.

Die Hoffnung stirbt zuletzt. Sagt man doch so, oder? Meine jedenfalls starb in dem Moment, als Lenny mich gewaltsam auf den Bauch drehte, um mich erneut am Bettgestell festzubinden. Seine Bewegungen waren ungeschickt und ich spürte, dass die Strumpfhosen diesmal nicht annähernd so straff um meine Handgelenke gebunden waren wie noch vor einer Minute.

Lenny drückte mein Gesicht in das Kopfkissen.

»Wie fühlt es sich an, nicht atmen zu können?«, knurrte er. »So geht es mir immer. In jeder Minute, in jeder Sekunde.«

So sehr ich mir auch wünschte, ihn zu hassen, ich konnte ihn irgendwie verstehen. Ich wusste genau, was er meinte. Man atmete, doch wirklich lebendig war man nicht. Natürlich ging es mir nicht immer so, doch an manchen Tagen fühlte sich mein Leben wie eine trostlose Aneinanderreihung von leeren Sekunden an, die mir immer mehr die Seele aussaugten.

Genauso war es wohl auch Ashlee gegangen. Damals konnte ich ihr nicht sagen, dass es irgendwann besser werden würde, da ich es selbst nicht wusste. Doch es stimmte, es wurde besser. Nicht perfekt, aber man lernte zu überleben. Zu lachen und zu lieben.

Durch eine Kuhle im Kissen bekam ich etwas Luft. Jokis Gesicht tauchte vor meinem inneren Auge auf und ich wollte alles zurücknehmen, was ich noch vor wenigen Minuten zu ihm gesagt hatte. Es war an der Zeit, dass ich aufhörte, ihn nur als den Jungen zu sehen, den ich liebte, denn er war noch etwas viel Wichtigeres für mich. Er war mein bester Freund.

Lenny unterbrach meine Gedanken und kniete nun hinter mir.

»Schon immer habe ich mich gefragt, wie man sich dazu entscheiden kann, eine Schwuchtel zu werden.«

Hätte ich keine Todesangst gehabt, wäre ich wahrscheinlich wegen dieser selten dämlichen Aussage in Gelächter ausgebrochen.

Lenny griff meinen Hosenbund und riss mit voller Wucht meine Jeans herunter. Ich biss auf den Knebel, der sich in meinem Mund schon mit Blut und Speichel vollgesogen hatte, während sich in meinem Kopf die irrwitzigsten Szenarien abspielten.

»Stehst du darauf? Ganz bestimmt«, hauchte er in mein Ohr. Meine Nackenhaare stellten sich auf. »Bestimmt hatte der Finne auch schon seine Finger an diesem blassen Arsch.«

Lenny knurrte wie ein tollwütiges Tier. Einige heiße Tränen bahnten sich ihren Weg über meine Wange. Es war unerträglich, wie entblößt ich nun vor ihm war. Er konnte alles mit mir tun und ich war völlig hilflos.

»Mit denselben Fingern, mit denen er Olivia angefasst hat«, spie er abfällig aus. »Mein Vater ist übrigens auch so ein Perverser wie du. Als ich sieben war, habe ich das erste Mal diese Hefte entdeckt. Überall Penisse, das war so widerlich.«

Mit zugekniffenen Augen bewegte ich meine Handgelenke unauffällig, um die Fesseln weiter zu lockern.

»Meine Mom weiß es auch, aber es ist ihr egal«, flüsterte er und schien völlig abwesend zu sein.

Das war meine Gelegenheit. Mit voller Wucht ließ ich meinen Kopf zurückschnellen, traf Lennys Gesicht und hörte, wie etwas knackte. Sicher hatte ich ihm die Nase gebrochen. Dann passierte alles wie in Zeitlupe. Lenny fiel zu Boden und hielt sich fluchend die Hände vor das Gesicht, während ich meine Hände aus den Fesseln zog und mich von dem Knebel befreite. Ich musste hier raus. Ich musste überleben.

»Hilfe!«, brüllte ich, doch ich wusste, dass es keinen Sinn hatte. Die Musik übertönte immer noch jedes Geräusch und nichts von dem, was hier oben passierte, würde die feiernde Meute im Untergeschoss erreichen. Ich musste zur Tür. Hastig sprang ich vom Bett auf und wollte loshechten, als ich Lennys Griff an meinem Knöchel spürte. Mit einem Ruck zog er mein Bein zurück und ich knallte mit der Stirn auf eine Holzkommode. Schmerz explodierte in meinem Kopf und in meinen Ohren dröhnte es unerträglich. Er zog mich immer aggressiver zu sich heran, während ich versuchte, mich irgendwo festzukrallen, doch da war nichts. Nichts, was mich hätte retten können.

Dann sah ich in sein Gesicht. Schweiß und Blut hatten sich auf seiner Wange vermischt und in seinen Augen lag etwas Furchterregendes. Blinde Wut ohne Kontrolle. Abermals schrie ich um Hilfe, als er seine Faust in meinen Magen stieß, auf meine Brust, in mein Gesicht und in den Schritt. Ich fühlte nur noch Schmerz und gerade als dieser unerträglich wurde, hörte er auf. Alles wurde langsam taub und auch meine Sicht verschwamm.

Du wirst nicht sterben. Nicht hier. Wehr dich, Martin! Tu etwas, du Idiot!

Die Stimme in meinem Kopf wurde immer lauter. Mein ganzes Leben lag noch vor mir. Ich hatte Kallie und Jasper, meine Eltern, ein Stipendium und einen Traum. Und auch wenn es nicht mehr von langer Dauer sein würde, hatte ich immer noch Joki.

Kurz vor dem nächsten Faustschlag rollte ich mich auf die Seite und versuchte, wieder aufzustehen. Wieder griff er nach meinem Bein, doch diesmal zog ich es rechtzeitig weg und verpasste ihm mit meinem anderen Fuß einen Tritt gegen die Brust. Keuchend ruderte er zurück und fiel lautstark zu Boden. Flehend sprang ich zur Tür. Natürlich war abgeschlossen.

Mein Angreifer war dabei, sich wieder aufzurappeln, als ich jemanden klopfen hörte. Jemand rief meinen Namen! Wie verrückt begann ich gegen die Tür zu hämmern und erneut um Hilfe zu schreien.

Lenny hatte mich erreicht und nahm mich in den Schwitzkasten. Diesen Trick kannte ich aus irgendeinem Film und wusste, dass ich keine Luft bekommen und innerhalb von Sekunden ohnmächtig werden würde. Alle Mühe, mich aus seinem Griff zu lösen, war vergebens. Meine Lider begannen zu flattern und langsam wurde alles schwarz. Das Letzte, was ich erkannte, war, wie die Tür mit einem lauten Knall aufflog und Joki hereinstürmte.

Mehr bekam ich nicht mit, nur dass Lenny von mir abließ und ich nach Luft ringend auf die Knie fiel. Meine Sicht war noch immer trüb und verschwommen und ich blinzelte, um wieder einigermaßen klar sehen zu können. Mein ganzer Körper pulsierte vor Schmerz und ich wollte einfach nur einschlafen und diese Hölle vergessen.

»Ich bringe dich um!«, brüllte Joki. Die beiden rangen miteinander. Mich überkam Angst um ihn. Unter keinen Umständen sollte Lenny dasselbe mit ihm anstellen wie mit mir. Er musste einige Faustschläge ins Gesicht einstecken, bevor er Lenny gegen eine geschlossene Balkontür stoßen konnte.

Durch die Wucht flog die Tür aus ihren Angeln und die beiden führten ihren Kampf im Freien weiter. Ich musste jemanden holen. Irgendetwas tun. Blumentöpfe gingen zu Bruch und dann wurde mein schlimmster Albtraum wahr: Joki stolperte und stürzte über das Geländer. Mein Herz blieb kurz stehen und ich unterdrückte einen Schrei. Gerade als ich nach unten rennen wollte, hörte ich Lennys Stimme und hielt inne.

»Wie oft soll ich dir noch sagen, dass es nicht gut ist, wenn man sich mit mir anlegt?«

Vorsichtig linste ich nach draußen und sah Joki an der Balustrade hängen. Lenny würde ihm niemals helfen und wenn er wirklich aus diesem Stock auf den Asphalt stürzte … Ich wollte nicht daran denken. Hektisch sah ich mich im Raum um und mein Blick fiel auf den Baseballschläger, der unter dem Bett hervorlugte. Adrenalin durchströmte meinen Körper und ich umfasste den Schläger wie damals am Strand das Stück Holz und schlich auf Lenny zu.

»Das ist für Olivia«, fauchte er, doch bevor er Joki endgültig nach unten schicken konnte, schlug ich zu.

Schnell packte ich Jokis Handgelenke und zog ihn mit aller Kraft nach oben. Angestrengt versuchte er sich mit seinen Füßen an der Fassade abzustoßen. Meine Arme schmerzten, genau wie der Rest meines Körpers, aber ich konnte und würde ihn nicht loslassen. Angestrengt biss ich die Zähne aufeinander und zog ihn über die Brüstung zurück auf den Balkon und wir fielen zusammen zu Boden. Ich fürchtete, mein Herz würde aus meiner Brust springen.

»Danke, Marty«, keuchte Joki, doch ich antwortete nicht, weil ich nicht fassen konnte, was in der letzten Stunde passiert war. Lenny lag bewusstlos zu unseren Füßen und ich wünschte, er würde nie wieder aufstehen. Er war wie ein Virus, der mich früher oder später niederstrecken würde.

»Was hat er mit dir gemacht?«

Joki schaute mir ins Gesicht und ich konnte mir nur zu gut vorstellen, wie geschunden und fertig ich aussehen musste. Benommen zog ich meine Hose wieder nach oben, die mir immer noch in den Kniekehlen hing.

»Marty, sag doch was. Bitte«, flehte Joki und in seinen Augen standen Tränen. Aber ich bekam nichts heraus. Es war so, als hätte sich eine unsichtbare, schalldichte Mauer um mich herum gebildet. Ich spürte nichts mehr und das war ein unglaublich befreiendes Gefühl.

»Oh mein Gott!« Auch Francine stand nun im Zimmer.

»Ruf die Polizei«, zischte Joki in ihre Richtung und ließ mich nicht aus den Augen.

Noch immer starrte ich zu Lennys bewusstlosem Körper, als die Französin aus dem Zimmer eilte.

»Marty?«

Kallie kam nun ebenfalls dazu und fiel vor mir auf die Knie. Sie schaute sich atemlos um und nahm daraufhin meine Hände in ihre.

»Es ist vorbei. Okay? Alles wird gut«, wisperte sie, doch nichts und niemand drang wirklich zu mir durch. Ich verschanzte mich in meiner eigenen Welt und wollte nie wieder herauskommen.

Die Polizei bestellte zwei Krankenwagen, einen für Lenny und einen für mich. Man erklärte meinen Freunden, dass ich unter Schock stünde. Die Polizisten hatten mir einige Fragen gestellt, doch ich bekam keinen Ton heraus. Es war, als hätte man mir die Zunge abgeschnitten. Leicht öffnete ich den Mund, schloss ihn wieder und schaute auf meine Hände, wo noch immer die dunklen Nylonstrumpfhosen an meinen Handgelenken verknotet waren.

»Ich hab dumpfe Schläge gehört und als ich näher an die Tür gegangen bin, konnte ich eindeutig Kampfgeräusche hören. Die Tür war abgesperrt, also habe ich sie eingetreten«, erklärte Joki dem Polizisten, als ich in den Krankenwagen gebracht wurde.

Die Welt zog wie im Nebel an mir vorbei, als der Wagen mich mit Blaulicht ins Krankenhaus beförderte.

Ein Psychologe wollte mit mir sprechen, doch auch bei ihm bekam ich keinen Ton heraus. Eine Ärztin untersuchte mich und ich ließ diese Prozedur einfach über mich ergehen.

Nachdem man mir Schmerzmittel verabreicht hatte, brachte man mich auf mein Zimmer. Die Ärztin meinte, es wäre besser, mich für ein paar Tage zur Beobachtung dortzubehalten. Meine Rippen waren geprellt und von dem Aufschlag auf die Kommode hatte ich eine Platzwunde und eine leichte Gehirnerschütterung davongetragen.

Es war kurz nach zwei Uhr morgens, als meine Eltern in das Zimmer stürmten. In diesem Fall machte das Krankenhaus wohl eine Ausnahme, was die Besuchszeiten anbelangte. Es brach mir beinahe das Herz, zu sehen, wie besorgt sie waren. Auf die Frage, ob es mir gut ging, nickte ich, obwohl es mir noch nie miserabler gegangen war.

Dass Lenny mich eingesperrt, gefesselt und zusammengeschlagen hatte, wussten meine Eltern anscheinend schon und mein Dad hätte ihn wahrscheinlich am liebsten grün und blau geschlagen, wenn er nicht schon im Krankenhaus gewesen wäre. Doch alles, was er oder die Polizei mit Lenny vorhatten, genügte nicht annähernd. Er wollte mich zerstören. Joki verletzen. Er wollte alles vernichten, was ich war. Was ich liebte. Solange er in meiner Nähe war, konnte ich keinen Frieden finden.

Das Schmerzmittel betäubte mein Gehirn und irgendwann schlief ich endlich ein. Als ich aufwachte, stand Lenny vor meinem Bett. Sein Gesicht war noch immer voller Schweiß und Blut und er kam bedrohlich näher. Flehend tastete ich nach dem roten Alarmknopf, doch ich fand ihn einfach nicht.

»Du wirst mich nicht los, Martin. Niemals.«

Dann stürzte er sich auf mich. Schreiend schlug ich um mich und versuchte ihn von mir wegzubekommen, konnte seine Präsenz und seinen ekelhaften Geruch nicht ertragen.

»Marty! Marty, es war nur ein Traum!«

Immer stärker schlug ich um mich, doch die Stimme wurde nur noch lauter.

»Wach auf!«

Als ich die Augen aufriss, sah ich Jokis Gesicht vor mir. Schweißgebadet fiel ich in mein Kissen zurück und schloss die Augen.

»Es wird nicht aufhören«, flüsterte ich. Es waren seit Stunden die ersten Worte, die ich sagte.

»Was wird nicht aufhören?«

Joki nahm meine Hand, doch ich zog sie zurück.

»Alles.«

Joki und Kallie kamen ständig zu mir ins Krankenhaus. Sie unterstützten mich in der Hoffnung, dass es mir schnell wieder besser gehen und ich wieder der Alte werden würde. Doch das war leider nicht der Fall. Albträume quälten mich, doch ich versuchte mir nicht zu viel anmerken zu lassen, weil ich nicht wollte, dass sich meine Freunde noch mehr Sorgen um mich machten.

Nach drei Tagen, die der Hölle glichen, konnte ich endlich wieder nach Hause. Joki war wieder in sein Zimmer gezogen, da er meine Eltern mit ihrer Besorgnis um mich nicht allein lassen wollte. Außerdem hatte ich das

Gefühl, dass er nach der Horrornacht in meiner Nähe sein wollte, um auf mich aufzupassen. Vielleicht gab er sich die Schuld an allem.

Meine Schmerzen wurden zwar weniger, dennoch verbrachte ich die meiste Zeit schweigend in meinem Bett, von der Schule war ich freigestellt. Die Abschlussprüfungen waren vorbei und es kamen auch alle gut ohne mich aus. Ich hatte ohnehin keine Kraft, auf meine Mitschüler zu treffen. Nicht nach all dem, was passiert war.

Kallie und Joki machte es sichtlich zu schaffen, nicht an mich heranzukommen, doch ich hatte nicht die Nerven, mich ihren Fragen zu stellen.

Nach vielen vergeblichen Versuchen, mich aus meinem Bett zu bekommen, gaben meine Eltern resigniert und traurig auf. Mir wurde klar, dass ich endlich einen Schritt in Richtung Normalität machen musste, also ging ich eines Morgens hinunter, um mit ihnen zu frühstücken. Schließlich konnte ich mich nicht mein ganzes Leben lang abkapseln.

»Schatz!«, meine Mutter sprang auf und schloss mich erleichtert in die Arme. Mein Dad drückte mich ebenfalls an sich und das erste Mal seit einer Woche regte sich ein Gefühl in mir, welches nicht mit Angst oder Schmerz verbunden war.

Es fühlte sich gut an, wieder etwas Normales zu tun, auch wenn es nur so was Banales wie Frühstücken war.

Eine weitere schlaflose Nacht verging und langsam glaubte ich, wirklich den Verstand zu verlieren. Ich musste mit irgendjemandem reden, in Westbrooke hatte es immerhin auch funktioniert. Joki und ich hatten dort über so viele Dinge gesprochen und es war damals mehr Therapie für mich gewesen als die eigentliche Behandlung der Einrichtung. Es war echter. Effektiver.

Also schlich ich auf Zehenspitzen in sein Zimmer. Bei mir waren die Vorhänge zugezogen, weshalb ich wegen der unerwarteten Helligkeit die Augen zusammenkniff. Er war natürlich schon in der Schule und meine Eltern bei der Arbeit. Meine Mutter hatte vorgeschlagen, das Café für eine Weile zu schließen, doch das wollte ich nicht. Ich kam auch gut allein zurecht. Zumindest tat ich so.

Da ich nicht wusste, was ich nun machen sollte, setzte ich mich aufs Bett und sah mich im Zimmer um. Es war noch chaotischer als sonst und mir wurde klar, dass das Geschehene Joki ebenso zu schaffen machte wie mir. Der tagelange Schlafentzug machte sich bemerkbar, mir fielen langsam die Augen zu und mein Körper holte sich das, was er brauchte. Das erste Mal seit Langem fiel ich in einen traumlosen, tiefen Schlaf.

Als ich wieder aufwachte, schaute ich mich zunächst orientierungslos um und dachte für den Bruchteil einer Sekunde, ich sei wieder in Francines Haus und in Lennys Gewalt. Doch bevor sich Panik in mir ausbreiten konnte, erspähte ich Joki, der gerade in ein Buch vertieft zu sein schien. Schockiert bemerkte ich, dass ich in seinem Bett lag. Er musste mich hier vorgefunden und zugedeckt haben. Bei dem Gedanken wurde mir ganz heiß.

»Ich hasse mein Leben«, stöhnte ich.

Joki legte das Buch beiseite. »Geht es dir besser?«

»Etwas.« Für einen Moment schloss ich die Augen. »Sorry, dass ich in deinem Bett liege. Vorhin wollte ich mit dir reden, aber du warst schon weg. Dann muss ich eingeschlafen sein.«

»Mi cama es tu cama«. Er grinste. *Mein Bett ist dein Bett.*

»Er ist schwul«, sagte ich nach einigen Sekunden und schüttelte lachend den Kopf.

Joki schaute mich verwirrt an.

»Mr. Levinsky«, erklärte ich. »Wahrscheinlich hasst Lenny mich deshalb so sehr.«

Joki seufzte. »Als Bodyguard habe ich wohl ziemlich versagt, was?«

»Nein. Schon immer habe ich auf jemanden gewartet, der mich rettet. Vor Lenny und seinen Idioten, doch am meisten vor mir selbst. Aber ich kann mich nicht ständig darauf verlassen, dass du durch die Tür stürmst, um alles Böse von mir fernzuhalten.«

Joki sah mich bedächtig an und ich spürte, wie das Verlangen, ihm so nah wie möglich zu sein, stetig wuchs.

»Ich muss lernen, mich selbst zu beschützen. Dem Ganzen ein Ende setzen, verstehst du?«, fragte ich.

Joki nickte. In seinen grünen Augen erkannte ich schemenhaft meine Reflexion.

Die lilafarbenen Ringe unter meinen Augen, eine Schramme oberhalb der Braue und blutig aufgerissene Lippen waren nur einige Relikte der Horrornacht. Sie hatte noch mehr Narben bei mir hinterlassen, die mit bloßem Auge nicht zu sehen waren. Sie saßen viel tiefer als jene auf meiner Haut.

Nun konnte ich die Tränen nicht mehr zurückhalten und die Mauer, die ich seit jenem Abend um mich herum aufgebaut hatte, stürzte wie ein Kartenhaus in sich zusammen. Vor Joki zu weinen war mir unglaublich unangenehm.

»Hey.«

Seine Stimme war so warm wie seine Berührung, als er die Tränen von meiner Wange wischte, genau wie es die Typen in Teenie-Schnulzen immer taten.

»Warum hasst er mich so?«, presste ich hervor.

Es war wie ein Naturgesetz, das niemand je infrage gestellt hatte. Es war einfach so. Aber warum? Was hatte ihm den Anlass dazu gegeben, mein Leben ruinieren zu wollen? Ging es dabei nur um seinen Vater?

»Er hasst dich nicht, Marty. Er hasst sich selbst. Das ist immer so.«

Joki nahm mich in den Arm und ich versuchte, nicht vor Schmerz zusammenzuzucken.

»Wage es nicht, jemals zu glauben, du hättest verdient, was er dir angetan hat. Nicht mal für eine Sekunde.«

Lange dachte ich über seine Worte nach und wusste, dass er recht hatte. Nichts von all dem hatte ich verdient. Lenny war derjenige mit dem Problem. Er war derjenige, der alles zerstören wollte, was mir lieb und teuer war. Nicht nur, dass er die letzten elf Jahre meines Lebens mit Angst und Schmerz erfüllt hatte, nun griff er auch die Menschen an, die mir wichtig waren.

Der Gedanke daran ließ mich erschaudern.

»Ist dir kalt?«, fragte Joki. »Rutsch mal.« Er legte sich neben mich unter die Bettdecke und ich bekam am ganzen Körper Gänsehaut. Dann schaute er mir ins Gesicht und ich hatte das Gefühl, unter seinem Blick zu zerschmelzen.

»Kann ich dich was fragen?«

»Das hast du gerade getan«, witzelte ich verlegen. »Klar«, sagte ich etwas ernster und hoffte, er würde nicht auf das Trinkspiel zu sprechen kommen.

»Was du auf der Party gesagt hast. Also, dass du nicht mehr mit mir befreundet sein willst. Stimmt das?«

»Nein. Natürlich nicht.«

»Warum hast du es dann gesagt?«

»Ich war einfach noch verletzt, denke ich.«

Joki nickte.

»Das am Bunker hätte ich nie sagen dürfen. Ich tue allen Menschen, die mir etwas bedeuten, weh.«

»Wir machen alle Fehler. Du hast mich gerettet, vergiss das nicht.«

»Und du mich.« Joki rückte näher heran und nahm meine Hand in seine. Sie war warm und weich und ich schloss für einen kurzen Augenblick die Augen. Keine Ahnung, wie ich diese Geste einordnen sollte, aber ich beschloss das schöne Gefühl zu genießen, solange es anhielt.

19

Es geht vorbei. Irgendwann.

»Das ist doch nicht zu glauben!« Kallie lief empört in meinem Zimmer auf und ab. Sie sah aus wie ein Medizinball auf zwei stelzigen Beinen, ihr Bauch war enorm groß.

»Es war doch irgendwie klar, dass das passieren würde«, entgegnete ich. Kallie hatte mir gerade die Nachricht überbracht, dass Lenny nach der Untersuchungshaft aus der örtlichen Sträflingsanstalt für Jugendliche entlassen wurde. Auf Kaution, versteht sich. Es war zweifelhaft, dass seine Taten irgendeine angemessene Strafe nach sich ziehen würden. Es war nämlich ans Licht gekommen, dass ich ihn vor über sieben Monaten selbst schwer verletzt hatte. Bis dato war dieser Vorfall als Unfall deklariert worden, doch nachdem ich Lenny angezeigt hatte, revidierte dieser seine Aussage von damals und schwärzte mich an. *Mich.*

Es wunderte mich nicht, dass die Anwälte der Levinskys versuchen würden, es so zu drehen, dass ich am Ende der Böse war.

Joki schaute aus dem Fenster und sah so angespannt aus, dass ich fürchtete, er würde jeden Moment in tausend Teile zerspringen. Komischerweise war ich ziemlich froh, dass Lenny auf freiem Fuß war. Das bedeutete nämlich, dass ich es selbst in die Hand nehmen konnte. Das erste Mal in meinem Leben würde ich mich selbst befreien.

»Macht euch keine Gedanken, er wird schon seine gerechte Strafe bekommen«, meinte ich und lächelte in mich hinein. Ich war nicht einmal nervös, als sich der Plan in meinem Kopf zu einem blutigen Konstrukt zusammenfügte.

Am späten Abend und im Schutz der Dunkelheit schlich ich mich aus dem Haus. Ich trug einen schwarzen Kapuzenpullover und die dunkelsten Jogginghosen, die ich finden konnte, und kam mir in der Finsternis der Straßen beinahe unsichtbar vor, und genau das musste ich auch sein.

Ein Hauch von Euphorie breitete sich in meinem Körper aus, als ich mir vor Augen führte, dass ich nun alles beenden würde.

Dass Lenny niemals aufhören würde, hatte ich in jener Nacht in seinen Augen gesehen und am Klang seiner Stimme gehört.

Vielleicht war ich in gewisser Weise ein Märtyrer, weil ich mich dafür opferte. Wenn Gesetz und die Gerechtigkeit versagten, musste man manchmal einfach nachhelfen, oder?

Es war schon nach Mitternacht, als ich die örtliche Tankstelle betrat. Meine erste Station in dieser Nacht. Seit ich denken konnte, war Walter Fisher der Besitzer. Er musste mindestens siebzig Jahre alt sein. Sein Sohn war in Kindertagen mit meinem Dad befreundet gewesen, daher war Walter schon immer ein Freund unserer Familie.

»Martin, was verschlägt dich um diese Uhrzeit hierher?«, fragte der alte Mann.

»Besorgungen machen«, log ich und ging langsam die Gänge entlang.

Jeder in der Stadt wusste, dass Walter stets einen geladenen Revolver in einer kleinen Schublade hinter dem Tresen deponiert hatte. In Wallis Grove wurden nicht viele Verbrechen verübt, deshalb machte es schnell die Runde, als vor circa einem Jahr eine Gruppe von jugendlichen Randalierern mit einem gezielten Schuss aus besagter Pistole in die Flucht geschlagen wurde.

Langsam bewegte ich mich in Richtung Kasse.

»Hey Walt, hast du zufällig noch diese Schokoriegel mit Erdnussbutter im Lager? Im Regal waren keine mehr.«

Er zuckte mit den Schultern.

»Also, wenn im Laden keine sind, sind im Lager wahrscheinlich auch keine mehr.«

Verunsichert spielte ich mit dem Gedanken, zurück nach Hause zu gehen, doch diesen Impuls schüttelte ich rasch ab.

»Kannst du trotzdem nachschauen? Du weißt doch, wie süchtig ich nach den Dingern bin.«

Ich setzte meinen flehenden Gesichtsausdruck auf.

Walter atmete tief ein und ging schließlich ins Hinterzimmer, welches als Lager diente. Walter war Gott sei Dank nicht mehr der Schnellste, doch trotzdem hatte ich nicht ewig Zeit. Als ich hinter den Tresen geschlichen war, zog ich hektisch die kleine Schublade auf und tatsächlich fand ich einen kleinen, schwarzen Revolver vor. Vorsichtig ergriff ich ihn und schob ihn in meine Jackentasche. Kurz hatte ich Angst, dass sich aus Versehen ein Schuss lösen würde.

Mit pochendem Herzen huschte ich zurück vor die Theke und versuchte das Zittern meiner Hände zu unterdrücken.

»Tut mir leid, Martin. Keine mehr da. Komm doch einfach am Montag wieder, da kommt die neue Bestellung rein.« Walter lächelte mich schief an und ein schlechtes Gewissen machte sich in mir breit.

»Kein Problem! Gute Nacht!« Fluchtartig hetzte ich aus der Tankstelle und verlor keine Zeit, mein finales Ziel anzusteuern.

In Lennys Haus war es, bis auf ein Zimmer in der oberen Etage, stockdunkel. Gut, dass Kallie besser über die Geschehnisse in Wallis Grove Bescheid wusste als jeder andere. Von ihr hatte ich erfahren, dass die Levinskys nach Lennys Entlassung auf eine Geschäftsreise gefahren waren und ihr Sohn somit allein zu Hause war. Es sah ihnen ähnlich, nach den Geschehnissen einfach wieder zur Tagesordnung überzugehen, so als wäre gar nichts passiert.

Das Haus reihte sich perfekt in die Riege der prunkvollen Villen ein, zu denen auch die Häuser von Jasper und Francine gehörten. Sie lagen allesamt im selben Bezirk von Wallis Grove, nah am Strand. Dank der felsigen Klippen, die aus dem Meer ragten, und den dahinter gelegenen Nadelwäldern sah es beinahe so aus wie in den Hamptons. Von den Balkonen hatte man stets einen hervorragenden Blick auf das Meer und die Wellen. Lenny wusste dies wahrscheinlich gar nicht zu schätzen, wie so vieles in seinem Leben.

Er war reich und konnte alles haben. Bis auf Olivias Liebe. Oder echte Freundschaft. Wahrscheinlich hasste er Joki und mich deshalb: Weil wir das besaßen, was er sich mit noch so viel Geld nicht kaufen konnte.

Die ganze Zeit über wurde ich das Gefühl nicht los, als würde mich jemand verfolgen. Das lag sicher am posttraumatischen Stress, unter dem ich seit dem AlternaProm litt. In meinen Ohren dröhnte es und meine Hände zitterten unkontrolliert, als ich die Einfahrt hinauf bis zur Haustür ging. Die Pistole lag schwer in meiner Jackentasche und als ich sie herausfischte, wollte ich sie zuerst wegwerfen, als wäre sie ein ekliges Insekt, doch ich umschloss den Griff fest mit meinen Händen.

Worauf sollte ich zielen? Auf den Kopf? Das Herz? Den Bauch? Egal, Hauptsache der Schuss würde seinen Zweck erfüllen.

Ich atmete tief ein und tat mein Bestes, keinen Gedanken daran zu verschwenden, wie es nach dieser Nacht weitergehen würde, blendete alles aus, was mich nur im Geringsten von meinem Vorhaben, Lenny Levinsky umzubringen, abhalten würde.

Also betätigte ich die Klingel. Eine Sekunde verstrich. Ich zielte auf die Tür. Eine weitere Sekunde verging und schemenhaft konnte ich Lennys Silhouette hinter dem Milchglas ausmachen. Er kam näher und ich machte mich bereit.

In diesem Moment riss mich etwas zur Seite und ich landete unsanft in einem der Büsche, die neben dem Haus standen. Bevor ich schreien konnte, hielt mir jemand den Mund zu. Befand sich Lenny gar nicht im Haus, sondern war mir draußen aufgelauert? Angst und Panik überkamen mich und ich strampelte, doch mein Gegner war kräftiger als ich.

»Marty, sei still. Ich bin es!«, zischte Joki und drückte mich auf den Boden.

Aus dem Augenwinkel sah ich, wie Lenny nach draußen spähte und sich verwirrt umsah. Wo war die Pistole? Ich musste sie vor Schreck fallen gelassen haben. Die Tür wurde wieder zugeschlagen und Joki ließ von mir ab.

»Bist du von allen guten Geistern verlassen?«

Sein Gesichtsausdruck war eine Mischung aus Wut und Sorge. Benommen schüttelte ich den Kopf.

»Es soll endlich aufhören. Dieser dunkle Schatten, der mich ständig verfolgt. Joki, ich kann das nicht mehr. Er wird für das, was er getan hat, nicht mal bestraft. Jedes Mal, wenn ich die Augen schließe, sehe ich dich an diesem Geländer hängen und ich halte diesen Gedanken daran, dass dir etwas zugestoßen wäre, einfach nicht aus«, plapperte ich atemlos.

Joki packte mich an den Schultern. »Sieh mich an. Mir geht es gut.«

»Noch«, flüsterte ich und rappelte mich auf. »Er wird nicht aufhören.«

»Ich war bei der Polizei und habe ihn angezeigt. Es gibt keinen Grund, mir nicht zu glauben. Olivia will auch aussagen, dass er sie gestalkt hat. Er wird bestraft, Martin, aber doch nicht so.« Joki bückte sich, um die Waffe aufzuheben. »Wo hast du die überhaupt her?«

»Geklaut«, gab ich kleinlaut zu.

Joki nahm mich am Arm und zog mich von Lennys Haus fort. Völlig aufgewühlt musste ich erst einmal verdauen, was gerade passiert war. Oder eher, was nicht passiert war.

»Was ist nur in dich gefahren?«

Joki kam zum Stehen und ließ von mir ab.

»Dreieinhalb Monate. Dann bist du in L.A. und Lenny kann dir scheißegal sein. Du hättest dein ganzes Leben ruiniert, wenn du das durchgezogen hättest!«

Ich wollte etwas erwidern, doch seine Worte hatten mich völlig entwaffnet. Natürlich hatte er recht. Nur noch eine Weile hätte ich durchhalten müssen, doch alles, was ich in den letzten Tagen gespürt hatte, war das Verlangen nach Rache und die Angst vor Lenny. Alles andere war mir egal gewesen.

Doch jetzt lichtete sich der Nebel in meinem Kopf langsam und ich war heilfroh, dass Joki mich aufgehalten hatte.

»Wie hast du mich überhaupt gefunden?«

Meine Stimme war so dünn, dass ich lieber gar nicht mehr geredet hätte.

»Heute Mittag hatte ich schon das Gefühl, dass irgendwas mit dir los ist und als ich dann gehört habe, wie du dich vorhin aus dem Haus geschlichen hast, bin ich hinterher.«

Joki wollte mich nach Hause bringen, doch ich wollte nicht noch eine weitere schlaflose Nacht umherwälzend in meinem Bett verbringen, ich brauchte frische Luft und klare Gedanken. Also gingen wir zum Strand, meinem Zufluchtsort, der mich immer hatte auffangen können. Ich bat Joki, mich allein zu lassen, doch natürlich wollte er dieser Bitte nicht nachkommen und blieb bei mir. Es kam mir schäbig vor, ihn in all das reinzuziehen. Er machte sich Sorgen. Ich wollte ihm sagen, dass dies nicht nötig war, dass es mir gut ging. Doch das wäre schamlos gelogen.

Nachts am Strand zu sitzen und auf das schwarze Meer zu starren, war friedlich und beängstigend zugleich. Wir setzten uns an einen großen Felsen gelehnt in den Sand und schwiegen.

Joki ließ mir Raum und fing nicht an, wegen Lenny auf mich einzureden. Wahrscheinlich fragte er sich genau wie ich, wie es nur so weit hatte kommen können.

»Er hätte es verdient«, meinte Joki irgendwann. »Aber du nicht.«

Fragend blickte ich ihn an.

»Wenn du ihn erschossen hättest, hätte er gewonnen.«

»Und wer hat jetzt gewonnen?«, hakte ich nach.

»Wir. Auch wenn ich sich im Moment noch nicht so anfühlt.«

Die Stunden bis zum Morgengrauen vergingen wie im Flug und der Himmel begann sich in alle möglichen Rottöne zu färben, während die Sonne majestätisch aus dem Meer emporstieg. Jedenfalls sah es so aus. Bei diesem Anblick wurde ich irgendwie rührselig und sentimental. Es war einer dieser Augenblicke, in denen ein Billie Marten Song in meinem Kopf spielte und ich mich fragte, wie es wohl wäre, wenn genau in diesem

Moment ein Sturm aufziehen würde, um mich in die endlosen Weiten des Meeres zu ziehen.

Langsam stand ich auf und ging auf das Meer zu.

»Was hast du vor?«, fragte Joki.

»Ins Wasser gehen«, antwortete ich, als wäre es das Normalste auf der Welt. Ich entledigte mich meiner Schuhe und Socken und ließ meinen rechten Fuß in das kühle Nass sinken. Es war eiskalt und es dauerte nicht lange, bis meine Füße völlig taub waren. Immer tiefer ging ich hinein und blieb erst stehen, als ich bis zur Hüfte im Wasser stand. Meine Hände ließ ich durch die klare Flüssigkeit gleiten, sie sahen irgendwie verschwommen und geisterhaft aus.

Völlig geräuschlos folgte mir Joki und obwohl ich ihn weder sehen noch hören konnte, spürte ich seine Präsenz hinter mir. Sein warmer Atem kitzelte in meinem Nacken und ich schloss die Augen. »Das Wasser ist kalt«, flüsterte er und umschloss mich von hinten mit seinen Armen. Vor meiner Brust verschränkte er sie und legte dann seinen Kopf auf meine Schulter.

»Du bist nicht echt«, bemerkte ich betrübt.

Joki blieb still und schmiegte sich noch enger an mich. Diesem Trugbild wollte ich nicht weiter verfallen, doch von ihm lösen wollte ich mich auch nicht, denn ich hatte Angst, sonst in tausend Teile zu zerbrechen. So wie in meinem Traum, den ich vor einem Jahr gehabt hatte, in dem mir nach und nach die Gliedmaßen abgefallen waren.

»Ich schlafe, nicht wahr?«

»Was redest du denn da?« Joki drehte mich, sodass wir uns gegenüberstanden und er mir in die Augen sehen konnte.

»Im Traum hat man mehr als fünf Finger an einer Hand«, erklärte ich ihm und hob meine rechte Hand. Die Finger verschwammen vor meinen Augen, doch ich zählte sechs. Jedes Mal. Sechs Finger. »Ein Trick des Gehirns.«

»Vielleicht ist dir einfach nur ein zusätzlicher Finger gewachsen.« Er lachte, doch diesmal steckte er mich nicht damit an.

»Nur weil es ein Traum ist, heißt es nicht, dass nichts von alldem hier real ist«, sagte er schließlich.

Nun war ich wirklich zu hundert Prozent sicher, mich in meinem eigenen Unterbewusstsein zu befinden. Ausgiebig musterte ich Jokis Gesicht und nahm mir Zeit, alles in mich aufzusaugen. Seine gleichmäßige Haut, versehen mit winzigen Sommersprossen, die auf seiner Nase saßen wie Farbspritzer.

Seine vollen Lippen und die hellen Stoppeln auf seiner Wange und seinem Kinn, die nur zum Vorschein kamen, wenn die Sonne darauf schien und sie zum Glitzern brachte.

»Joki, ich will nicht, dass du gehst.«

»Ich bin doch hier.«

»Nach Finnland, meine ich.«

Er blickte mich traurig an und ich wusste, dass er darauf nichts erwidern würde. Immerhin war er nur eine Illusion, erschaffen von meinem Unterbewusstsein.

»Ich hasse dich.«

Plötzlich verdunkelte sich der Himmel.

»Du liebst mich«, entgegnete er und zwischen unseren Gesichtern lagen nur noch Millimeter. Der Traum-Joki wollte mich tatsächlich küssen.

»Stopp. Kein Stück näher«, wisperte ich. »Jedes Mal, wenn mich jemand im Traum küssen will, wache ich auf. Und ich will nicht aufwachen. Nicht jetzt.«

Traum-Joki grinste.

»Diesmal ist es anders.«

Er drückte seine Lippen behutsam auf meine. Sie waren weich und warm und auch etwas feucht, doch das störte mich nicht im Geringsten. Es machte das Gefühl, mit ihm zu verschmelzen, noch intensiver.

»Ich wünsche mir das schon so lange«, murmelte ich und Joki verringerte den Abstand zwischen unseren Körpern, bis kein Zentimeter mehr zwischen uns lag.

Obwohl ich wusste, dass er nicht real war, fühlte sich der Kuss unglaublich echt an. Mit immer mehr Nachdruck erforschte ich seinen Mund mit meinen Lippen und irgendwann trafen unsere Zungen aufeinander. Seine Hände fuhren an meinem Rücken entlang, bis hin zu meinem Nacken. Ich erschauerte unter der zarten Berührung und versuchte diesen Moment so gut es ging zu erleben, so als wäre er wirklich real.

Joki und ich ließen uns im Rausch des Kusses seitlich ins Wasser fallen. Das Meer wurde immer unruhiger, doch das war uns gleich. Wir tauchten unter, Hand in Hand, miteinander vereint. Doch als ich wieder an die Oberfläche kam, war er verschwunden.

Ich öffnete die Augen. Natürlich befand ich mich immer noch am Strand, ich musste im Sitzen eingeschlafen sein. Meine Lippen pochten beinahe so stark wie mein Herz und die Erinnerung an die unfassbar real wirkende Szene machte mich traurig. Sehnsüchtig wünschte ich mich zurück, doch beim Träumen gab es kein Zurück mehr.

Joki saß noch immer neben mir. Er schaute aufs Meer hinaus und ich versuchte irgendetwas in seinem Gesicht zu erkennen, was darauf hingedeutet hätte, dass der Kuss vielleicht doch echt gewesen war.

»Guten Morgen«, sagte Joki, als er bemerkte, dass ich wach war.

»Wie lange habe ich geschlafen?«

»Eine Stunde ungefähr. Du hast irgendwas geträumt. Lenny?«

»Diesmal nicht.«

»Hätte mich auch gewundert. Du hast nämlich immer so komisch die Lippen gespitzt.«

Joki grinste und äffte meine vermeintliche Lippenakrobatik nach. In diesem Moment wünschte ich mir, der Sand, auf dem ich saß, würde sich als Treibsand entpuppen und mich auf der Stelle verschlingen.

»Ich hasse dich«, scherzte ich und hoffte insgeheim, einen Funken des Traum-Jokis hervorzulocken. *Du liebst mich,* hatte dieser erwidert, doch er stand lediglich auf und hielt mir seine Hände hin, um mir aufzuhelfen.

»Vorschlag: Wir gehen ins Café und frühstücken. Vielleicht kommt Kallie auch.«

Nickend griff ich nach der Waffe. »Aber vorher muss ich noch etwas erledigen.« Mit voller Wucht warf ich sie ins Meer.

»In Wallis Grove sollte niemand eine Pistole besitzen.«

Joki versprach mir auf dem Weg ins Crumbles, dass er niemandem erzählen würde, dass ich mit einer Waffe vor Lennys Haus gestanden hatte. Vielleicht würde ich mit Kallie darüber reden, aber ich war mir ziemlich sicher, dass es das Beste war, wenn niemand davon erfahren würde. Dann wäre nämlich ich der irre Psycho und nicht Lenny.

Meine Mutter begrüßte uns stürmisch.

»Martin, ist alles in Ordnung?«

»Ja, alles okay. Tut mir leid, dass ich abgehauen bin, ohne Bescheid zu sagen.«

»Joki hat mir einen Zettel geschrieben. Aber bitte mach das nicht noch mal.« Meine Mutter goss uns Kaffee ein, den wir beide bitternötig hatten. »Versprochen.«

Wir gingen zu meinem Stammplatz, von dem aus man das Meer beobachten und den Leuchtturm auf der Insel sehen konnte.

»Kallie ist gleich da«, kam es von Joki, nachdem er auf sein Handy geschaut hatte.

»Der wirkt echt Wunder«, schwärmte er und schlürfte das schwarze Gold aus seiner Tasse. Normalerweise war ich kein Kaffeetrinker, doch heute war ich dankbar für den flüssigen Muntermacher.

»Tut mir leid, dass ich dich da mit reingezogen habe«, begann ich und knetete meine Finger.

»Wir beschützen uns gegenseitig, schon vergessen? Und wenn es sein muss, auch vor uns selbst.«

»Warum bin ich nur so ein Wrack?« Ich lachte nervös und nahm einen Schluck Kaffee.

»Ich kenne das Gefühl, wenn man nur von Sekunde zu Sekunde lebt. Wenn sich jeder Atemzug anfühlt, als wäre er eine heldenhafte Anstrengung. Doch es wird besser, Marty. Wenn das jemand durchsteht, dann du.«

Zu gern würde ich glauben, dass er recht hatte. Joki hatte in seinem Leben viel mehr durchmachen müssen als ich. Er wurde von seiner Mutter getrennt, wuchs bei einem fürchterlichen Miststück auf und musste zu allem Überfluss noch mit ansehen, wie sein Vater starb. Mich beschämte der Gedanke daran, dass ich, ausgerechnet *ich*, wo ich doch alles hatte, was ich mir nur wünschen konnte, dasaß wie ein Häufchen Elend.

»Ich weiß, was du denkst. Hör auf damit«, sagte Joki.

In diesem Augenblick platzte Kallie ins Café. »Guten Morgen, Mrs. B!«, rief sie meiner Mutter zu und kam zu unserem Tisch.

»Was stimmt mit euch nicht? Wo wart ihr die ganze Nacht?« Sie drückte Joki einen Kuss auf die Wange und nahm mich in den Arm. »Geht's dir gut?«

»Ja, wenn man davon absieht, dass ich keine Luft bekomme«, presste ich hervor.

»Deine Mutter hat mich angerufen und gefragt, ob ihr bei mir seid. Das hat mich völlig überrumpelt. Zum Glück hat sie dann deinen Zettel gefunden«, sagte sie zu Joki.

»Ich musste nur mal raus«, flunkerte ich.

»Verständlich.« Kallie setzte sich schwerfällig neben mich und versuchte sich mit ihrem Bauch hinter den Tisch zu zwängen.

»Übrigens habe ich Neuigkeiten, was Lenny betrifft. Mit unseren Aussagen, besonders der von Olivia, ist es sehr wahrscheinlich, dass er verurteilt wird. Ob du ihm letztes Jahr diesen verdammten Nagel in den Fuß gejagt hast oder nicht. Des Weiteren wird gemunkelt, dass die Schulpsychologin auch mit der Polizei gesprochen hat. Angeblich hatte Lenny regelmäßig Sitzungen bei ihr.«

»Da wird ihm das Geld seiner Eltern auch nichts mehr nützen«, bemerkte Joki und ich hoffte inständig, dass dieser Albtraum jetzt endlich ein Ende hatte.

20

Happy Birthday, Marty

In den nächsten Tagen schien sich alles wieder zum Guten zu wenden. Das Leben schrieb manchmal die ironischsten Geschichten, denn Lenny Levinsky wurde tatsächlich in Westbrooke eingeliefert. Auf unbestimmte Zeit. Komischerweise tat er mir leid, auch wenn ich diesen Impuls zu unterdrücken versuchte.

Noch immer litt ich unter Schlafproblemen, doch so langsam normalisierte sich mein Gemütszustand wieder und mit der Hilfe meiner Freunde wurde ich allmählich wieder der Alte.

Die Abschlussfeier unseres Jahrgangs fiel zu meinem Leidwesen genau auf meinen Geburtstag. Letztes Jahr, als ich siebzehn wurde, gab es an diesem Tag nur Kallie, mich und einen *Teen Wolf*-Serienmarathon. Doch in diesem Jahr war ohnehin alles anders.

Nachdem ich am Morgen aufgestanden war, musterte ich mich im Spiegel. Achtzehn. Forschend suchte ich nach irgendwelchen Veränderungen in meinem Gesicht, doch ich sah mit diesem zusätzlichen Lebensjahr haargenau so aus wie zuvor. Blass, müde und irgendwie wie ein Zombie.

Die Zeremonie, in der den Absolventen ihr Abschlusszeugnis überreicht und ihnen eine dämliche Kappe aufgesetzt wurde, sollte auf dem Außengelände der Schule stattfinden. Es war das erste Mal seit Wochen, dass ich wieder in die Nähe der Schule kam und als ich Marcus und Melvin in der Masse entdeckte, wollte ich nichts sehnlicher, als einfach wieder nach Hause zu gehen.

»Hey. Ich bin da, okay?«, kam es von Joki, der meine Anspannung spürte. Nickend folgte ich meinen Eltern. Im vorderen Bereich stand ein Mikrofon und Direktor Panabaker ging, mit einem Zettel in der Hand, auf und ab und murmelte irgendetwas.

Auf dem ganzen Gelände waren Stühle aufgebaut, die für die Verwandten und Freunde des Abschlussjahrgangs gedacht waren. Schwerfällig und lustlos kam Mrs. Jeffreys auf uns zu.

»Stellt euch in alphabetischer Reihenfolge in die Schlange, ihr werdet dann nach und nach aufgerufen.«

Weiter vorne entdeckte ich Kallie und Jasper, die durch circa zehn Schüler, deren Nachnamen mit K, L oder M begannen, getrennt waren. Kallie winkte mir zu und ich atmete tief ein.

»Na komm schon, Geburtstagskind«, sagte Joki ermutigend.

Wir reihten uns in die Schlange ein. Ein Stück weiter hinter mir sah ich Olivia, die ihr Gewicht von einem Bein auf das andere verlagerte. Sie war anscheinend ziemlich nervös, was ich von mir selbst nicht behaupten konnte. Ich war einfach froh, wenn dieser Abschnitt meines Lebens vorbei war.

»Liebe Schüler der Abschlussklasse! Ein weiteres Schuljahr geht zu Ende und einmal mehr wird mir die Ehre zuteil, Sie in die Freiheit entlassen zu dürfen. Egal, welche Pläne oder Träume Sie haben, ich wünsche Ihnen viel Erfolg!«

Mr. Panabaker faltete einen Zettel auseinander.

»Lydia Abernathy. Herzlichen Glückwunsch.«

Ein Mädchen mit erdbeerblondem Haar trat nach vorne und nahm ihr Abschlusszeugnis entgegen, während ihr von Mrs. Jeffreys die obligatorische Kopfbedeckung aufgesetzt wurde. Ein Sinnbild dafür, dass man die Highschool erfolgreich überlebt hatte.

Mr. Brosniak und Ms. Mills standen zusammen mit einigen anderen Lehrern an der Seite und gaben dem Mädchen gratulierend die Hand. Einige Minuten verstrichen, bis ich aufgerufen wurde. In der Ferne konnte ich meine Eltern jubeln hören und Joki stieß hinter mir ein lautes Pfeifen aus, was mich zum Grinsen brachte. Stolz erfüllte mich, als Ms. Mills meine Hand schüttelte und Tränen in ihren Augen standen.

»Martin, deine Reise beginnt jetzt«, wisperte sie ungewohnt ruhig und lächelte mir zu.

Mit einem Mal spürte ich wirklich, wie die zentnerschwere Last, die sich im Laufe der Jahre angesammelt hatte, von meinen Schultern fiel. Eine neue Ära würde anbrechen. Der Beginn eines Lebensabschnittes ohne Lenny.

Stolz beobachtete ich meine Freunde. Olivia stand ich zwar nie wirklich nah, trotzdem war ich ihr dankbar. Dafür, dass sie eine gute Freundin für Joki gewesen war und dass sie trotz der Trennung nie ein böses Wort über ihn verloren hatte.

Mein Blick fiel zu Kallie. Sie war ohne Zweifel der wichtigste Mensch in meinem Leben. Sie war mehr als nur meine beste Freundin. Sie war meine Schwester und für sie würde ich alles tun. Man sagt, dass Highschool-Freundschaften früher oder später im Sande verlaufen, doch bei uns würde dies nicht passieren. Über Kallies Sprüche würde ich auch noch die Augen verdrehen, wenn wir alt und grau im Schaukelstuhl saßen und uns einen Ouzo nach dem anderen hinter die Binde kippten.

Auch für Jasper Morelli war ich dankbar, für seinen gestählten Körper und das Superstarlächeln, welches mir lange Zeit schlaflose Nächte bereitet hatte. Für den ersten Schlag, den ich in meinem Leben ausgeteilt hatte, und dafür, dass er Kallies große Liebe war und sie zum glücklichsten Mädchen der Welt machte.

Als Joki sein Zeugnis entgegennahm, applaudierte ich wahrscheinlich am lautesten. Er grinste in die Menge und hielt stolz das Schriftstück in die Luft. Er hatte es geschafft. Wir hatten es geschafft. Die Highschool war vorbei und Joki konnte endlich nach Finnland gehen, um nach seiner Mutter zu suchen. Obwohl mir der Gedanke daran immer noch Bauchschmerzen bereitete, musste ich ihn gehen lassen. Ich hoffte nur, dass er nicht allzu bald verschwinden würde.

»Sagt: Auf Nimmerwiedersehen!«, rief Jasper, als wir das letzte Mal das Schulgelände verließen.

Kallie streckte dem Gebäude lachend ihren Mittelfinger entgegen.

»Auf Nimmerwiedersehen!«, riefen wir wie aus einem Mund und gingen der untergehenden Sonne entgegen.

»So, du alter Sack!« Kallie lief barfuß durch den Sand und überreichte mir ein kleines Päckchen. »Von mir und Jas.«

Wir saßen zu viert am Strand und Kallie hatte nach einem fürstlichen Picknick beschlossen, mir ihr Präsent zu überreichen. Vorsichtig riss ich das Geschenkpapier auf und fand in einer kleinen Kiste eine Sonnenbrille, Sonnencreme und ein Ticket für ein Tegan & Sara Konzert in Los Angeles im September.

»Oh mein Gott! Danke!«

Erst umarmte ich sie, dann Jasper – was mir immer noch etwas unangenehm war – und ließ mich glücklich zurück in den Sand fallen.

»Das ist noch nicht alles«, verkündete meine beste Freundin verschwörerisch. »Wir wollten dich gerne fragen, ob du Martas Patenonkel werden möchtest.«

Ich traute meinen Ohren nicht. »Ja! Natürlich möchte ich das!«

Es machte mich unglaublich stolz, dass Kallie und Jasper der Meinung waren, ich wäre der Richtige für diese Aufgabe.

Joki stand nun ebenfalls auf.

»Wo wir gerade dabei sind, ein paar Dinge zu verkünden, wollte ich euch auch etwas mitteilen. Es fällt mir nicht so leicht, also hau ich es einfach raus.«

Er sprach zwar mit uns allen, doch ich war der Einzige, den er ansah.

»Es kommt sicher überraschend, aber ich fliege morgen früh nach Finnland.«

Ungläubig krallte ich meine Finger in den warmen Sand und hoffte mich verhört zu haben.

»Morgen schon?«, rief Kallie perplex. »Das ist doch nicht dein Ernst.«

»Doch. Ich konnte euch nicht früher Bescheid sagen, weil ich wollte, dass wir die letzten Wochen noch genießen. Dieser ganze Abschiedsmist gefällt mir nicht.«

Es verlangte alles von mir ab, gefasst auf diese Neuigkeiten zu reagieren. Innerlich zerbröckelte ich wie Zwieback. Was hatte ich erwartet? Er war fast achtzehn, hatte seinen Abschluss und zweihunderttausend Dollar. Dachte ich etwa, er würde hier in Wallis Grove versauern? An seiner Stelle hätte ich mich auch in Windeseile aus dem Staub gemacht, ohne einmal zurückzublicken.

Nun erhob sich Jasper und umarmte Joki.

»Mann, ich werde dich vermissen, Kumpel.«

Auch Kallie fiel Joki um den Hals.

»Du musst uns regelmäßig besuchen kommen!«

»Versprochen, Kal.«

Joki löste sich von ihr und kam langsam auf mich zu. Wenn er dachte, ich würde mich mit einer Umarmung abspeisen lassen, als wäre ich ein flüchtiger Bekannter, dann hatte er sich geschnitten.

»Marty«, begann er, doch weiter kam er nicht. Die Ladung Sand, die den Weg in sein Gesicht gefunden hatte, unterbrach ihn. Fluchend rieb er sich das Zeug aus den Augen und die entgeisterten Blicke meiner Freunde trafen mich wie Stromschläge.

»Dann verpiss dich doch!«

Ohne ein weiteres Wort zu sagen, rappelte ich mich auf und eilte davon.

Es war einer der Momente, in denen man sich im Nachhinein wünschte, nachzudenken, bevor man etwas tat. Denn schon Sekunden nach diesem Ausbruch wollte ich die Zeit zurückdrehen und ihn ungeschehen machen. Doch es war zu spät und ich war auch viel zu trotzig und beschämt, um wieder zum Stand zu gehen, also lief ich weiter bis nach Hause. Die fragenden Blicke meiner Eltern ignorierend, lief ich die Stufen hinauf und knallte die Tür hinter mir zu. Theatralisch ließ ich mich aufs Bett fallen und fluchte in mein Kissen.

»Martin?« Mom klopfte an die Tür und trat daraufhin ein.

»Eigentlich wartet man nach dem Klopfen, bis man hereingebeten wird«, zeterte ich.

»Eigentlich knallt man in diesem Haus auch keine Türen«, bemerkte sie und setzte sich an den Rand des Bettes. Sie fuhr mit der Hand über meinen Rücken. »Liebling, was ist los?«

»Ich bin nur traurig, dass die Schule zu Ende ist.«

Das war wohl die größte Lüge, die ich jemals ausgesprochen hatte.

Mom machte ein vielsagendes Gesicht.

»Guter Versuch. Und jetzt noch mal.«

Seufzend drehte ich mich auf den Rücken.

»Es ist wegen Joki. Er fliegt morgen schon nach Finnland. Wusstest du davon?«

»Er kam letzte Woche zu deinem Vater und mir und hat uns gefragt. Schließlich haben wir noch die Vormundschaft für ihn. Wir haben es erlaubt und er hat darauf bestanden, es dir selbst zu sagen.«

Meine Mutter strich mir übers Haar und schwieg einige Sekunden, ehe sie weitersprach.

»Er ist mir auch ans Herz gewachsen, aber es war doch abzusehen, dass er irgendwann geht. Er würde nicht glücklich werden, wenn er hierbliebe.«

»Das ist ja das Problem. Eigentlich müsste ich mich freuen, dass er endlich nach seiner Mutter suchen kann, aber es geht nicht.«

»Das klingt jetzt vielleicht blöd, aber Joki ist nicht aus der Welt. Er kommt uns bestimmt besuchen und vielleicht fliegst du auch mal dorthin. Warte die nächsten Monate ab und auf dem College findest du sicher eine Menge neuer Freunde.«

Aber keinen wie ihn.

Ich nickte lediglich und gab meiner Mutter zu verstehen, dass ich jetzt lieber allein sein wollte. Nachdem sie mein Zimmer verlassen hatte, setzte ich mich ans Klavier und ließ meine Finger über die Tasten gleiten.

Genny Days Worte hallten in meinem Kopf wider, als ich die ersten Akkorde spielte: *Deine Hände sind dein Ventil. Mit ihnen und mithilfe des Klaviers kannst du diese ganzen Emotionen verarbeiten und dabei heraus kommt dann ein wunderschönes Lied. Verrückt, oder?*

Vielleicht hatten die emotionalen Abgründe, in denen ich mich in letzter Zeit befand, doch etwas Gutes. Vielleicht war ich tatsächlich dazu in der Lage, die besten Stücke zu komponieren, während es mir scheiße ging.

Einige Stunden vergingen und der Blick auf die Uhr verriet mir, dass mein Geburtstag vorbei war. Herzlichen Glückwunsch, Martin.

Als ich ins Bad gehen wollte, um mich bettfertig zu machen und wahlweise in der Dusche noch etwas zu heulen, wie Veronica Mars in der dritten Staffel, ließ mich Jokis Stimme innehalten. Er sprach gerade in der Küche mit meinen Eltern und natürlich musste ich lauschen.

»Das ist viel zu viel, Joki«, kam es von Dad.

»Das ist das Mindeste. Immerhin habt ihr mich die letzten neun Monate durchgefüttert und mir ein Zuhause gegeben.«

»Pass gut auf dich auf«, meinte nun meine Mom und ich konnte an ihrer Stimme hören, dass sie den Tränen nah war.

»Mach ich. Gute Nacht.« Joki kam die Stufen hinauf und ich blieb wie angewurzelt stehen, obwohl ich mich in diesem Augenblick am liebsten versteckt hätte.

Als er mich sah, hielt er inne und musterte mich. Sein blondes Haar stand wild von seinem Kopf ab und seine grünen Augen leuchteten im dämmrigen Licht. Er erinnerte mich an River Phoenix in jungen Jahren, was ich irgendwie lustig fand, da Jokis Name dieselbe Bedeutung hatte wie der des toten Schauspielers. Er hatte diese Aura, die mich magisch anzog. Auf der einen Seite war er wie ein verletztes Hündchen, das ich umsorgen wollte, aber andererseits hatte er diese verwegene Ausstrahlung, so als könnte man ihm nichts anhaben.

Mittlerweile war ich an dem Punkt angelangt, an dem es jedes Mal wehtat, wenn ich ihn ansah, und es gab rein gar nichts, was ich dagegen hätte tun können. Alles, was mir blieb, war die Erinnerung an den Traum und die Hoffnung, irgendwann darüber hinwegzukommen. Immerhin hatte ich es bei Jasper und Sam auch geschafft. Nur war ich in beide nicht wirklich verliebt gewesen. Doch selbst wenn es sich gerade so anfühlte, als würde der Schmerz nie wieder vergehen, wusste ich, dass dies nicht stimmte. Denn wenn Joki mir irgendetwas gezeigt hatte, dann, dass es besser wird. Irgendwann. Mit viel Geduld.

Egal, wie sehr ich es versuchte, ich konnte nicht schlafen. Jede Sekunde, die verging, erschien mir unendlich lang und glich einer Tortur. So hatte ich mir meinen ersten Ferientag nicht vorgestellt. Resigniert stand ich auf, um mir ein Glas Wasser zu holen. Als ich die Tür öffnete, traf mich beinahe der Schlag; Joki stand da und starrte mich mit weit aufgerissenen Augen an.

»Marty, verdammt! Erschreck mich doch nichts so«, japste er.

»*Ich dich*? Ich werde ja wohl noch aus meinem eigenen Zimmer gehen dürfen, ohne einen Herzinfarkt erleiden zu müssen!«

Er machte ein unschlüssiges Gesicht und drehte sich um, um zu gehen. »Sorry. Gute Nacht.«

»Warte mal.« Seufzend verschränkte ich die Arme vor der Brust. »Was wolltest du überhaupt hier?«

»Ich konnte nicht schlafen und dachte, du bist vielleicht noch wach.«

»Verstehe.« Mit einer Handbewegung bedeutete ich ihm, in mein Zimmer zu kommen. »Nervös wegen morgen?«, fragte ich, als Joki sich auf mein Bett setzte.

»Ja, schon. Es ist eine Ewigkeit her, seit ich das letzte Mal in Finnland war. Mein Finnisch ist auch ziemlich eingerostet.«

»Ach, heutzutage spricht doch jeder Englisch. Du wirst schon zurechtkommen.«

»Wahrscheinlich hast du recht.«

»Tut mir übrigens leid, dass ich vorhin so mies reagiert habe.«

Joki schüttelte mit dem Kopf. »Quatsch, das habe ich wohl verdient.«

Zögernd überlegte ich mir jedes Wort drei Mal, bevor ich es laut aussprach. »Du kommst nicht wieder, oder?«

»Natürlich komme ich wieder.« Joki legte seinen Arm um mich. »Ich lasse meinen besten Freund doch nicht zurück.«

Mein Herzschlag geriet außer Kontrolle und ich zwang mich zu einem Lächeln. »Das sagst du jetzt.«

»Und ich lüge nicht. Das weißt du doch, oder?«

Joki schaute mir direkt ins Gesicht und mein ganzer Körper begann zu kribbeln.

»Warte mal! Du hast dein Geburtstagsgeschenk noch gar nicht von mir bekommen.«

Er sprang auf und stürmte aus dem Zimmer. Als er einige Sekunden später wiederkam, hatte er ein Päckchen in der Hand und ein Grinsen auf den Lippen.

Zögerlich und nervös öffnete ich das Paket.

»Das kann ich unmöglich annehmen.«

Verwirrt blickte ich Joki an. In der Hand hielt ich den roten Pullover, den Jokis Mutter gestrickt hatte. Das Einzige, was er noch von ihr hatte.

»Du findest ihn hässlich, ich weiß.«

»Tu ich nicht. Nicht mehr.«

»Jedenfalls will ich, dass du ihn hast. Damit du mich nicht vergisst.«

Fast hätte ich losgelacht, weil er tatsächlich dachte, dass ich etwas bräuchte, um mich an ihn zu erinnern. Als Nächstes wollte ich weinen, weil es das beste Geschenk war, das ich je bekommen hatte.

»Danke«, wisperte ich und schwor mir, das Kleidungsstück in Ehren zu halten.

»Wenn ich meine Mom gefunden habe, kann sie mir haufenweise neue stricken«, meinte Joki.

Als ich das Päckchen zur Seite legen wollte, bemerkte ich, dass noch etwas darin war. Ich fischte einen Umschlag heraus, auf dem mein Name stand.

»Öffne ihn erst, wenn ich weg bin, okay?«

»Okay.«

Joki legte sich zu mir und in der Nähe und Wärme des anderen konnten wir beide endlich einschlafen. Seit der Nacht des AlternaProms hatten wir uns oft ein Bett geteilt. Meist unterhielten wir uns nächtelang und schliefen dann zusammen ein. Irgendwie schien uns diese Nähe gutzutun. Mir ging es jedenfalls so, und ich hoffte, dass Joki diese Momente auch genossen hatte.

Froh, dass wir seine letzten Stunden in Wallis Grove gemeinsam verbrachten, wollte ich diesen Augenblick am liebsten einfrieren, um ihn immer wieder erleben zu können.

Die Sonne ging viel zu schnell wieder auf. Als die ersten verräterischen Strahlen auf Jokis Gesicht fielen, stieß er einen leisen Laut aus und öffnete langsam die Augen.

Er steckte sich und schaute dann zu mir herüber.

»Es ist gleich so weit«, seufzte er. »Am liebsten würde ich hierbleiben.«

Ein Kloß bildete sich in meinem Hals. »Dann bleib.«

»Das geht nicht.«

Ich nickte. »Ja, ich weiß.«

Nach dem Frühstück half ich Joki dabei, seine letzten Sachen zu packen. Der Anblick des fast leeren Zimmers war unerträglich.

»Und du willst wirklich nicht mit zum Flughafen?«, fragte er.

Ich schüttelte mit dem Kopf. Meine Eltern hatten sich bereit erklärt, ihn nach Portland zu fahren, doch ich wollte mir das nicht antun. Ich hasste Abschiede genauso wie Joki und auf Flughäfen waren sie noch hundertmal schlimmer.

Es klingelte und einige Sekunden später standen Kallie und Jasper in der Tür. Zu meiner Überraschung hatten sie Olivia mit im Schlepptau.

»Das Verabschiedungskomitee ist da!«, johlte Kallie.

»Wir müssen in fünf Minuten los!«, rief meine Mom.

»Wer will zuerst?« Joki breitete die Arme aus und Kallie war die Erste, die ihn umarmte.

»Du wirst mir fehlen«, heulte sie.

Dann war Jasper an der Reihe.

»Schick mir ein Bild von dem rothaarigen Griechenbaby«, lachte Joki.

»Darauf kannst du wetten.«

Olivia stand unschlüssig da, doch dann fiel auch sie Joki in die Arme.

»Pass auf dich auf«, flüsterte sie und Joki drückte sie an sich.

»Du auch. Danke, dass du gekommen bist.«

An diesem Morgen blieb kein Auge trocken.

»Marty, komm her.«

Joki öffnete erneut die Arme, diesmal für mich. Zögernd umarmte ich ihn. Ein letztes Mal spürte ich, wie sein Herz gegen meine Brust klopfte und sein Haar an meinem Ohr kitzelte.

»Wir sind stark, oder?«, wisperte er, so wie damals auf dem Leuchtturm.

»Wir sind stark«, bestätigte ich.

Meine Stimmung war auf ihrem Tiefpunkt, als ich aus dem Fenster das Auto beim Wegfahren beobachtete. Joki war fort und mir war zum Heulen zumute.

»Wie sieht's aus? Wollen wir ins *Colorblind*, was trinken?«, schlug Kallie vor.

Jasper und Olivia schienen einverstanden zu sein und mir war es ziemlich egal. Alles war wohl besser, als sich im Zimmer zu verbarrikadieren.

»Geht schon mal vor, ich komme gleich nach«, sagte ich und setzte mich auf Jokis Bett.

Kallie wusste, dass es das Klügste war, mich jetzt kurz allein zu lassen, also schnappte sie sich ihren Freund und machte sich auf den Weg. Es wunderte mich, dass Olivia noch im Raum stand und sich umschaute.

»Es ist so leer hier. Ohne seine ganzen Sachen«, bemerkte sie beinahe lautlos.

Weil ich keine Worte hatte, nickte ich lediglich.

Olivia setzte sich zu mir.

»Wir hatten noch keine Gelegenheit, miteinander zu sprechen. Die ganze Sache mit Lenny tut mir leid. Es war zum Teil auch meine Schuld, dass er so abgedreht ist.«

»Du musst dich nicht entschuldigen, Liv. Wir sind die Opfer und alles, was Lenny getan hat, hat er einzig allein seinetwegen getan. Du trägst keine Schuld.« Dann schweiften meine Gedanken ab und mir fiel die letzte Nacht wieder ein.

»Der Umschlag!«

»Was?«, hakte Olivia nach.

Wie von der Tarantel gestochen sprang ich auf und lief in mein Zimmer, um ihn zu suchen. Auf meinem Schreibtisch wurde ich fündig.

»Er hat gesagt, ich soll ihn öffnen, wenn er weg ist«, erklärte ich Olivia, die im Türrahmen stand und mich verdutzt anblickte.

»Dann mach ihn auf.«

Aufgeregt riss ich das Kuvert auf und traute meinen Augen nicht. Ein Bündel grüner Scheine kam mir entgegen.

»Was zur Hölle …«, hauchte ich. In dem Kuvert befand sich noch ein Zettel, den ich sofort herausangelte. Immer und immer wieder las ich die Worte, während der Boden unter meinen Füßen zu wanken begann.

Du weißt, wo du mich findest.

Part IV:
Abyssal

21

Per Anhalter nach Finnland

Ab einer bestimmten Tiefe dringt kein Licht mehr durch. Ein Überleben ist unmöglich, es ist einfach viel zu kalt und dunkel.

Oft vergleiche ich mein Gehirn mit dem Ozean. An der Oberfläche ist es noch hell und man erkennt alles um sich herum, doch je tiefer man geht, desto weniger kann man sehen, desto weniger lässt sich deuten. Es ist wie ein schwarzes Loch, doch manchmal lichtet sich dieses. Im Traum zum Beispiel wird der düstere Bereich für eine kurze Zeit sichtbar, aber trotzdem sollte man nicht alles glauben, was man dort sieht, denn wie im echten Leben treiben sich auch hier viele falsche Kreaturen herum.

Manchmal stellte ich mir vor, dass in den Untiefen meines Hirns ein paralleles Universum existierte. Eine alternative Welt, in der Joki und ich zusammen waren. Irgendwie. Vielleicht nur als Freunde, eventuell auch als mehr. Hauptsache zusammen.

»Das sind achttausend Dollar.«

Olivia riss mich aus den Gedanken. In meinem Kopf ging in diesem Moment so viel vor, dass mir ganz schwindelig wurde.

»Oh Gott, ich muss Sachen packen! Ich muss ihm hinterher!«

Schon zog ich meine Reisetasche vom Schrank und begann hektisch Kleidungsstücke darin zu verstauen.

»Wo zur Hölle ist mein Reisepass?«

Olivia beäugte das Schauspiel interessiert.

»Er will, dass du mit nach Finnland fliegst, oder?«

Ich hielt inne und zuckte mit den Schultern.

»Keine Ahnung, was er will. Wann weiß man denn je, was Joki will?«

Als ich die nötigsten Dinge gepackt hatte, lief ich aus dem Haus und vergaß völlig, dass Olivia noch da war.

»Was hast du vor?«, rief sie mir hinterher.

»Den nächsten Bus nach Portland nehmen«, erklärte ich atemlos.

»Von mir aus kann ich dich auch fahren«, schlug sie vor.

Ungläubig starrte ich sie einige Sekunden an.

»Warum bist du so nett zu mir?«

»Weil ich dich mag.«

Sie lächelte. Joki und sie waren sich gar nicht so unähnlich. Mein Handy begann zu klingeln.

»Wo bist du denn? Wir warten auf dich!«

Kallies Stimme schien unendlich weit weg zu sein.

»Es tut mir leid, ich melde mich später«, sagte ich und legte einfach auf.

Olivia drückte aufs Gas, um irgendwie noch das Auto meiner Eltern einzuholen. Das Auto, in dem er saß.

Nervös knetete ich meine Finger und die Angst, ihn nicht rechtzeitig zu erreichen, schnürte mir die Kehle zu. Mir war klar, dass er nie wieder zurückkommen würde, wenn er in den Flieger stieg, egal, was er mir versprochen hatte. Mein Gesicht würde in seiner Erinnerung immer mehr verblassen und ich wäre nur noch ein verschwommenes, nebelhaftes Abbild aus einer Zeit, die er am liebsten aus seinem Gedächtnis streichen wollte.

Ich brauchte ihn mehr als er mich. Für diese Erkenntnisse hasste ich meinen Verstand.

Olivia räusperte sich.

»Lief da was zwischen euch?«, fragte sie und erntete einen entgeisterten Blick meinerseits.

»Nein!«

»Aber ich dachte, seit der Party weiß er, dass du in ihn verliebt bist?«

»Wir haben nicht wirklich darüber geredet. Er hat es vermutlich einfach verdrängt. Hätte ich auch gemacht, an seiner Stelle«, gab ich zu.

»Ich glaube, er liebt dich auch.«

Mein Herz machte einen Satz. »Wie kommst du darauf?«

»Nur so ein Gefühl. Wahrscheinlich weiß er es selbst noch nicht.«

»Na toll«, seufzte ich und läutete somit eine Stunde der Stille ein. Obwohl ich Olivia unglaublich dankbar dafür war, mich zum Flughafen zu fahren, wollte ich nicht wirklich mit ihr über Joki reden, denn ich ahnte, dass sie ihn noch liebte.

Nach zwei Stunden Fahrt und etlichen vergeblichen Versuchen, meine Eltern zu erreichen, kamen wir am Flughafen an. Mit achttausend Dollar, einer womöglich missverstandenen Notiz und einer Reisetasche mit sporadisch eingepackten Klamotten hetzte ich in das Gebäude.

Olivia folge mir auf dem Fuße. Erschlagen von den vielen Anzeigetafeln und den Menschenmassen schaute ich mich nach meinen Eltern und Joki um.

Plötzlich zeigte Olivia auf einen der Abflugpläne.

»Der Flug nach Helsinki geht von Gate 7 in …« Sie schaute auf ihre Armbanduhr. »Vor drei Minuten.«

»Das kann nicht wahr sein. Vielleicht fliegt das Flugzeug später los? Heutzutage läuft doch gar nichts mehr auf die Minute genau.«

Wir hechteten in Richtung Gate und endlich erblickte ich meine Eltern.

»Mom! Dad!«, rief ich.

»Martin, was tust du denn hier?«

Meine Mutter hatte geweint, das erkannte ich sofort, sogar die Augen meines Dads waren gerötet.

»Der Flieger ist gerade gestartet.«

Ich redete wie ein Wasserfall und die Stirne meiner Eltern runzelten sich mit jedem Satz mehr, als wären sie Weintrauben, die langsam zu Rosinen wurden.

Atemlos ratterte ich Gründe herunter, warum ich unbedingt nach Finnland fliegen musste, ohne selbst den wahren Grund zu wissen. Mich hatte einfach das Gefühl beschlichen, dass Jokis Botschaft etwas zu bedeuten hatte. Dass ich ihm folgen sollte.

»Martin, ich verstehe, dass du dich damit schwertust, Joki gehen zu lassen, aber …«

Rasend vor Wut unterbrach ich meine Mutter.

»Ihr versteht gar nichts!«

»Dann erkläre es uns«, kam es nun von Dad.

Olivia legte mir eine Hand auf die Schulter. Jetzt musste ich raus mit der Sprache.

»Wärt ihr euch damals nicht bis ans Ende der Welt gefolgt?«

Die Frage erklärte alles und doch nichts.

»Es tut mir leid, aber ihr könnt mich bei der Entscheidung unterstützen oder es bleiben lassen. Ich fliege so oder so.«

Meine Mutter seufzte und schaute zu meinem Dad, der anscheinend noch gar nicht verarbeiten konnte, dass sein Sohn in seinen Pflegesohn verliebt war. Tja, willkommen im Club.

»Jonathan, vielleicht tut ihm eine Auszeit in Finnland ganz gut.«

Mir fiel ein riesengroßer Stein vom Herzen, als mein Vater nickte.

»Wie viel brauchst du?«, fragte er schließlich, mit einem leichten Lächeln auf den Lippen.

»Ich habe Geld.« Lachend zog ich den Umschlag aus meiner Tasche.

»Joki hat wirklich an alles gedacht.« Mom nickte anerkennend.

Meine Eltern fuhren widerwillig zurück nach Hause, doch ich bestand darauf, am Flughafen zu bleiben, obwohl ich keine Ahnung hatte, ob heute überhaupt noch ein Flug nach Finnland ging.

Olivia ließ sich schwer abschütteln, doch ich schaffte es, sie schließlich auch nach Hause zu schicken. Jetzt musste ich irgendwie allein zurechtkommen.

An der Information fand ich eine Frau vor, die kaugummikauend an einem Computer saß und gelangweilt in die Tasten haute.

»Entschuldigung? Könnten Sie mir vielleicht helfen? Ich muss wissen, wann der nächste Flug nach Helsinki geht.«

»Gerade weg«, murmelte sie und machte sich nicht mal die Mühe, vom Bildschirm aufzuschauen. Behämmerte Ziege.

»Was Sie nicht sagen. Wann geht der nächste Flug?«, hakte ich mit etwas mehr Nachdruck nach.

Zwei Mausklicks später erhielt ich die Antwort. »Morgen.«

Mein Mund stand weit offen. »Erst?«

»Die Nachfrage nach Finnlandflügen im Juni ist leider nicht besonders hoch«, meinte die Frau achselzuckend.

»Ein Jet mit Geschäftsleuten fliegt heute noch nach Turku, doch Sie sehen mir nicht wie ein Geschäftsmann aus.«

Am liebsten hätte ich die blöde Kuh erwürgt.

»Und es gibt keine Möglichkeit, in diesen Jet zu kommen? Ich kann bezahlen«, erklärte ich und kam mir vor wie in einem miesen Spionagefilm.

»Tut mir leid, das geht nicht. Der Mann, dem der Jet gehört, ist leider nicht für seine Nächstenliebe bekannt«, wisperte sie. »Da vorne steht er.«

Sie deutete auf einen hochgewachsenen Typen im Anzug und mir wurde gleichzeitig heiß und kalt.

Als ich ihn anstarrte, schaute er zu mir zurück. Ein Schauer lief mir über den Rücken und ich wandte mich sofort ab und tat so, als hätte ich ihn nicht gesehen. Doch gerade in solchen Momenten benimmt man sich wohl am auffälligsten, denn der Kerl rief: »Martin? Martin Bledsoe!«

Mein Herz rutschte mir in die Hose. Letztendlich drehte ich mich doch in seine Richtung, die Arme abweisend vor der Brust verschränkt.

»Mr. Levinsky«, sagte ich trocken.

Lennys Vater bemerkte meine Ablehnung und wurde sichtlich unsicherer.

»Wie geht es dir?«, fragte er und ich glaubte ihm sogar, dass ihn mein Befinden interessierte, dass er sich vielleicht ein wenig dafür schämte, was sein Sohn mir angetan hatte. Nur leider kam diese Erkenntnis sieben Jahre zu spät.

»Gut. Was wollen Sie von mir?«, antwortete ich kühl.

»Egal, was du denkst, ich bin kein schlechter Mensch. Und mein Sohn ist es auch nicht.«

Ich verdrehte die Augen.

»Aber trotzdem habe ich viele Fehler gemacht und irgendwie hat Leonard diese auf dich projiziert. Das tut mir leid.«

Schulterzuckend schwieg ich. Er sollte einfach nur abhauen und mich in Ruhe lassen.

»Wenn ich irgendetwas für dich tun kann, lass es mich wissen.«

Ein Lachen entfuhr mir.

»Denken Sie, dass irgendetwas ungeschehen machen kann, dass Sie jahrelang die Augen davor verschlossen haben, wie Ihr Sohn wirklich ist? Wenn Sie früher etwas unternommen hätten, hätte er mich nicht eingesperrt, gefesselt und krankenhausreif geprügelt. Und er hätte meinen besten Freund auch nicht beinahe vom Balkon gestoßen.«

Lennys Dad musste schlucken und ich hatte ihn mit meinen Worten an der richtigen Stelle getroffen.

»Du hast recht. Leider kann ich die Zeit nicht zurückdrehen.« Seine leeren Floskeln taten in meinen Ohren weh. Aber ich biss mir auf die Zunge und hielt eine bissige Antwort zurück.

»Wenn Sie mir wirklich einen Gefallen tun möchten, nehmen Sie mich mit nach Finnland.«

Mit dem Gefühl, ich hätte meine Seele an den Teufel verkauft, saß ich in dem Jet von Lennys Vater und war tatsächlich und endlich auf dem Weg in Jokis Heimatland. Zusammen mit sieben Anzugträgern, die mich anstarrten, als wäre ich ein Alien.

Mr. Levinsky setzte sich mir gegenüber in einen der Ledersitze und musterte mich.

»Was treibt dich nach Finnland?«

Es ging mir gegen den Strich, dass er nun mit Small Talk anfing, doch ich blieb höflich. Immerhin kam ich dank ihm nun gratis an mein Ziel.

»Ich besuche einen Freund«, meinte ich kurz angebunden. »Was wollen Sie eigentlich dort?«

»In Skandinavien wimmelt es von Immobilien, die gekauft und wieder verkauft werden möchten. Turku ist da perfekt.«

»Aha.«

»Jedenfalls sind Immobilien dort gefragt wie nie.«

Ohne zu antworten, schaute ich aus dem Fenster. Zu meiner Erleichterung hielt Lennys Dad während des restlichen Fluges die Klappe. Selbst während des Zwischenstopps, den wir zum Auftanken des Jets einlegen mussten, ließ er mich in Ruhe.

Dreizehn Stunden später konnte ich zum ersten Mal auf Finnland hinunterschauen. Ich war ich von dessen Schönheit fasziniert und geblendet. Sofort musste ich an Joki denken und welche Eindrücke er wohl gehabt hatte, als er das erste Mal seit 12 Jahren wieder einen Blick auf seine Heimat erhaschen konnte. Ob sein Herz schneller geschlagen oder er Tränen in den Augen gehabt hatte? Zu gern wäre ich dabei gewesen.

Mein Augenmerk fiel besonders auf die grünen Landstriche, die immer wieder von blauen Seen und Teichen unterbrochen wurden.

Als wir zur Landung ansetzten, war es bereits spät am Abend, doch in Finnland strahlte die Sonne hell vom Himmel herab. In einer Dokumentation hatte ich gesehen, dass es in Finnland im Sommer nie richtig dunkel wurde. Dann fiel mir die Zeitverschiebung ein.

Zu Hause war es im Moment mitten in der Nacht, das hieß, dass es hier Vormittag sein musste. Verrückt. Es war so surreal, dass ich am Morgen noch in Wallis Grove gewesen war und nun so weit weg.

»Sicher, dass ich dich nicht noch irgendwo hinbringen soll?«, wollte Mr. Levinsky wissen, nachdem wir aus dem Jet gestiegen waren.

»Ganz sicher.«

Entschlossen schulterte ich meine Reisetasche, sog die frische Morgenluft ein und ging meine ersten Schritte auf finnischem Boden. Ich griff nach meinem Handy und wählte Jokis Nummer.

»Hallo?«

Beim Klang seiner Stimme bekam ich weiche Knie. Er klang total verschlafen, wahrscheinlich hatte ich ihn gerade geweckt.

»Hey, ich wollte nur fragen, ob du gut angekommen bist?«

Joki gähnte.

»Ja, vor einer Stunde ungefähr. Deine Eltern habe ich auch schon angerufen, die meinten aber, du wärst nicht da. Nachdem ich mir einen Leihwagen gemietet habe, bin ich irgendwie in meinem Hotelzimmer eingeschlafen.«

Ich schaute mich um.

»Wenn ich dir eine Adresse nenne, würdest du dorthin fahren, ohne Fragen zu stellen?«

Normale Menschen würden das entweder verneinen oder mich für verrückt erklären. Gut, dass ich keinen dieser Menschen an der Leitung hatte.

»Klar.«

Glücklicherweise war Turku nicht allzu weit von Helsinki entfernt, also gab ich Joki den Straßennamen, den ich auf einem Schild ablas.

»Wenn ich nicht genau wüsste, dass du nicht in meinem Flugzeug warst, würde ich jetzt vermuten, dass du in Finnland bist«, meinte er.

»Nope, ich sitze zu Hause und schaue alte Wiederholungen von Full House«, flunkerte ich.

»Gut, dann ich fahre ich jetzt los.«

Obwohl wir nicht mal einen Tag voneinander getrennt waren, wurde mir ganz heiß bei dem Gedanken, ihn gleich wiederzusehen.

Nachdem ich meinen Eltern und Kallie eine SMS geschrieben hatte, dass ich gut angekommen war, setzte ich mich auf die nächstbeste Parkbank. In den nächsten zweieinhalb Stunden versuchte ich mein Möglichstes, nicht einzuschlafen, während ich auf Joki wartete. Der Jetlag machte mir zu schaffen und gerade, als mir wiederholt die Augen zufielen, hielt ein Auto vor mir.

»Wusste ich es doch!«, rief Joki aufgeregt und stolperte aus dem Auto.

»Überraschung!« Freudig warf ich die Hände in die Luft.

Er stand nun direkt vor mir und mir fiel auf, dass er irgendwie verändert aussah. In Wallis Grove war er immer aus der Reihe getanzt, doch mit der finnischen Kulisse im Hintergrund fühlte es sich so an, als wäre er endlich angekommen. Wir hatten die Rollen getauscht, denn nun war ich der Besucher in einer fremden Umgebung.

»Du bist da«, hauchte Joki erleichtert und drückte mich an sich. Verdammt, hatte ich diese Umarmungen vermisst. Dabei war die letzte noch gar nicht so lange her. Ich war echt ein hoffnungsloser Fall.

»Ich lasse meinen besten Freund doch nicht im Stich«, zitierte ich ihn.

Joki räumte gentlemanlike mein Gepäck in den Wagen und wir machten uns auf den Weg nach Helsinki.

»Es ist so abgefahren, wieder hier zu sein«, schwärmte er.

»Hat sich in den letzten Jahren viel verändert?«

»Keine Ahnung. Meine Erinnerungen an damals sind so verschwommen. Aber es fühlt sich irgendwie so an wie früher.«

»Als würdest du hierhingehören?«

Joki nickte. Es machte mich traurig, dass er sich in Wallis Grove nie wirklich heimisch gefühlt hatte. Doch mir wäre es wahrscheinlich auch so gegangen.

»Wieso bist du mir überhaupt hinterhergeflogen?«, fragte Joki schließlich.

»Als ich den Umschlag mit dem Geld und der Nachricht gefunden habe, dachte ich, du willst, dass ich nachkomme.«

»Das stimmt auch.«

»Und warum hast du mich nicht einfach gefragt?«

»Hätte ich dich gefragt, hättest du dich gezwungen gefühlt, ja zu sagen. Man will dann niemanden enttäuschen, weißt du?«

»Und das Geld?«

»Du solltest genug für den Flug haben.«

»Es wäre viel einfacher gewesen, mich zu fragen, du Trottel.« Ich grinste ihn an. »Du wirst nicht glauben, mit wessen Geschäftsflieger ich geflogen bin.«

»Donald Trump?«

»Ha, fast! Levinksy.«

Jokis Augen weiteten sich.

»Er kam total reumütig angekrochen. Er tat mir fast leid.«

In den nächsten Minuten schilderte ich ihm meine Begegnung mit Lennys Vater, während wir durch die skandinavische Landschaft fuhren.

»Hauptsache, du bist jetzt hier.«

»Immerhin kann ich auf Finnisch bis zehn zählen, es wäre ein Jammer, wenn das nie zum Einsatz käme«, scherzte ich.

Am Nachmittag kamen wir in Helsinki an und ich merkte deutlich, wie der Jetlag an mir zehrte. Noch nie in meinem Leben war ich so müde und ausgelaugt gewesen.

»Wir sind gleich am Hotel, ich bin auch hundemüde.« Joki gähnte ausgiebig. »Es gibt allerdings nur ein Bett in meinem Zimmer. Oder willst du dir ein eigenes Zimmer nehmen?«

Nein!

»Nein. Außer, du willst das.«

Joki schaute mich belustigt von der Seite an. »Nicht wirklich. Das Bett ist ziemlich groß.«

Als ich aus dem Autofenster blickte, registrierte ich als Erstes, wie ungewohnt die Häuser hier für mich aussahen. Es war fast, als wäre ich in einer anderen Welt gelandet. Mir fiel ein riesiges weißes Gebäude auf, das erhaben inmitten anderer Häuser stand. Es sah beinahe orientalisch aus, denn auf den Turmspitzen saßen grüne Kuppeln, die spitz nach oben zuliefen.

»Was ist das?«, fragte ich Joki und zeigte darauf.

»Der Dom von Helsinki. Schön, oder?«

Verzaubert nickte ich. »Wunderschön.«

Nach einigen Minuten hielt Joki an und starrte staunend nach draußen. »*Keskuspuisto*. In diesem Park war ich oft mit meiner Mutter. Komm!«

Er hüpfte aus dem Wagen und ich folgte ihm. Vor mir erstreckte sich ein grünes Meer aus Bäumen und Wiesen.

Wie ein kleiner Junge stürmte er durch den Park und ich tat mein Bestes, mit ihm Schritt zu halten.

»Renn doch nicht so!«, keuchte ich, als wir zwischen zwei Holzsäulen hindurchpreschten, auf denen jeweils eine Eulenstatue saß, die grimmig zu uns hinabschaute.

»Ich muss nachschauen, ob es noch da ist!«

Wir kamen vor einer Bank zum Stehen, hinter der ein steiler Abhang nach unten ging. Joki schien akribisch nach irgendetwas zu suchen.

Verwirrt beobachtete ich die Szene. »Suchst du einen Schatz? Oder die Pforte nach Narnia?«

»Meine Mutter hatte damals meinen Namen in eine Bank geritzt. Komischerweise war ich mir sicher, dass es diese hier gewesen sein musste, aber hier ist nichts.« Joki setzte sich. »Wie bescheuert, zu glauben, dass es nach all den Jahren noch da ist.«

Seufzend nahm ich neben ihm Platz. Mit den Fingern fuhr ich über das morsche Holz und schloss die Augen. Jede Kerbe glich ich in meinem Kopf mit den Buchstaben seines Namens ab. Ein Grinsen erschien auf meinem Gesicht.

»Mach die Augen zu und gib mir deine Hand«, wies ich ihn an. Belustigt schaute er mich an, seine Hand fand ihren Weg in meine und zündete tausend Feuerwerke in meinem Körper.

Behutsam führte ich seinen Finger über die Stelle. Bei jedem der vier Buchstaben wurde sein Grinsen breiter.

»Krass, es ist noch da!« Joki begutachtete die vermooste Stelle. »Es ist kaum noch zu erkennen, aber man kann es fühlen.«

Wie beflügelt sprang er auf. »Ich kann nicht glauben, dass ich wieder hier bin!«

Er stieg auf die Lehne der Bank und breitete die Arme aus. Plötzlich schien der Boden unter uns ins Wanken zu geraten.

Alles, was ich in diesem Moment bemerkte, war, wie die Vögel ächzend aus den Baumkronen der Birken emporstiegen und wild flatternd Reißaus nahmen. Im ersten Augenblick hatte ich weder Jokis Ausruf noch die Bank, die sich unter mir verselbstständigte, wahrgenommen. Erst als ich den stumpfen Aufprall spürte und den Waldboden schmeckte, wurde mir klar, was gerade passiert war.

Die in die Jahre gekommene Bank hatte sich aus ihrer Verankerung gelöst und purzelte samt Joki und mir die Böschung hinab. Keuchend krallte ich mich an einer Wurzel fest.

»Joki?« Mit aller Kraft versuchte ich meine Augen zu fokussieren, doch alles drehte sich. Wie ich dieses Gefühl hasste.

Als das Karussell in meinem Kopf endlich zum Stehen kam, blickte ich mich um. Gut fünfzehn Meter ging es steil in die Tiefe, am Fuße des Abhangs befand sich ein verwaister Wanderweg. Mein Herzschlag beschleunigte sich, als ich Joki einige Meter unter mir liegen sah. Er rührte sich nicht.

Stolpernd hechtete ich auf ihn zu, Äste zerbrachen unter meinen Füßen.

Mir fiel ein zentnerschwerer Stein vom Herzen, als Joki sich aufsetzte.

»Scheiße, hier bricht man sich ja alle Knochen. Wäre mein Kumpel hier nicht gewesen, wäre ich bis nach ganz unten gerollt.«

Er klopfte auf einen Baumstumpf, der Jokis Fall offensichtlich abgebremst hatte.

»Ich dachte schon, du wärst ohnmächtig«, hauchte ich. Mit beiden Händen zog ich ihn nach oben.

»War ich auch für ein paar Sekunden. Mir brummt ganz schön der Schädel.«

»Bist du mit dem Kopf aufgeschlagen?«

Sorglos winkte er ab. »Halb so wild, Marty. Aber wir sollten jetzt langsam zum Hotel fahren, immerhin haben wir morgen viel vor.«

Das Hotel lag im Zentrum der Hauptstadt. Wir traten in das Gebäude, hinein in eines der Zimmer. Ein riesengroßes Bett war das Herzstück des Raumes und es sah unglaublich einladend aus.

Joki entledigte sich seiner Kleidung und ich konnte nicht anders, als beschämt wegzusehen. So sehr ich auch einen langen, forschenden Blick über seinen Körper schweifen lassen wollte, riss ich mich zusammen. Nachdem Joki in der Dusche verschwunden war, zog ich ein frisches Shirt und eine Schlafanzughose aus meiner Tasche und schlüpfte hinein.

»Sicher werde ich zwanzig Stunden schlafen«, seufzte Joki, als er sich auf das Bett fallen ließ. Blonde Strähnen hingen noch feucht in seiner Stirn und seine Augen waren von der Müdigkeit gerötet, was ihn irgendwie noch heißer machte. Er trug lediglich ein paar blaue Boxershorts und mir wurde ganz flau im Magen.

Mich für meine schmutzigen Gedanken schämend, kroch ich neben ihn unter die Bettdecke. Sein Blick fing meinen ein und das dämmerige Licht im Zimmer ließ seine Augen noch heller leuchten. Sie hatten die Farbe von Seetang, der von der durch das Wasser gebrochenen Sonne angestrahlt wurde.

Mir stockte für einen Moment der Atem und ich rang nach Worten, wollte irgendetwas sagen, um diese unerträgliche Stille zu durchbrechen.

»Wie geht es deinem Kopf?«

»Geht schon. Mein Holzkopf ist robuster, als man glaubt.«

Mir entfuhr ein Lachen, doch sein Ausdruck blieb ernst.

»Manchmal habe ich das Gefühl, dass dir was auf dem Herzen liegt. Doch du kannst es mir nicht sagen«, wisperte Joki. »So als würde ein ganzer Ozean zwischen uns liegen, egal, wie nah wir uns sind.«

Sein Blick ruhte immer noch auf mir und ich war nicht in der Lage, in ihm etwas zu lesen, geschweige denn, zu erkennen, was gerade in seinem Kopf vorging. Ich hingegen war wie immer ein offenes Buch.

»Vielleicht ist das so.«

»Würdest du mich jetzt gerne küssen?«, flüsterte er und im ersten Moment dachte ich, er machte einen Scherz. Doch sein Gesicht war ernst, er verspottete mich nicht.

Wie ich so darüber nachgrübelte, war so etwas nichts Ungewöhnliches für ihn. Für ihn war nichts dabei, seinem besten Freund eine solche Frage zu stellen.

Wie dem auch sei, die Antwort lautete Ja. Sie würde immer Ja lauten. Doch ich blieb still.

Andächtig betrachtete ich Jokis Lippen, auf denen sich Zahnabdrücke abzeichneten.

Mühsam unterdrückte ich den Impuls, ihn zu küssen. Natürlich hatte er mich gefragt, ob ich gerne würde, aber er hatte mit keinem Wort erwähnt, dass ich auch durfte. Ohne weiter darüber nachzudenken, hob ich die Hand und legte zwei Finger auf seine Wange, ließ die Fingerspitzen behutsam über den hellen Flaum gleiten und strich über die winzige Schramme unterhalb seines linken Auges, so als könnte ich sie mit meiner Berührung heilen.

Joki schloss seine Augen. Mittlerweile hatte ich sein Gesicht in beiden Händen. Ich legte meine Stirn an seine, er roch nach Pfefferminz.

Wie eine Droge atmete ich seinen Geruch ein.

»Ich werde dich nicht küssen«, hauchte ich.

Joki schlug die Augen auf und diesmal fiel mir keine kluge Beschreibung seiner Augenfarbe ein. Sie war einfach nur schön.

Er lächelte. »Das musst du auch gar nicht. Vielleicht küsse ich dich ja irgendwann.«

»Vielleicht.«

Wir löschten das Licht, doch trotz meiner Müdigkeit fand ich keinen Schlaf.

»Bist du noch wach?«, fragte ich in die Dunkelheit.

Joki stöhnte kurz.

»Ich nehme das einfach mal als Ja«, sagte ich. »Meinst du, wir finden sie? Also deine Mutter?«

Er drehte sich zu mir. »Wenn sie noch lebt, finden wir sie auch.«

»Damals hätte ich nicht einfach auflegen dürfen, als sie angerufen hat.« Ein Kloß bildete sich in meinem Hals.

Er nahm meine Hand und schmiegte sich an mich, als wäre es das Normalste auf der Welt. »Schlaf jetzt, Marty.«

22

Kopfschmerzen

Als ich aufwachte, lag Joki nicht mehr neben mir. Mit einem Blick auf die Uhr stellte ich fest, dass ich tatsächlich bis zum nächsten Morgen durchgeschlafen hatte. Gähnend setzte ich mich auf und sah ihn auf dem Boden sitzen.

»Was machst du da?«, hakte ich nach.

Joki schaute kurz zu mir. »Anhaltspunkte suchen.«

Vor sich hatte er einen Haufen Dokumente ausgebreitet. In der Mitte lag das Bild, welches ich damals im Haus der Sobieskis gefunden hatte.

»Das ist alles, was ich habe.«

Ich setzte mich ihm gegenüber im Schneidersitz hin und beäugte die Papiere. Darunter war die Anrufverfolgung von zu Hause, die natürlich nichts ergeben hatte, da seine Mutter mit unterdrückter Nummer angerufen hatte. Sofern sie es überhaupt gewesen war. Des Weiteren lag dort die Karte einer kleinen Stadt, auf die ich nun deutete.

»Dort habt ihr damals gewohnt, oder?«

Joki nickte.

»Nachdem mein Vater und ich weggegangen waren, muss sie umgezogen sein. Allein hätte sie das Haus niemals halten können. Aber vielleicht finden wir dort jemanden, der sie noch kennt.«

»Das klingt doch nach einem guten Plan«, meinte ich.

»Wir fahren zuerst zum Einwohnermeldeamt, möglicherweise können die uns Auskunft geben.«

Joki kniff die Augen zusammen und begann sich mit zwei Fingern die Schläfe zu massieren.

»Alles in Ordnung?«

»Ja, ich habe nur diese Kopfschmerzen. Ich habe auch so gut wie gar nicht geschlafen.«

Besorgnis machte sich in mir breit.

»Vielleicht hast du von dem Sturz gestern eine Gehirnerschütterung oder so was. Wir sollten zum Arzt gehen und das checken lassen.«

»Marty, ich habe doch jetzt ganz andere Probleme, oder nicht?«, fuhr er mich an. Ich schluckte und nickte daraufhin.

»Tut mir leid«, sagte er schließlich.

Die Situation musste im Moment sehr schwierig für ihn sein. In Wallis Grove schien die Suche nach seiner Mutter noch so weit weg zu sein. Vielleicht erschien ihm diese Mission damals viel einfacher als jetzt, wo er mittendrin steckte und sich die ganzen Hinweise auf ihren Verbleib als nicht ganz so stichhaltig erwiesen wie erhofft.

»Wir finden sie«, sagte ich bestimmt und ich glaubte wirklich daran. Es fühlte sich einfach so an, als würde es nichts geben, das wir beide nicht gemeinsam erreichen konnten.

Seitdem Joki so ungehalten reagiert hatte, kam er mir wie ausgewechselt vor. Nacheinander sprangen wir unter die Dusche und schlüpften in frische Klamotten. Er redete die ganze Zeit kaum ein Wort. Es war nicht diese angenehme Stille oder das Verstehen ohne Worte, die Stimmung zwischen uns war eisig und ich wusste nicht einmal, warum.

»Können wir endlich los?«, wollte er gereizt wissen und ich verstand die Welt nicht mehr. Bis vorhin war doch noch alles in Ordnung gewesen, oder?

Als ich ihn gerade fragen wollte, was sein verdammtes Problem war, stöhnte er auf, taumelte zurück und stürzte schwerfällig zu Boden.

»Joki!« Schockiert fiel ich neben ihm auf die Knie und versuchte ihm aufzuhelfen, doch es ging nicht. Er hielt sich gequält den Kopf und Tränen liefen an seinen Wangen hinunter.

»Es tut so weh«, heulte er. »Mein Kopf!«

Hektisch zog ich mein Handy aus der Tasche.

»Halt durch, ich rufe einen Krankenwagen. Wie ist die Nummer?«

»112«, ächzte er und übergab sich auf den Teppichboden.

»Oh Gott.«

Mein ganzer Körper bebte, als ich die Nummer wählte. Ein Mann hob ab und warf mir ein finnisches Wort entgegen, woraufhin ich versuchte ihm auf Englisch klarzumachen, was passiert war. Zum Glück verstand er, was ich sagte. Panisch gab ich ihm die Adresse des Hotels durch und legte auf.

Joki lag hechelnd und würgend da und ich hatte keine Ahnung, was ich tun sollte, also zog ich ihn zu mir heran. Er legte seinen Kopf in meinen Schoß und weinte.

»Was passiert mit mir?«

»Ich weiß es nicht.«

»Lass mich nicht allein, bitte«, wimmerte er.

Dann fielen seine Augen zu.

Sechs Minuten und fünfunddreißig Sekunden war Joki bewusstlos, als endlich die Rettungssanitäter eintrafen. Sein lebloser Körper lag in meinen Armen und ich überprüfte alle zehn Sekunden, ob er noch atmete. Während ich den Sanitätern schilderte, was passiert war, verlor ich immer mehr die Fassung. Ich wusste, dass ich kurz vor einer Panikattacke stand, als man Joki auf eine Trage hievte und aus dem Zimmer rollte.

Die gesamte Fahrt über kauerte ich in einer Ecke des Krankenwagens, während drei Sanitäter Joki untersuchten.

Nach endlosen Minuten kamen wir endlich am Krankenhaus an.

»Er darf nicht sterben«, murmelte ich, als ich sah, wie Joki weggeschoben wurde. Was war nur passiert? Es ging alles viel zu schnell.

Einer Schwester erzählte ich von Jokis Sturz, doch mehr konnte ich nicht tun.

Eine halbe Stunde verging. Ein Mann mit weißem Kittel und ebenso weißem Bart eilte auf mich zu und sprach in Finnisch auf mich ein.

»Tut mir leid, ich spreche kein Finnisch«, sagte ich und schüttelte unmerklich mit dem Kopf.

»Wir haben eine Computer-Tomografie durchgeführt. Ihr Freund hat eine Gehirnblutung, die wir sofort stoppen müssen, er ist im OP. Litt er in den letzten Stunden unter Kopfschmerzen, Übelkeit mit Erbrechen oder Wesensveränderungen?«, fragte mich der Arzt nun auf Englisch.

Darüber musste ich kurz nachdenken. »Ja, das alles. Was passiert jetzt?«

Der Arzt nickte. »Wir müssen die Schädeldecke öffnen, da der Druck in seinem Kopf immer größer wird und sein Gehirn somit immer mehr Schaden davonträgt.«

»Wird er sterben?« Ich machte mich auf das Schlimmste gefasst.

»Dass kann ich leider noch nicht sagen, aber er ist hier in guten Händen.«

Sollte es einen Gott geben, musste er wohl das größte Arschloch sein, das es gab. Erst Ashlee, dann Kallie und nun Joki. Ich hatte es satt, um meine Freunde bangend ständig in irgendwelchen Krankenhäusern zu sitzen. Am liebsten hätte ich geschrien und geweint, doch ich blieb völlig regungslos. Ich gab auf. Es gab keinen Grund mehr weiterzukämpfen, denn jedes Mal, wenn ich wieder aufstand, stieß mich das Leben noch härter zu Boden.

Der Stuhl im Wartebereich war unbequem, doch ich harrte weiter aus. Die Stunden vergingen überraschenderweise wie im Flug. Sollte ich meine Eltern oder Kallie anrufen? Ich konnte mich nicht dazu durchringen.

Endlich kam der Arzt zurück, mit dem ich zuvor gesprochen hatte. Schweißperlen schimmerten auf seiner Stirn. Ich wollte aufspringen, doch meine Beine machten nicht mit, also blieb ich sitzen und schaute ihn ängstlich an.

»Wir konnten den Innendruck des Kopfes verringern und die Blutung stoppen. Mr. Sobieski ist weiterhin bewusstlos, das ist aber normal bei Krankheitsbildern dieser Art. Jetzt müssen wir abwarten.«

Benommen nickte ich.

»Wie hoch stehen die Chancen, dass er es schafft? Wird er irgendwelche Schäden davontragen?«

»Das ist schwer zu sagen. Es handelte sich bei Mr. Sobieski um eine sogenannte Epiduralblutung, bei der sich das Blut zwischen dem Schädelknochen und der äußersten Hirnhaut ansammelt. Es ist möglich, dass alles gut läuft, es kann aber auch sein, dass der Druck schon zu stark war. Wir haben ihn auf die Intensivstation verlegt.«

»Darf ich kurz zu ihm?«

Der Arzt schenkte mir ein gequältes Lächeln und wollte gerade etwas sagen, doch ich unterbrach ihn. Aus Erfahrung wusste ich, dass er davon anfangen wollte, dass nur Familienmitglieder zu ihm dürften.

»Er hat keine Familie hier. Nur mich. Bitte lassen sie mich zu ihm«, flehte ich.

»Na gut.« Er nickte und führte mich zur Intensivstation.

Das konstante Piepen der Geräte fühlte sich in meinen Ohren wie Nadelstiche an. Joki war mit unzähligen Schläuchen versehen. Er sah so hilflos aus.

»Leider habe ich nur fünf Minuten«, sagte ich und griff nach seiner Hand. Sie war ganz kalt. Vor Schreck hätte ich sie beinahe wieder losgelassen. Joki hatte nie kalte Hände. Sie waren immer warm. Unsicher räusperte ich mich.

»Keine Ahnung, ob du mich hören kannst«, begann ich. »Jedenfalls sage dir jetzt nicht, dass du mir ein Zeichen geben sollst, wenn du mich hörst. Du weißt ja, dass ich nicht so auf Klischees stehe.«

Einige Sekunden lang blieb ich still und wusste nicht, ob es Sinn machte, diese einseitige Unterhaltung weiterzuführen.

»Du musst wieder gesund werden.«

Nun strich ich leicht durch sein Haar, darauf bedacht, nicht den Verband zu berühren, der um seinen Kopf gewickelt war. »Ich bin nämlich nicht stark. Nicht ohne dich.«

Jokis Miene blieb unverändert. Er sah aus, als würde er friedlich schlafen.

»Es ist vielleicht feige, es zu sagen, wenn du es wahrscheinlich gar nicht hörst, aber …«

Meine Stimme brach und ich begann fürchterlich zu weinen. Es war das erste Mal in meinem Leben, dass ich wahrhaftig weinte. Weil ich hoffnungslos war. Weil ich tierische Angst hatte. Weil ich allein war.

»Ich liebe dich«, presste ich hervor.

Joki

Endlich war ich zu Hause. Dort, wo ich hingehörte. Niemals wollte ich wieder hier weg. Das Wasser glitzerte im Sonnenlicht und die Vögel zwitscherten, als sie durch die klare Luft segelten.

Schritt für Schritt trat ich näher an den Fluss heran, an dem ich so oft mit meiner Mutter gewesen war, und ließ meine Hände in das kühle Nass sinken. Ein erfrischendes Gefühl breitete sich in meinem Körper aus und ich stöhnte auf.

Olivia war hinter mir, doch als ich mich umdrehte, war dort niemand mehr. Irgendwie hatte ich sie geliebt. Wahrscheinlich nicht so, wie sie mich geliebt hatte, intensiver und bedingungsloser. Doch ich konnte es nicht, so sehr ich es auch versucht hatte.

Marty sollte das hier sehen, das alles mit mir zusammen erleben. Natürlich würde ich ihm Fotos schicken, doch das war nicht dasselbe. Er fehlte mir mit Abstand am meisten. Ich vermisste es, wie er immer seine Augenbrauen hochzog, wenn ich ihm irgendeine absurde Geschichte auftischen wollte. Seine gnadenlose Unsicherheit und die Art, wie er mich ansah, als wäre ich etwas Besonderes.

»Wach auf!«

Die Stimme ließ mich zusammenfahren. Vögel stiegen krächzend aus den Bäumen empor und zogen von dannen. Überrascht fuhr ich herum und sah Martin vor mir. Seine Augen waren gerötet. Er hatte geweint.

»Was tust du denn hier?«, fragte ich völlig perplex.

»Joki, du musst aufwachen.«

Verwirrt schüttelte ich mit dem Kopf. »Wovon redest du?«

Martin kam auf mich zu. »Du hast mich noch nicht geküsst«, sagte er ruhig. »Und jetzt bist du weg.«

Verwirrt schaute ich mich um und bemerkte, dass ich gar nicht wusste, wie ich überhaupt hier gelandet war. Ich kramte in meinem Gedächtnis nach der letzten Erinnerung, doch ich fand nichts als Leere. Schwärze.

»Es geht nicht«, meinte ich. »Ich kann nicht aufwachen.«

»Du musst.« Martins Abbild wurde immer durchsichtiger und nach wenigen Sekunden war er verschwunden.

Ich wollte seinen Arm fassen, doch mein Griff ging in Leere. »Warte! Marty, ich will hier raus! Bitte!«, brüllte ich, doch es war zwecklos.

Martin

Da ich im Krankenhaus nichts mehr ausrichten konnte, nahm ich mir ein Taxi und fuhr zurück zum Hotel. Nun war ich allein in einem fremden Land, Joki lag im Krankenhaus und ich hatte nicht die geringste Ahnung, was ich tun sollte.

Nachdem ich das Erbrochene aufgewischt und eine Stunde lang geweint hatte, beschloss ich, endlich ein Mann zu sein. Irgendwo in dieser weinerlichen, schlaksigen Schale musste doch einer stecken, oder? Tatenlos herumzusitzen half Joki nicht, also musste ich das tun, wozu er im Moment nicht imstande war: seine Mutter finden.

Der Tag war noch jung, also schnappte ich mir die Unterlagen, die Joki zusammengetragen hatte, und lief auf die Straße, um ein Taxi abzufangen. Es dauerte ungefähr zwei Minuten, bis das erste gelbe Fahrzeug meinen Weg kreuzte und anhielt.

»Minne?«, kam es von einer hellen Stimme, als ich in das Auto stieg.

Die Frau am Lenkrad hatte langes, blondes Haar, durch das sich braune Strähnen zogen.

»Tut mir leid, ich spreche kein Finnisch«, sagte ich vermutlich zum zehnten Mal an diesem Tag.

»Wohin soll es gehen, Darling?«

Die Frau zwinkerte mir zu und machte rasch ihre Zigarette aus. Ich schätzte sie auf Ende dreißig.

»Zum Einwohnermeldeamt.«

»Alles klar«, sagte sie und drückte auf das Gas. Sie erfüllte wirklich jedes Klischee ihres Berufes und fuhr, als wäre jemand hinter uns her.

Als ich bezahlen wollte, fiel mir ein, dass ich noch gar kein Geld gewechselt hatte.

»Könnten Sie hier warten?«, fragte ich.

Die Frau zog eine Augenbraue hoch.

»Klar, die Uhr läuft auch ohne dich weiter.«

»Ich kann zahlen, ich habe nur keine Euro, sondern Dollar«, seufzte ich, als ich aus dem Wagen stieg.

Das Amt unterschied sich nicht sonderlich von denen zu Hause. Es war hier genauso stickig und grau wie vermutlich überall auf der Welt. Ich fischte Jokis Geburtsurkunde aus meiner Tasche, da auf ihr der Name und die letzte Anschrift seiner Mutter stand.

»Entschuldigung?«

Eine ältere Dame schaute von einem Buch auf, das sie gerade las. Anscheinend gab es hier nicht viel zu tun.

»Guten Tag, ich suche jemanden und hoffe, dass sie mir helfen können.«

»Ich kann es versuchen.«

Die Frau lächelte mich an. Sie war mir sofort sympathisch und in mir keimte die Hoffnung auf, hier nicht mit leeren Händen zu verschwinden. Nervös legte ich die Urkunde auf den Tresen.

»Vella Heikkinen. Sie hat vor elf Jahren noch in – warten Sie kurz …«, ich kramte in meiner Tasche nach der Karte des Stadtteils, um den Namen abzulesen, »… ähm, Katajanokka gelebt.«

Die Beamtin nickte und beäugte die Geburtsurkunde.

»Sind Sie ihr Sohn? Joki?«

Sein Name versetzte mir einen Stich.

»Nein, ich helfe ihm nur, seine Mutter zu finden.«

»Das ist sehr nobel von Ihnen.«

Sie tippte etwas im Computer ein und schüttelte kurz mit dem Kopf.

»Tut mir leid, Frau Vella Heikkinen ist seit 2006 nicht mehr im Verzeichnis. Sie ist im Moment nirgendwo gemeldet.«

Meine Hoffnung verpuffte mit einem Schlag.

»Aber sie muss doch irgendwo leben? Oder ist sie tot?«

Die Dame zuckte mit den Schultern.

»Wenn sie verstorben wäre, wäre das normalerweise hier vermerkt. Vielleicht ist sie ausgewandert? Mehr kann ich leider nicht für Sie tun.«

»Danke trotzdem.« Enttäuscht packte ich die Sachen wieder ein.

Zurück im Taxi ließ ich mich in den Sitz fallen und versuchte mit aller Kraft gegen die Tränen anzukämpfen.

»Harter Tag?« Die Fahrerin bot mir eine Zigarette an.

»Danke, ich rauche nicht. Und ja, kann man so sagen.«

»Im Knast habe ich damit angefangen, dort vergisst man früher oder später seine guten Vorsätze.«

»Sie waren im Gefängnis?«

»Das Leben ist ein einziges Gefängnis, Darling. Wohin jetzt?«

»Zur Bank und danach nach Katajanokka. Wenn Sie wissen, wo das ist.«

Sie schaute mich lange an.

»Und ob ich weiß, wo das ist.«

»Mein Name ist übrigens Anna«, stellte sich die Fahrerin vor.

»Martin«, gab ich zurück.

»Was führt Martin aus Amerika nach Helsinki, wenn ich fragen darf? Die Liebe?«

Diese Frage brachte mich zum Lachen.

»Ich bin auf der Suche nach jemandem. Beziehungsweise helfe ich meinem besten Freund, jemanden zu finden.«

»Dann wünsche ich dir viel Glück. Menschen gehen nicht einfach verloren.«

Anna lenkte mich von meinen düsteren Gedanken ab. Sie erzählte mir auf dem Weg nach Katajanokka eine Anekdote nach der anderen und ich erfuhr unter anderem, dass sie tatsächlich eine Weile im Gefängnis gesessen hatte. Ich stellte sie mir als Charakter aus *Orange Is The New Black* vor, was irgendwie blöd war, aber auch lustig. Außerdem hatte sie das lauteste Lachen, das ich je gehört hatte.

»Wie alt bist du, Darling?«, hakte sie irgendwann nach.

»Achtzehn.«

»Schönes Alter.«

Meine Gedanken schweiften wieder zu Joki und hatte plötzlich Angst, dass er seinen achtzehnten Geburtstag nicht mehr erleben würde.

»Hast du Kinder?«, fragte ich nach einer Weile.

»Nein«, seufzte sie. »Aber wer weiß, was noch kommt. Schließlich bin ich noch jung und knackig.« Sie johlte und ich stimmte mit ein.

23

Anna

Joki lag bereits seit fünf Stunden auf der Intensivstation. In der Hoffnung, das Krankenhaus hätte sich gemeldet, um mir mitzuteilen, dass er aufgewacht war, starrte ich zum hundertsten Mal auf mein Handy. Doch es kam nichts. Die Sonne war schon untergegangen, als wir in dem Vorort von Helsinki ankamen, in dem Jokis Mutter vor Jahren mit ihm und seinem Vater gelebt hatte.

In dem Ort angekommen verglich ich die Straßennamen auf den Schildern mit denen auf meiner Karte. »Sie können mich hier rauslassen«, meinte ich zu Anna, als ich mir fast sicher war, in der Nähe des Hauses zu sein.

»Gut, Darling. Gleich beginnt mein Feierabend, also musst du dir für den Rückweg ein anderes Taxi rufen.«

»Kein Problem.«

Auf der Preisanzeige des Taxis blinkte *EUR 148,20* auf. Beim Aussteigen drückte ich Anna zwei grüne Scheine in die Hand.

»So viel Trinkgeld? Danke! Viel Glück noch!«, rief sie mir hinterher und fuhr davon.

Mein Handy begann zu vibrieren und schon bevor mir ihr Gesicht auf dem Display entgegenstrahlte, ahnte ich, dass es Kallie war.

»Hey.«

»*Hey*?!«, rief sie empört. »Das ist alles? *Hey*?«

»Tut mir leid, ich hätte anrufen sollen.«

»Ja, das hättest du! Und Joki geht auch nicht an sein verdammtes Handy. Scheiße, ich hätte wenigstens erwartet, dass man mir Bescheid sagt, wenn du einfach nach Finnland fliegst.«

Ich biss mir auf die Lippe und atmete die angenehm kühle Abendluft tief ein. »Joki liegt im Krankenhaus.«

»Marty, das ist jetzt wirklich nicht der richtige Zeitpunkt, um … Marty? Weinst du?«

»Kallie, ich muss seine Mutter finden. Was, wenn er stirbt?«

Meine Stimme zitterte beinahe so stark wie meine Knie.

»Er muss sie wenigstens noch mal sehen.«

Auch Kallie weinte nun. »Was ist denn passiert? Fuck!«

Ich erzählte meiner besten Freundin von der Gehirnblutung, der Operation und davon, dass ich gerade mutterseelenallein in Katajanokka herumlief, um das alte Haus zu finden, in dem Joki damals mit seinen Eltern gelebt hatte.

»Marty, alles wird gut. Ganz sicher.«

»Mir ist klar, dass du das wirklich glaubst, aber ich habe im Moment so meine Zweifel.«

Ratlos schaute ich mich um. Es war keine Menschenseele auf der Straße und mir wurde langsam unbehaglich.

»Kann ich dich in der Leitung lassen?«

»Klar. Den Griechenland-Urlauben meiner Eltern sei Dank habe ich eine Flatrate fürs Ausland.«

Mein nicht vorhandener Orientierungssinn wurde mir einmal mehr zum Verhängnis. Wie ein aufgescheuchtes Huhn graste ich Straße für Straße ab, doch keine trug den Namen, den Joki notiert hatte.

»Ich kann diese verdammte Straße einfach nicht finden«, fluchte ich und spielte mit dem Gedanken, einfach wieder ins Hotel zu fahren.

»Lintuvuori«, kam es plötzlich von Kallie.

»Gesundheit.«

»Lintuvuori! So heißt die Straße jetzt. Sie wurde vor drei Jahren umbenannt. Hab ich gerade gegoogelt.«

»Kallie, ich liebe dich.«

Mein Augenmerk fiel auf das nächste Straßenschild. *Lintuvuori*.

»Ich bin da!«

Das Haus mit der Nummer 11 sah aus, als hätte dort seit Ewigkeiten niemand mehr gelebt.

»Sieht irgendwie leer stehend aus. Es brennt auch kein Licht.«

»Klopf einfach mal an. Wenn niemand aufmacht, versuche es bei den Nachbarn, vielleicht weiß von denen jemand etwas.«

»Okay, ich ruf dich später noch mal an.«

»Gut. Pass auf dich auf.«

Zaghaft und mit pochendem Herzen klopfte ich gegen die Holztür. Die weiße Farbe war schon fast gänzlich abgesplittert und die Fenster waren zu schmutzig und verstaubt, um hindurchblicken zu können.

Als mir auch nach dem vierten Versuch niemand öffnete, wollte ich mich umdrehen und gehen, doch ein klapperndes Geräusch ließ mich zusammenfahren. Es kam aus dem Inneren des Hauses.

»Hallo?«

Todesmutig drehte ich den Knauf, die Tür ließ sich tatsächlich öffnen. Der Korridor, der sich mir dahinter offenbarte, war leer bis auf ein paar Laubblätter, die durch ein gekipptes Fenster hineingeflogen waren.

»Ist hier jemand?«, rief ich und meine Stimme hallte von den Wänden. Unsicher setzte ich einen Fuß in das Gebäude. Und noch einen. Dies war vor vielen Jahren Jokis Zuhause gewesen. Hier hatte er als Kind mit seinen Freunden gespielt. Nun sah es aus wie eine Kulisse aus *American Horror Story*.

Zu meiner Überraschung funktioniert das Licht, also ging ich von einem Raum zum nächsten und schaute mich um.

Das Haus schien wirklich verlassen zu sein und ich konnte nicht fassen, dass es in den letzten elf Jahren niemand gekauft hatte.

Als ich beim hintersten Zimmer des Korridors ankam, erschrak ich beinahe zu Tode, als eine Katze aus der Tür geflitzt kam.

»Mistvieh!«

Ich brauchte einige Sekunden, um mich zu erholen, doch der nächste Schock ließ nicht lange auf sich warten: Das Zimmer war nicht leer wie die anderen. In der Mitte des Raumes lag eine Matratze. Ein Campingkocher und eine schmutzige Kaffeemaschine standen in einer Ecke und ein winziges Fernsehgerät in der anderen. Sofort kam mir der Gedanke an einen Obdachlosen, der sich in diesem Haus eingenistet hatte, in den Sinn.

Plötzlich erhob sich eine Stimme hinter mir.

»Was suchst du hier?«

Erschrocken fuhr ich herum und blickte in ein Paar eisblaue Augen.

»Anna?«, flüsterte ich verdutzt.

Die blonde Frau kam bedrohlich auf mich zu und in ihren Augen blitzte es gefährlich auf. Die Farbe war eine andere, doch ich kannte das Funkeln. Ich studierte ihr Gesicht, erkannte auch die Lippen und die Nase, die winzigen Sommersprossen. Auf einmal machte alles Sinn.

»Du bist Vella. Vella Heikkinen.«

ich in sein Zimmer kam. Sein Gesicht hellte sich auf, als er mich sah, und er bedeutete mir, mich aufs Bett zu setzen.

»Danke, Marty. Dafür, dass du meine Mutter gefunden hast.«

»Es war eigentlich nur ein riesengroßer Zufall«, begann ich und erzählte von Anna, der Taxifahrerin, und dem verlassenen Haus. Nur die Geschichte rund um Vella und ihren Vater ließ ich aus, denn das war etwas, was sie ihrem Sohn selbst offenbaren musste.

Drei weitere Tage waren vergangen, die Nächte im Hotel waren einsam und schlaflos. Trotz der warmen Sommerluft trug ich Jokis Pullover, der genau genommen ja nun meiner war.

Mitten in der Nacht klopfte es an der Tür des Hotelzimmers und ich schreckte auf. Natürlich vermutete ich um drei Uhr morgens sofort einen Serienmörder, also zog ich mir ängstlich die Decke über den Kopf. Abermals klopfte es.

»Psst! Marty!«

Das durfte nicht wahr sein. Ich huschte zur Tür und als ich diese öffnete, stand Joki vor mir. Seine Haare waren abrasiert und ich musste zweimal hinsehen, um ihn zu erkennen. Er musterte mich.

»Der Pullover steht dir besser als mir.«

»Was zur Hölle, Joki?«

Er lächelte mich unschuldig an.

»Gefällt dir meine neue Frisur? Wer hätte gedacht, dass ich solch einen Eierkopf habe?«

»Du bist doch von allen guten Geistern verlassen! Du wurdest doch sicher noch nicht entlassen.«

»Es geht mir gut«, beteuerte er sorglos und tänzelte demonstrativ vor mir herum.

»Mir aber nicht! Wenn dir etwas passiert … Joki, ich schaffe das nicht noch mal«, wisperte ich.

Er schaute mich traurig an. »Es tut mir leid. Ich wollte nur … Ich wollte nur zu dir.«

»Warum?«, wollte ich wissen.

»Keine Ahnung. Vermutlich hatte ich es einfach satt, allein zu sein. Und ich wollte auch nicht, dass du länger allein bist.«

Joki setzte sich auf das Bett und ich nahm neben ihm Platz. Die neue Frisur ließ ihn älter aussehen, seine Wangenknochen schienen ausgeprägter zu sein und seine Augen kamen mir größer vor. Unglaublich, was so ein paar abrasierte Haare ausmachen konnten. Jedoch strahlten die Lachfältchen um seine Augen und die winzigen Sommersprossen auf seiner Nase noch immer seine gewohnte Wärme aus.

Sein Blick ruhte auf mir und er sah so aus, als würde ihm etwas auf der Seele brennen. Verlegen knetete ich meine Finger, bis er nach meiner Hand griff und sie zu seinem Kopf führte.

»Fühl mal. Komisch, was?«, meinte er, als ich über die hellen Stoppeln fuhr, wo sich zuvor noch sein blondes, dichtes Haar befunden hatte.

»Joki …«, begann ich stotternd und wich langsam zurück. Er machte mich wahnsinnig und ich brachte keinen klaren Gedanken zustande. Das Verlangen, ihn zu küssen, wuchs ins Unermessliche.

»… es ist alles so kompliziert.«

»Ich habe gehört, was du im Krankenhaus gesagt hast. Dass du mich liebst.«

Mein Herz blieb für einen Moment stehen.

»In extremen Situationen tut oder sagt man extreme Dinge«, brabbelte ich, doch ich konnte Joki nicht eine Sekunde lang davon überzeugen, dass meine Liebeserklärung von seinem schlechten Zustand ausgelöst wurde.

»Seit wann?«, flüsterte er und sein Atem war warm auf meiner Wange. Er musterte mich neugierig, doch diesmal hielt ich seinem Blick stand.

»Schon immer, schätze ich.«

Joki seufzte. »Ich bin ein richtiger Idiot. Ein Vollidiot.«

Draußen hörte ich einen Hund bellen und ich starrte aus dem Fenster in die Nacht. Von den Lichtern der Stadt fühlte ich mich wie hypnotisiert. Der Mond stand hoch und prachtvoll am Himmel und warf sein zartes Licht auf uns herab. Wie damals in Westbrooke, als er das Klavier angestrahlt hatte, auf dem ich für Joki gespielt hatte.

»Warum hast du nicht früher was gesagt?«

Sein Blick war ebenfalls gen Himmel gerichtet.

»Du bist mein bester Freund. Es hätte alles verändert. So, wie es jetzt alles verändern wird.«

Joki schüttelte bestimmt mit dem Kopf.

»Daran wird sich nie etwas ändern.«

Er griff nach meiner Hand und mein gesamter Körper begann zu kribbeln. Es war wie das Gefühl, wenn einem die Füße einschlafen. Nur angenehmer. Wärmer.

»Manchmal habe ich das Gefühl, dass ich alle Menschen verletze, die mir wichtig sind. Du bist die letzte Person, der ich wehtun möchte.«

Sanft legte er seine Hand auf meine Brust.

»Ich liebe dich. Wenn das wehtut, nehme ich den Schmerz gern in Kauf.«

Diesen Satz auszusprechen, über den etliche Kriege geführt, haufenweise Bücher geschrieben und Tausende Lieder komponiert wurden, war befreiend und beängstigend zugleich.

So wie er mich angrinste, kam es mir vor, als würde der ganze Raum leuchten.

»Als du am Strand eingeschlafen bist, hast du meinen Namen gerufen. Damals hatte ich mir noch nichts dabei gedacht, doch so langsam macht es alles Sinn.«

Mir fehlten die Worte, ich konnte darauf nichts erwidern. Das musste ich auch gar nicht.

»Diesmal ist es kein Traum, Marty.«

Er legte seine Stirn an meine und ich starrte ihn einfach nur an. Dann hob ich eine Hand und zählte die Finger. Fünf.

»Du hast recht.«

»Dann kannst du mich ja jetzt küssen.« Er lächelte zaghaft.

»Nein«, wisperte ich.

»Wieso nicht?« Enttäuschung schwang in seiner Stimme mit.

»Weil du an der Reihe bist«, antwortete ich.

Joki strich mir über die Wange und schaute mir lange in die Augen. Als sich unsere Lippen endlich trafen, verschwand jeder negative Gedanke aus meinem Kopf und wurde durch Glücksgefühle ersetzt. Diesmal war es kein peinlicher Kuss in einem Vorratsschrank und auch kein geträumter Kuss am Strand. Dieses Mal war er echt. Er wollte es genauso wie ich und nichts, was ich je in meinem Leben empfunden hatte, kam diesem Gefühl nur annähernd nahe.

»Du musst dich schonen«, brachte ich zwischen den Küssen hervor, doch eigentlich war ich derjenige, der sich sammeln musste.

Er löste sich von mir und ein Lächeln huschte über seine Lippen. Diese perfekten Lippen.

»Okay«, sagte er und zuckte mit den Schultern. »Aber es geht mir gut.«

Er entledigte sich seiner Klamotten und stemmte die Hände in die Hüften.

»Ich hasse dich«, sagte ich zu meinem halb nackten Gegenüber.

»Du liebst mich.«

Er zog mich zu sich heran, bis unsere Nasenspitzen aneinanderstießen.

»Und ich liebe dich auch, Martin Bledsoe.«

Dann küsste er mich erneut und ich vergaß all die schlimmen Dinge, die mir in den letzten Jahren widerfahren waren. Joki löschte sie mit einem Kuss aus.

»Es ist mein Ernst. Du solltest dich ausruhen. Immerhin hattest du ein Loch im Kopf«, hauchte ich atemlos.

Er musterte mich kurz und nickte schließlich mit einem Lächeln. Joki gab mir etwas, ein Gefühl, das mich süchtig machte. Wie eine Droge, ohne die ich nicht überleben konnte.

»Du hast recht. Lieber kein Risiko eingehen.« Joki lenkte ein und setzte sich auf das Bett.

Sprachlos schaute ich im Raum umher, als sein Blick meinen einfing. Dieser Moment, die Küsse und das, was er gesagt hatte, war alles so überwältigend für mich und offenbar wussten wir beide gerade nicht, was wir sagen sollten. Meine Wangen wurden plötzlich heiß und ich begann zu kichern. Selbst wenn ich es gewollt hätte, wäre ich nicht dazu in der Lage gewesen, aufzuhören.

Joki zog eine Augenbraue hoch, doch seine Lippen waren zu einem amüsierten Grinsen geformt.

»Lachst du mich aus?«

Ich schüttelte mit dem Kopf, was mich dann aber noch mehr zum Lachen brachte. »Du liebst mich«, verkündete ich schließlich. Ich musste es noch mal hören, aus seinem Mund. Nur, um es wirklich glauben zu können.

»Ja, das tue ich.« Er stand auf. »Komm mit.«

Joki schlüpfte in seine Jeans und warf sich eine Jacke über, nahm meine Hand und zog mich hinter sich her.

»Was hast du vor?«

»Wir schauen uns die Stadt an.«

Also liefen wir das Treppenhaus des Hotels bis ganz nach oben. Um diese Uhrzeit war niemand mehr hier und es war irgendwie aufregend, auf das Dach zu steigen. Staunend ließ ich den Ausblick auf mich wirken, als sich Helsinki vor meinen Augen ausbreitete. Die Stadt kam mir nachts noch lebendiger vor als am Tag und die blinkenden Lichter schienen um uns herum zu tanzen.

»Nicht ganz wie unser Leuchtturm, was?«

Jokis Gesicht kam meinem ganz nah, doch statt mich zu küssen, flüsterte er mir etwas ins Ohr.

»Übrigens habe ich gemerkt, dass du mich im Ferienhaus unter der Dusche beobachtet hast.«

Für einen Moment wollte ich mich in die Tiefe stürzen, doch dann prustete Joki los und auch ich konnte nicht anders, als einzustimmen.

»Schwachsinn, ich hab dich nicht beobachtet!«

»Spanner!«, grölte er.

An seinem Ärmel zog ich ihn zu mir heran.

»Und jetzt?«

Joki presste die Lippen aufeinander und schaute mir in die Augen. Zärtlich strich ich mit einer Hand über seine Wange.

»Manchmal spielt ein London Grammar-Song in meinem Kopf und er ist so schön, dass ich weinen möchte. Und dann muss ich an dich denken und daran, dass alles gut ist, wenn du bei mir bist.«

Joki schluckte und drückte mich an sich.

»Ab jetzt bin ich immer bei dir. Versprochen.«

Epilog

Es war der heißeste Sommer, den Wallis Grove je gesehen hatte. Nie hatte ich gedacht, dass sich an der Küste solche Temperaturen erreichen ließen, doch die Natur belehrte mich eines Besseren.

Bei diesem Wetter war mein Rückzugsort der Strand voller Menschen. Barfuß lief ich durch den heißen Sand und dachte darüber nach, wohin das Leben mich nun führen würde. Ob in L.A. der richtige Platz für mich war. Eines wusste ich: Das vergangene Jahr lag hinter mir und ich musste neu anfangen. Ohne Lenny, Humpty und Dumpty. Und auch ohne Kallie und Jasper. Ohne Joki.

Am Mittag saß ich mit meinen Eltern am Esstisch und Dad erzählte mal wieder eine Geschichte aus seinem Scherzartikelgeschäft. Mom nickte, so als hätte er sie nicht schon zum zehnten Mal dargeboten. Es war alles so wie früher. Bevor Joki in unser Leben getreten war. Wie hatte ich es nur geschafft, siebzehn Jahre ohne ihn zu überleben? Halbwegs glücklich und zufrieden zu sein, ohne jeden Tag sein strahlendes Gesicht zu sehen oder seine warme Stimme zu hören? Im Moment war es schier unerträglich.

Nachdem wir uns geküsst hatten, waren wir nicht zusammen, wie man es vielleicht vermuten würde. Ehrlich gesagt wusste ich nicht, was wir waren.

Ich hatte beschlossen, ihm Zeit zu geben, seine Mutter neu kennenzulernen, also reiste ich noch am nächsten Tag zurück nach Wallis Grove, um zur Geburt von Kallies Tochter wieder zu Hause zu sein.

Ein Monat war seither vergangen und die Situation, Joki nicht nahe sein zu können, brachte mich fast um. Kallie und Jasper taten ihr Bestes, um mich abzulenken, scheiterten jedoch meistens kläglich.

Mittlerweile war Anfang Juli und ich hatte Jokis achtzehnten Geburtstag verpasst.

Obwohl ich ihn schrecklich vermisste, musste ich auch nach vorn schauen. In einigen Wochen würde das College starten und wenn Kallie sechs Jahre auf ihre große Liebe hatte warten können, schaffte ich das auch. Irgendwie.

Marta Louisa Kazokis war kurz nach meiner Rückkehr auf die Welt gekommen. Über Kallies Schreie während der Geburt würde man wohl noch in fünfzig Jahren sprechen. Jasper taumelte bleich aus dem Kreißsaal, auf seiner Hand zeichneten sich noch die Fingerspuren seiner Freundin ab.

»Noch eine Minute länger und sie hätte mir den Arm abgerissen«, jammerte er und zog mich mit ins Zimmer. Dieses zuckersüße Kind in Kallies Armen war mein Patenkind, ich konnte es im ersten Moment gar nicht fassen. Kurz darauf fuhr Jasper nach Hause, um ihr frische Kleidung zu besorgen, und ich genoss die unbeschwerten Augenblicke mit meiner besten Freundin und dem Baby.

»Hey, Marta. Ich bin Marty«, plapperte ich und Marta umschloss meinen Finger mit ihrer winzigen Hand.

»Ich sterbe, ist das niedlich«, schwärmte ich.

Kallie nahm ihre Tochter wieder entgegen.

»Niedlich? Das Monster wiegt dreieinhalb Kilo und hat den größten Kopf der Welt«, lamentierte sie, drückte ihrer Tochter dann aber doch einen Kuss auf die Wange.

»Da meine Eltern und Jasper gerade nicht hier sind, möchte ich gerne mal mit dir sprechen.«

Kallie setzte sich auf und schaute mir direkt in die Augen.

»Bevor du in sechs Wochen nach L.A. verschwindest, muss ich was loswerden.« Sie schluckte kurz und es schien ihr sichtlich schwerzufallen, die richtigen Worte zu finden.

»Marty, ich werde dich vermissen. Und zwar nicht so, wie man seinen besten Freund vermisst, sondern mehr. Weißt du noch, wie wir damals immer so taten, als wären wir Bruder und Schwester?«

Sie schluchzte und auch ich rang mit den Tränen.

»Du bist mein Bruder. Familie hat rein gar nicht mit Blutsverwandtschaft zu tun. Die ganzen Jahre über habe ich dich gebraucht. Doch nun habe ich das Gefühl, dass es an der Zeit für uns ist, auf eigenen Beinen zu stehen. Unsere eigenen Wege zu gehen. Und davor habe ich verdammt Angst.«

Ich drückte Kallie einen Kuss auf die Stirn.

»K-Woww, du wirst immer meine Schwester bleiben und egal, wo uns das Leben hinführt, finden wir immer wieder zueinander. Versprochen.«

»Wie Hänsel und Gretel?«

»Wie Hänsel und Gretel mit zwei riesigen Magneten am Hintern.« Es klopfte an der Tür.

»Überraschung!«, rief jemand hinter mir.

Diese Stimme kannte ich besser als jede andere. Nur vier Wochen war es her, als ich ihn das letzte Mal gesehen hatte, doch trotzdem sah er verändert aus. Älter und reifer.

»Joki?« Fassungslos schloss ich ihn in die Arme. »Was machst du denn hier?«

»Das hab ich eingefädelt. Wallis Grove hat meiner Meinung nach ein Defizit an heißen blonden Boys. Auch wenn von den Locken nicht mehr viel übrig ist.«

Kallie zwinkerte mir zu.

»Ich hab doch gesagt, dass ich dich nicht allein lasse«, flüsterte er mir ins Ohr. Dann trat auch Vella in das Zimmer und umarmte mich.

»Darling! Hoffentlich stehen in diesem gemütlichen Städtchen ein Paar Wohnungen leer.«

Mit Sam war Händchenhalten für mich eine unangenehme und schwitzige Angelegenheit gewesen. Bei Joki war es anders. Seine Hand passte genau in meine, so wie ein Puzzleteil in das andere. Außerdem konnten wir nicht aufhören, uns zu küssen. Es war wie in einem Traum, aus dem ich nie mehr aufwachen wollte. Endlich konnte ich ihn spüren und riechen. Das tun, was ich mir seit Monaten gewünscht hatte.

»Wie geht es deinem Kopf?«

Wir lagen nebeneinander in meinem Bett. Eine warme Brise strömte durch das offene Fenster herein, während Ingrid Michaelson im Hintergrund über die Liebe und das Leben sang. Am liebsten hätte ich ihn festgehalten und nie wieder losgelassen, denn ich war schon zu oft kurz davor gewesen, ihn zu verlieren.

»Meinem Kopf ging es nie besser«, hauchte er und küsste zärtlich meinen Nacken.

Ich bekam eine Gänsehaut und musste auflachen, weil es kitzelte.

Joki und seine Mutter waren tatsächlich nach Wallis Grove gezogen und ich war froh, dass uns kein Ozean mehr trennen würde. Heute war mein letzter Tag in Wallis Grove und obwohl ich mit dem Gedanken gespielt hatte, dem College abzusagen, hatte ich zu hart dafür gearbeitet, um meinen Traum einfach platzen zu lassen. Joki hätte ohnehin nicht zugelassen, dass ich seinetwegen meine Zukunft aufs Spiel setzte.

Vella fiel meinen Eltern am Tag nach ihrer Ankunft dankbar in die Arme. Sie war unfassbar froh darüber, dass sie sich um Joki gekümmert hatten, als sie es nicht konnte. Mittlerweile hatten sie sich mit ihr angefreundet und Mom hatte ihr sogar einen Job im Café angeboten. Zusammen mit dem Erbe von Jokis Dad konnte sie sich nun ein Apartment in der Innenstadt leisten. Joki pendelte zwischen unserem Haus und der Wohnung seiner Mutter hin und her, doch ich wusste, dass er lieber bei mir war. Dafür, dass er die letzten Augenblicke mit mir genießen wollte, liebte ich ihn noch mehr. Er hatte Zeit gebraucht, zu verdauen, was seine Mutter ihm zu sagen hatte, dass sie zehn Jahre lang unschuldig im Gefängnis gesessen hatte, weil sein Vater einen Mord begangen hatte. Dieses dunkle Geheimnis lag nun hinter ihnen, vergraben in einem weit entfernten Land.

»Am liebsten würde ich die Zeit anhalten«, hauchte ich in seine Halsbeuge.

»Dann würden wir ewig hier liegen bleiben und irgendwann hätten wir Druckstellen am Hintern, wie die ganzen alten Leute in den Krankenhäusern.«

Trotzig zog ich mir die Bettdecke über den Kopf.

Lachend pikste Joki mir in die Seite.

»Wenn du in Los Angeles bist, vergeht die Zeit superschnell. Und weißt du, was wir machen, wenn du in den Semesterferien zu Hause bist?«

Neugierig lugte ich hinter der Decke hervor.

»Da musst du mir wohl auf die Sprünge helfen.«

Joki grinste und seine Lippen stießen gierig auf meine. Jede Berührung fühlte sich wie die Erste an und ich fragte mich, ob sie jemals zur Gewohnheit werden würden. Ob es jemals einen Kuss zwischen Joki und mir geben würde, der mir nicht den Atem rauben und mich alles um mich herum vergessen lassen würde?

»Unglaublich, dass wir das gerade tun«, wisperte ich, als er mir das Shirt auszog.

»Das hätte ich schon viel früher tun sollen.«

Es dauerte nicht lange, bis wir völlig entblößt waren. Das Bild, was sich mir bot, raubte mir den Verstand. Es gab viele Worte, um Joki zu beschreiben. *Gut aussehend* oder *heiß* waren nur zwei davon. Doch in diesem Moment war er nur eins: wunderschön.

Er merkte, dass ich ihn musterte und begann zu grinsen. Seine Haare waren mittlerweile einige Zentimeter nachgewachsen und standen chaotisch in alle Himmelsrichtungen ab, seine Wangen waren gerötet.

»Woran denkst du?«, fragte er atemlos.

»Daran, dass ich mir das schon so lange wünsche.«

Joki lächelte und schlang seine Arme um mich. Wir hatten uns oft umarmt, doch immer waren etliche Lagen von Kleidung zwischen uns. Diesmal trennte uns nichts. Kein Millimeter Stoff lag zwischen unseren Körpern. Meine Haut entflammte unter Jokis Berührungen, als ich mein Gesicht in seiner Halsbeuge vergrub. So hatte ich es mir immer vorgestellt. Es war eine gute Entscheidung gewesen, damals nicht mit Sam zum Äußersten gegangen zu sein, und ich wusste, dass es Joki mit Olivia genauso ging. Wir hatten gewartet, bis wir bereit waren. In diesem Moment waren wir es.

Wir waren eins. Ein Wirrwarr aus Gliedmaßen, so wie Gott uns geschaffen hatte. Oder wer auch immer. Jokis Geruch lag auf meiner Haut und ich spürte seinen Herzschlag neben mir.

Wir hatten uns unter die Bettdecke verkrochen und blendeten die Welt um uns herum aus. Alles hätte ich dafür gegeben, diesen Augenblick endlos machen zu können. Joki küsste zärtlich mein Ohrläppchen.

»Weißt du, warum Olivia Schluss gemacht hat?«, hauchte er.

»Nicht wirklich.«

»Wir hatten vor, miteinander zu schlafen, doch nachdem du mich im Vorratsschrank geküsst hast, wollte ich es nicht mehr. Sie hat mir ihre Liebe gestanden, aber ich konnte nichts erwidern.«

»Mit Sam war es ähnlich«, gab ich zu.

Joki schloss kurz die Augen.

Seufzend fuhr ich mit meiner Nasenspitze seinen Arm entlang. Die Haare kitzelten.

»Manchmal habe ich Angst, dass es doch alles ein Traum war. Dass ich aufwache und du liegst nicht hier. Dass du in Finnland gestorben bist.«

Joki drückte mich fester an sich.

»Ich bin hier. Und ich gehe nirgendwohin.«

Es klopfte an der Tür und bevor wir uns voneinander losreißen konnten, hörte ich, wie mein Dad sich räusperte.

»Los, Martin, es wird Zeit.«

»Martin, welches Album in der Musikgeschichte ist für dich der Inbegriff der Nostalgie?« Genny Day stand in der Mitte des Raumes. Wir hatten einen Kreis gebildet und bereits seit einer Stunde stellte sie uns die verschiedensten Fragen rund um Musik.

Das war nicht schwierig für mich.

»Pink Moon von Nick Drake. Er schrieb die Songs, während er unter einer massiven Depression litt. Achtet man genau darauf, kann man hören, wie sehnsüchtig und gleichzeitig hoffnungslos er zu dieser Zeit war.«

»Sehr gute Wahl!«

Genny Day klatschte in die Hände.

»Musik ist in erster Linie eine Möglichkeit, Emotionen zu verarbeiten. Ihr müsst euch öffnen und alles Gute sowie alles Schlechte aus euch herauslassen. Nur so funktioniert Musik.«

Ein Mädchen hob die Hand. Sie war die Glückliche, die damals direkt das Stipendium bekommen hatte. Ms. Day nickte ihr zu. »Ja, Temby?«

»Meine Mutter ist ein Öko-Hippie und hat mehr wechselnde Geschlechtspartner, als es für einen Menschen gesund sein kann. Kann ich das auch zu Musik machen?«

Wir alle mussten lauthals lachen und auch Genny Day grinste.

»Natürlich! Schreib einen Song darüber.«

Die erste Woche auf dem College war verflucht anstrengend, doch auch eine der besten Wochen meines Lebens. Ich musste erst einmal lernen, die ganzen neuen Eindrücke zu verarbeiten. Es gab hier so viele Menschen, die genauso waren wir ich. Verträumt, melancholisch und theatralisch.

Als ich auf dem Campus umherlief und irgendwann mein Zimmer fand – Orientierungssinn sei Dank –, dachte ich sehnsuchtsvoll an Joki.

Dermaßen in Gedanken versunken, stolperte ich über einen Turnschuh, der mitten im Raum lag.

»Das ist nicht dein Ernst, oder?«

Genervt funkelte ich meinen Zimmernachbarn an, der auf dem Bett lag und in einem Buch herumblätterte. Nach einer Woche hatte er den Raum bereits in ein Schlachtfeld verwandelt.

»Ich räume nachher auf«, antwortete er lediglich.

Seufzend ließ ich mich auf mein Bett fallen und starrte an die Decke.
Mein Mitbewohner durchbrach nach einigen Minuten die Stille.
»Meinst du, es ist zu spät, ein Instrument zu lernen? Anscheinend muss man hier irgendetwas Musikalisches können.«
Mir entfuhr ein Lachen.
»Warum bist du überhaupt hier, wenn du nichts kannst? Triangel soll einfach sein.«
Er zog eine Augenbraue hoch.
»Gut, dass ich genug Geld für die Studiengebühren habe.«
Er lachte, kam zu mir herüber und setzte sich auf mein Bett, um mich interessiert zu mustern.
»Worüber denkst du nach?«, fragte er mich schließlich.
Mal wieder verlor ich mich in diesen Augen, für dessen Farbe mir einmal mehr ein passender Vergleich fehlte.
»Darüber, wie es wohl wäre, dich genau jetzt zu küssen.«
Seine Lippen umspielte ein schelmisches Lächeln.
»Ganz einfach: Es wäre der Hammer!«
Ich verdrehte die Augen.
»Ich hasse dich.«
Er nahm mein Gesicht in beide Hände und schnell trafen unsere Lippen aufeinander.
»Du liebst mich.«

Ende

Danke

Als Erstes möchte ich meiner Mutter danken, die mich stets in allen Dingen unterstützt und die schon Werbung für dieses Buch gemacht hat, lange bevor es überhaupt fertig war. Jetzt ist es da und ich hoffe, du bist stolz auf mich.

Bine, ich kann nicht in Wort fassen, wie glücklich ich darüber bin, dass du in mein Leben getreten bist. Danke für die durchzechten Skype-Nächte, die ernsten und weniger ernsten Gespräche und die Tinderhighlights. Love you so much, mein bestes High.

Annika, ich weiß noch, wie sehr ich gezittert habe, als du die Rohfassung dieses Buches gelesen hast. Deine Anmerkungen haben mir so unfassbar geholfen und mich motiviert, am Ball zu bleiben. Danke für deine Zeichnung von Kallie, auf die ich immer gestarrt habe, falls mich die Motivation mal verlassen hat. Hab dich lieb.

Andi, jo wahrscheinlich, oder? Nach acht Büchern von dir ist meines nun auch endlich da. Danke für deine unzähligen Tipps und dafür, dass du nach fünf Jahren immer noch ein riesiger Teil meines Lebens bist.

Leo, du warst die erste Person auf der Welt, die dieses Buch gelesen hat. Nun ist es da und ich hoffe, du magst es immer noch. Es gibt niemanden, mit dem ich so gut über Musik philosophieren kann wie mit dir. Danke.

Rebecca, du hast meine Schulzeit an der Abendschule erträglich gemacht. Ich bin froh, dass ich mich mit dir gemeinsam über die ganzen Idioten dort aufregen konnte. Danke für das Eintrichtern des Wortes *meinetwegen*. Das hat mir tatsächlich sehr beim Schreiben geholfen. Obwohl wir uns nicht mehr so oft sehen, bist du mir immer noch unglaublich wichtig.

Außerdem danke ich dem MAIN-Verlag, der an meine Geschichte geglaubt hat und mir half, diesen Traum zu verwirklichen. Danke an meine Lektorin Mimi, deren Geduld ich leider oft sehr strapaziert habe. Ohne deine Hilfe wäre ich aufgeschmissen gewesen.

An alle, die dieses Buch lesen: Danke. Es bedeutet mir unglaublich viel. Die Reise von Martin und Joki ist noch nicht vorbei, also danke, dass ihr ein Teil davon seid.

MAIN Verlag

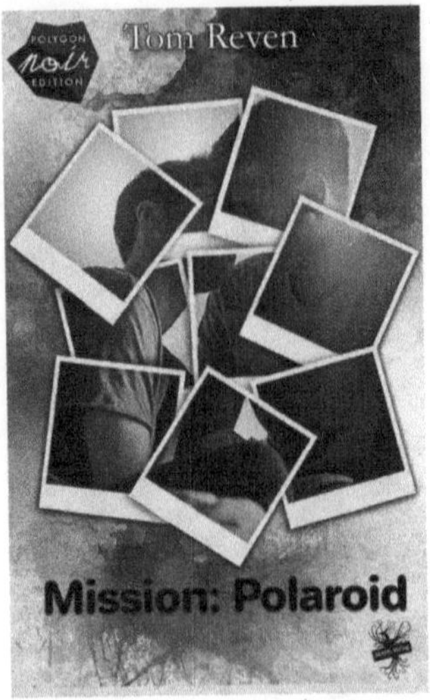

Tom Reven

Mission: Polaroid

ISBN: 978-3-95949-183-9

Vince wurde gegen seinen Willen in der Klasse geoutet und so schwer gemobbt, dass er Schule und Stadt wechseln musste. In der neuen Klasse ist er jetzt der Einzelgänger und Foto-Nerd. Dann kommt Liam an seine Schule ... und verdreht Vince sofort den Kopf. Vince' Leben wird ziemlich turbulent, als er mit seinen Gefühlen kämpft und alte Wunden aufbrechen.

Dima von Seelenburg

Eis bricht langsam

ISBN: 978-3-95949-122-8

Die erste Liebe, der erste Kuss, das erste Mal,....
Dima von Seelenburg erzählt uns in seinem Debütroman sehr gefühlvoll eine spannende Coming-Out Geschichte.

Eine Zeitreise zurück in die eigene Jugend, in die Jahre 1989 bis 1991.
Die erste große Liebe – zu einem Jungen.
Mit der eigenen Pubertät beschäftigt und von ihren Gefühlen verwirrt, kommen sich Aljoscha und Tobias näher.
Damals sahen sie keinen anderen Weg, als zu fliehen.
Begleitet Aljoscha und Tobias auf ihrem Weg in die Zukunft.

Geeignet auch für jugendliche Leser. ALL AGE

Stephanie Mangliers

Und der Himmel ist doch bunt

ISBN: 978-3-95949-060-3

In Jasons Leben läuft nichts wie geplant. Nicht nur, dass er durch einen Unfall erblindet ist und seine Eltern verloren hat, auch an seiner neuen Schule machen ihm Mitschüler und Lehrer das Leben zur Hölle. Während er versucht, mit seiner Behinderung und dem Verlust zurechtzukommen, lernt er neue Freunde kennen wie Nick, der selbst wegen seiner Homosexualität attackiert wird. Und dann ist da auch noch Patrick.
Wird für Jason der Himmel wieder bunt werden?